W0175381

Ulrich Wickert

DEUTSCHLAND AUF BEWÄHRUNG

Der schwierige Weg
in die Zukunft

Ein Essay

Hoffmann und Campe

Die Deutsche Bibliothek – CIP-Einheitsaufnahme
Wickert, Ulrich:
Deutschland auf Bewährung : der schwierige Weg in die Zukunft /
Ulrich Wickert. – 1. Aufl. – Hamburg : Hoffmann und Campe, 1997
ISBN 3-455-11215-3

Copyright © 1997 by Hoffmann und Campe Verlag, Hamburg
Schutzumschlaggestaltung: Jan Buchholz
unter Verwendung eines Fotos von Uwe Ernst
Lektorat: Jens Dehning
Satz: Utesch GmbH, Hamburg
Druck und Bindung: Graphischer Großbetrieb Pößneck
Printed in Germany

Inhalt

Das selbstbewußte Volk

Anhang

Für Birgit Schanzen

Vorwort

»Es ist immer noch besser, wenn die Deutschen ein wenig an sich selbst leiden, als wenn andere Völker unter den Deutschen leiden.«¹ Dieser Satz könnte von mir stammen. Doch als ich die Worte zum ersten Mal las, störten sie mich – weil hier kein Deutscher urteilt, sondern György Dalos, ein Ungar meiner Generation. Wenn *er* als Außenstehender Deutschland kritisch beurteilt, dann fühle ich mich nicht als einzelner Mensch betrachtet, sondern als beliebiges Mitglied der Gemeinschaft, die man deutsches Volk nennt. Und nicht nur das, ich fühle mich auch belastet durch jenen Abschnitt unserer Geschichte, der in György Dalos' Satz anklingt und der daran erinnert: Die Deutschen haben andere Länder leiden lassen.

Deutschland hat in diesem Jahrhundert mit zwei Weltkriegen und dem Massenmord an Millionen von Menschen (nicht nur in den Konzentrationslagern, auch in eroberten Gebieten) viel Leid über die Welt gebracht. Aber wie der größte Teil der heute lebenden Deutschen bin auch ich erst nach dem Krieg aufgewachsen. Ich möchte mich nicht auf die vermeintliche Gnade berufen, spät geboren zu sein, um an den Verbrechen der Nationalsozialisten keine Mitschuld zu tragen. Bei Kriegsende war ich zweieinhalb Jahre alt. Aber ich möchte die Chance haben, zunächst als Mensch akzeptiert und erst dann als Deutscher beurteilt zu werden. Auch wenn die Geschichte des Dritten Reichs im politischen Selbstverständnis der Deutschen schwer wiegt, so ist sie doch nur ein Teil der nationalen Identität.

So denken viele Deutsche, besonders all jene, die nach 1945 geboren wurden.

Die großen technologischen, politischen und wirtschaftlichen Veränderungen zum Ende dieses Jahrhunderts veranlassen viele Völker, sich mit ihrer Identität zu beschäftigen. Nationale Märkte werden globalisiert, Internet und Telecom führen zu einer bisher ungewohnt offenen weltweiten Kommunikation, Bündnisse wie die Europäische Union beschneiden Ansprüche auf nationale Souveränität. Die Nation scheint immer mehr eine Idee der Vergangenheit zu werden. Und dennoch suchen die Menschen wegen der Globalisierung verstärkt nach einem Halt in altvertrauten Dingen, in ihrer kollektiven Identität, in ihrer Nation.

Durch die Vereinigung ist auch für die Deutschen die Frage nach Identität aktueller geworden; denn die Bürger im Osten wie im Westen wollen wissen, was nun Deutschland eigentlich ist – vielleicht doch eine Nation oder ein Nationalstaat? Und nicht nur die älteren Generationen, auch die der Schüler sagt: »Ich bin es leid, schuldig gesprochen zu werden für etwas, an dem ich nicht teilgenommen habe.« Das schreibt, zweiundfünfzig Jahre nach dem Ende des Zweiten Weltkriegs, im April 1997, Franziska Brüning, die als Austauschschülerin in Frankreich und England erfahren hat: »All Germans are Nazis.«[2] Vielen ergeht es so wie ihr, als sie zum ersten Mal im Ausland auf die deutsche Vergangenheit angesprochen wurde ·und sich deshalb furchtbar schämte, »eine Deutsche zu sein«. Die Mehrzahl der Deutschen erfährt, daß sich aus ihrer Herkunft eine besondere Verantwortung für die Zukunft ergibt.

Aber so wie von uns Deutschen ein besonders aufgeschlossenes, tolerantes und demokratisches Verhalten gefordert wird, so darf ich als Deutscher von Ausländern auch erwarten, tolerant und aufgeschlossen beurteilt zu werden. Denn zu meinem Menschsein gehört mehr als zu meinem Deutschsein. Zuerst bin ich als Mensch in der japanischen Hafenstadt Yokohama bei Tokio geboren, in zweiter Linie, und durch Zufall, bin ich Kind deutscher Eltern und deshalb Deutscher geworden. Würde ich nun Deutschland oder die Deutschen so pauschal kritisieren, und erklären, es sei besser, wenn die Deutschen ein wenig an sich selbst litten, dann fühlte ich mich dabei als Individuum, als Deutscher unter Deutschen, als bewußter Teil eines Ganzen. Und dennoch hat der Außenstehende, Györgi Dalos, recht mit seiner Bemerkung über das Leiden anderer Völker. Und das Recht, sich so zu äußern, soll ihm niemand nehmen, selbst wenn es Deutsche schmerzen sollte. Sie müssen lernen, damit zu leben. Heimat ist ja, wo es einen schmerzt.

Als ich in Frankreich lebte, habe ich als Journalist den französischen Rechtsradikalismus, Rassismus, Nationalismus nüchtern als politische Phänomene analysiert. Dagegen treffen Rechtsradikalismus, Rassismus, Nationalismus in Deutschland vor allem meine Gefühle und schmerzen. Da fühle ich mich als Staatsbürger haftbar und will den Extremismus politisch bekämpfen.

Kein anderes Land wird in diesem Essay so häufig zum Vergleich herangezogen wie Frankreich. Das hat einen subjektiven und einen objektiven Grund. Subjektiv spielt dieses Land in meiner eigenen Biographie eine große Rolle. Und objektiv hat sich deutsches Denken und Handeln über Jahrhunderte am französischen Modell gerieben, und deutsches Nationalbewußtsein erwuchs vor allem in Rivalität zum französischen. Schließlich haben deutsche Dichter auf der Suche nach nationaler Identität den germanischen Gründungsmythos bewußt als Gegensatz zu den Franzosen, den erklärten Erben Roms, erfunden.

Wenn demokratisch gesinnte Deutsche sich heute gegen grobe Urteile von außen wehren, dann wird ihnen die Geschichte des Dritten Reichs vorgehalten. Ein aktueller Vorgang steht exemplarisch für viele: Die Griechen, die Italiener, die Franzosen haben gegen die Organisation der Scientologen sehr viel härtere Maßnahmen ergriffen als die Deutschen. Doch nicht die Griechen, Italiener oder Franzosen, sondern die Deutschen werden in großen Anzeigen in den USA angegriffen. Und im Text heißt es: Damals haben die Deutschen die Juden gejagt, diesmal verfolgen sie die Scientologen. Wie stolz darf sich ein Deutscher fühlen, um diesen Vergleich guten Gewissens zurückzuweisen? Auf dieses Dilemma soll hier eine Antwort gesucht werden. Dazu müssen viele Begriffe, die heute in Deutschland zu Recht belastet sind, angesprochen werden: die kollektive Identität, die Nation, der Verfassungspatriotismus und vermeintlich verschwundene Mythen, die einst – und auch heute noch? – den Deutschen vorgaukelten, *bessere* Menschen zu sein. Der Weg in die Zukunft kann auch an der Schuldfrage nicht vorbeigehen. Bis in die Weltpolitik wirken Tabus und Ängste, die sich aus der deutschen Befangenheit entwickelt haben. Selbst wenn es keine Kollektivschuld gibt, so stellt sich doch die Frage nach dem Urteil der Geschichte. Für die Zukunft könnte es lauten: Deutschland ist auf Bewährung frei.

Heimat – nicht Vaterland

Wie ich zum Deutschen wurde

Es war im Café de Flore am Boulevard Saint Germain an einem Frühlingstag. Eine ältere Französin saß in der Sonne auf der *Terrasse*, wie Franzosen den Platz auf dem Gehweg nennen, den Bistrowirte mit Tischen vollstellen. Weil es warm war, zog sie ihre Jacke aus. Sie trug eine Bluse mit kurzen Ärmeln, und auf ihrem Unterarm war deutlich eine eintätowierte KZ-Nummer zu sehen. Wir hatten gerade deutsch gesprochen. Jetzt verstummten wir. Würden deutsche Worte diese Frau nicht verletzten? Ich schämte mich. Wir sind dann bald schweigend gegangen. Das war dreiundzwanzig Jahre nach dem Krieg. Diese kurze, persönliche Begegnung mit der deutschen Vergangenheit habe ich bis heute nicht vergessen können. Inzwischen haben sich viele, auch weit bedrückendere Erlebnisse hinzugesellt.

Was macht die Identität eines Menschen aus? Das Erleben und Lernen der Sprache der Eltern, die von ihnen und später von der weiteren Umgebung vermittelten Gebräuche und Traditionen, aber auch ihr Denken und ihre Art zu Handeln sind ein Anfang. Auch Märchen, Lieder, Spiele, in der Schule dann Geschichts- und Literaturunterricht tragen zur Entwicklung von Identität bei. Das geschieht langsam und häufig unbewußt. Wer sich fragt, wie er Deutscher wurde, wird keinen genauen Zeitpunkt nennen können – es sei denn, er beschränkt dies auf den amtlichen Akt, bei dem die Staatsbürgerschaft festgestellt wird. Ich bin als Deutscher geboren, aber erst sehr viel später, durch Lernen im In- und Ausland, bewußt zum Deutschen geworden.

Zehn Jahre nach Kriegsende waren wir, meine Eltern und Geschwister, nach Paris gezogen. Im Sommer machte die Familie in dem kleinen Ort Franceville in der Normandie Urlaub. Auf dem Kirchfriedhof waren unter vermodernden Holzkreuzen drei deutsche Soldaten beerdigt. Eine Frau gab uns Kindern, dreizehn, vierzehn Jahre alt, die Blechmarken der Gefallenen. Wir kauften schwarze Farbe und malten die Holzkreuze an. Daß uns aus der Dorfbevölkerung, die unter der deutschen Besatzung und dem Kampf nach der alliierten Landung entsetzlich gelitten hatte, Haß entgegenschlug, merkten die deutschen Eltern, aber nicht wir Kinder. Wir wußten nicht, was es heißt, Deutsche zu sein. Als vier- und fünfjährige Kinder waren wir 1947 aus Japan nach Deutschland gekommen. In Japan hatten wir in einem kleinen Dorf die Spiele und auch die hohe Tonlage der japanischen Kinder angenommen. Deswegen lachten uns die deutschen Kinder aus und riefen uns »die Japaner«. Das störte uns nicht. Ja, wir Knirpse waren sogar stolz darauf, als »Japaner« ein wenig anders als die deutsche Dorfjugend zu sein. Die geographische Herkunft als Prägung ist geblieben. Das Geburtsland Japan hält für den Rest des Lebens ein besonderes Interesse wach für Asien, für japanische oder chinesische Kultur, beginnend mit den Räubern vom Liang Schan Moor über den Traum der Roten Kammer bis zum King Ping Meh, von der Geschichte des Prinzen Genji bis zum Kopfkissenbuch.

In der Schule wurde zehn, fünfzehn Jahre nach dem Krieg nichts von dem vermittelt, was später das Deutschwerden so schwer machen sollte. Die Geschichte des Dritten Reichs gehörte erst ab den sechziger Jahren zum Unterrichtsstoff. Anfang der fünfziger Jahre ging ich in Heidelberg zur Schule. Dort hörten wir Kinder weniger von den Germanen als von Kelten und Alemannen, die auf dem Heiligenberg gesiedelt hatten, und von den Römern, die in Ladenburg ein Castell gebaut hatten, wo die Soldaten lebten, die den Limes vor den Germanen schützten. Die Kelten und Alemannen waren für uns zivilisierte Menschen, die Römer waren Besatzer, aber die Germanen Leute aus dem dunklen Wald. Und dann gab es im geschichtlichen Zeitablauf ein großes schwarzes Loch, das bald tausend Jahre andauerte.

Stolz waren wir auf den *homo heidelbergensis,* denn er verband unsere Herkunft mit alter Vorzeit. Im Sommer stiegen wir Jungs auf unsere Räder und strampelten uns ab, bis wir an das Kiesufer des Rheins bei Mauer kamen, um dort im Fluß zu baden. Hier also war jener *homo* gefunden worden.

Zum Lehrstoff gehörten der Heidelberger Katechismus und die Religionskriege und schließlich die Regel, nach der die Macht unter den Fürsten in Deutschland verteilt wurde: *cuius regio, eius religio*. In der Klasse gehörten alle dem protestantischen Glauben an, nur einer war Katholik. An unserem Religionsunterricht nahm er nicht teil. Und als ich ihn im Alter von dreizehn fragte, was Katholik sein bedeute, machte er, wahrscheinlich, weil er es nicht erklären konnte, daraus ein großes Geheimnis: Das würde ich nicht verstehen …

Jeder Heidelberger wird durch die Schloßruine ständig daran erinnert, daß die Stadt einst Residenz des Kurfürsten war und zur Pfalz gehörte. Und der abgesprengte Turm erinnert an die Geschichte von Lieselotte von der Pfalz, die *Monsieur* heiratete, den Bruder des Sonnenkönigs Ludwig XIV. Der französische König erhob Anspruch auf Heidelberg und schickte 1689 Truppen unter dem Befehl seines Generals Ezéchiel Comte de Mélac, der die Schwäche der Befestigung von Heidelberg erkannte – das ungeschützte Neckarufer. Mit Booten setzten die französischen Soldaten über und zerstörten die Stadt. Die Bürger wurden in die Heiliggeist-Kirche gesperrt, die Türen verrammelt. Dann zündeten die Franzosen die Kirche an, und mehrere hundert Menschen kamen im Feuer um. Das passierte zwar im 17. Jahrhundert, aber solche Geschichten bleiben lang im Gedächtnis der Menschen haften. So nennen Pfälzer heute noch ihre Hunde Mélac – dreihundert Jahre nach der brutalen Eroberung von Heidelberg.

Einzelne Ereignisse fügen sich auch heute noch in das Bild meiner deutschen Erinnerung, weil sie offenbar einen besonderen Eindruck hinterlassen haben. Preußen lag von Heidelberger Schulen weit entfernt. Doch im Unterricht am Humanistischen Gymnasium las im Schuljahr 1954/55 ein junger Referendar, vielleicht war er auch gerade Lehrer geworden, den dreizehnjährigen Schülern aus einem Buch über die preußischen Kadetten vor. Das Leben der Knaben, die etwa im Alter von zehn Jahren in das militärische Internat gesteckt und zu Fähnrichen erzogen werden, wurde als hart, aber spannend geschildert. Die jungen Helden der Erzählung waren etwa so alt wie wir. Und die romantisierte Darstellung des Lebens dieser Kindersoldaten prägte unsere Sehnsüchte, da wir gerade das richtige Alter für Abenteuerträume hatten – und völlig unkritisch erzogen worden waren. Kritisch geworden, erschrickt, wer sich von militärischen Träumereien, von nationalistischen Hochgefühlen einmal angezogen fühlte. So ist es auch vielen jungen Menschen gegangen, die sich für die Hitlerjugend oder andere NS-Organisationen begeisterten, weil sie unkritisch aufgewachsen waren, und denen die Augen nach 1945 geöffnet wurden. Manch einer litt später unter einem Trauma, nur weil er sich Vorwürfe machte, gegenüber dem Nationalsozialismus und Hitler nicht kritisch gewesen zu sein.[3] Das Trauma ließ sich nur durch eine gewissenhafte Analyse des politischen Selbstbewußtseins überwinden. Fünfzig Jahre nach dem Ende des Dritten Reichs gelingt es vielen Menschen nicht, ihre eigene Haltung unter den Nazis einfach zu vergessen. Dabei liegt das Geheimnis der Versöhnung auch mit sich selbst in der Erinnerung.[4]

Merkwürdige Kleinigkeiten bleiben im Langzeitgedächtnis haften. In Lebensmitteln – war es in der Margarine oder in einer Tüte Haferflocken? – lagen in den fünfziger Jahren häufig Sammelbildchen. Darunter war auch eines, das den verwegenen Ulrich von Hutten zeigte, mit einem Fuß noch auf der Bank, mit dem anderen schon auf dem Tisch, den Degen gezückt und wild und revolutionär gestikulierend. Daß der verwegene Abenteurer den gleichen Vornamen wie ich trug, hat mich als Zehnjährigen sicher begeistert. Er kämpfte allein gegen mehrere Feinde. Und – so erläuterte es der Text – Ulrich von Hutten konnte sich den Weg freischlagen. Das Bildchen hatte sich bald verflüchtigt, nicht aber der Eindruck, den es hinterlassen hat. Und so entstand ein Interesse für die Rebellen, die damals, zu Huttens Zeiten, von der katholischen Kirche gejagt wurden. Als dann mein älterer Bruder in der Handschuhsheimer Kirche den Konfirmationsunterricht besuchte, wurde dort – im großen Kirchenschiff – eines frühen Abends ein Film über Martin Luther gezeigt. Mein Bruder nahm mich mit. Da kämpfte ein Mann für seine gute Idee und sagte: »Ich stehe hier und kann nicht anders.« Solch ein Mann kann Vorbild sein. Und die Idee, die in diesem Film vermittelt wurde, ließ sich später auch nicht von denen zerstören, die Thomas Müntzer als den moralisch besseren Reformator aufbauen wollten. War Luther denn nicht nur ein Knecht der Obrigkeit, von der er sagte, sie käme von Gott: Römer dreizehndrei? Nein, das Vorbild dieses Abends in der Kirche ließ sich nicht mehr zerstören.

Nun besteht die Identität eines Menschen aus vielen individuell verschiedenen Elementen. Und zur Identität gehören – je nach Lebenslauf – nicht allein Traditionen aus nur einem Sprach-, Kultur- oder Staatsgebiet, besonders dann nicht, wenn jemand seine Prägung auch im Ausland erfahren hat. In Frankreich gesellten sich zu meiner Identität nicht nur Toleranz gegenüber dem Denken eines anderen Volkes, sondern neben Luther reihten sich Descartes und Pascal, Corneille und Racine, Henri IV. und Louis XIV., die universelle Revolution mit ihren Kindern, der Republik und der Nation. Und somit lernte ich, unabhängiger zu denken. Denn ich erfuhr, daß es für viele Begriffe, etwa Demokratie oder Nation, mehrere Sichtweisen und Definitionen gibt – nicht nur die deutsche, aber auch andere als die französische.

Sehr viel später habe ich in Kalifornien den Atomwissenschaftler Edward Teller zu seinem siebzigsten Geburtstag interviewt. Er gilt als der Vater der Wasserstoffbombe. Teller wurde in Ungarn geboren, studierte in Deutschland und mußte vor den Nazis fliehen. So kam er nach Dänemark, von wo er nach dem Ausbruch des Krieges in die USA auswanderte. Als ich ihn fragte, ob der ständige Wechsel von einem Land in das andere nicht seiner Karriere geschadet habe, antwortete er: »Im Gegenteil. Ich bin in Ungarn aufgewachsen. Dann kam ich nach Deutschland, doch bevor ich die deutschen Tabus kennengelernt habe, mußte ich nach Dänemark fliehen. Dort war ich nicht lang genug, um deren Tabus aufzunehmen. Und als ich in den USA ankam, konnte ich viel freier denken als amerikanische Wissenschaftler, die von ihren Tabus gebremst wurden.«

Die Entwicklung der persönlichen Identität endet nie. Auf das Erlebnis im Bistro folgten – der Journalistenberuf bringt es mit sich – noch andere. Zweiundvierzig Jahre nach dem Sieg der Alliierten über die Nazis fand in Lyon der Prozeß gegen den SS-Obersturmbannführer Klaus Barbie statt, genannt »Schlächter von Lyon«. Zwei Tage bevor der Prozeß eröffnet wird, ziehen rechtsradikale Franzosen durch die Straßen der Stadt am Zusammenfluß von Rhône und Saône. Die Demonstranten gehören nicht nur dem im französischen Parlament vertretenen Front National von Le Pen an, sondern weitaus radikaleren, offen neonazistischen Gruppen. Der französischen Vorliebe für Abkürzungen folgend nennt sich eine Gruppe auf einem Transparent CLAN. Die Anspielung auf den Ku-Klux-Klan ist gewollt. CLAN heißt hier »Comité lyonnais d'action nationaliste«. Auf die Frage, wie er die Deportation der Juden nach Auschwitz einordne, antwortet ein Rechtsradikaler: »Ich halte die Deportation der Juden vielleicht nicht gerade für eine Wohltat …«, dann verzieht sich sein rundes Gesicht zu einem ironischen Lächeln, das andeutet, wie bewußt ihm ist, was er nun hinzufügt: » … aber es war eine gute Sache.«

Schon vor dem Prozeß, über den ich als deutscher Journalist berichten sollte, hatte ich Frauen getroffen, deren Männer und Kinder von Barbie gefoltert, ermordet oder in die Gaskammern geschickt worden sind. Eine achtzigjährige Frau hatte ihren Mann und drei ihrer vier Kinder durch den SS-Mann Barbie verloren. Vierzig Jahre nach dem Krieg befragte ich sie zu den damaligen Vorgängen. Sie fing an zu weinen und sagte: »Ich habe doch niemandem etwas getan.« Sie verstand immer noch nicht, was ihr widerfahren war. Ich unterdrückte mein Mitfühlen, schämte mich, und mir war unwohl, von dem Volk abzustammen, zu dem auch Klaus Barbie gehörte. Zwei Frauen sagten, was ehemalige Widerstandskämpfer bei anderen Gelegenheiten geäußert hatten: »Sie sind der erste Deutsche, mit dem ich seit vierzig Jahre spreche.« Sie erkannten mich nicht nur als Menschen an, sondern auch als Deutschen. Und ich wußte, daß ich mich weder schuldig fühlen noch schämen mußte. Ihre Anwälte hatten mich zu ihnen geführt und dafür gebürgt, daß ich ein »anständiger« Deutscher sei.

Was der Begriff »Freiheit« bedeuten kann, erfuhr ich beim Studium in den USA. Man ist nicht frei *für etwas,* sondern frei von allem. Besonders wichtig ist den Amerikanern die Freiheit vom Staat. Der einzelne darf Waffen tragen, weil Staatsbeamte auch bewaffnet sind. Der Bürger aber ist der König, der Polizist der Diener. Soll der König also unbewaffnet seinem Diener gegenübertreten? Niemals! Man gewährt auch dem Mitbürger große Freiheit im gegenseitigen Umgang. Die Diskretion, die der Franzose seinem Mitmenschen gewährt, wird in Amerika noch wichtiger genommen: Besonders im Westen fragt man noch heute keinen Unbekannten, woher er kommt. Nennt er sich Smith, dann geht man davon aus, daß er Smith heißt oder Gründe hat, sich Smith zu nennen. Freiheit bedeutet aber auch, daß der Staat sich nicht um den Bürger kümmern soll. Das lehnt der Bürger (meist) ab. Natürlich wird diese Freiheit von einem Deutschen, der in Kategorien des Sozialstaats denkt, kritisiert. Doch während ein deutscher Künstler lieber »Staatsknete« als finanzielle Unterstützung für seine Arbeit beansprucht und die Abhängigkeit von der Wirtschaft, vom schmutzigen Kapitalismus als unanständig empfindet, sucht der amerikanische Künstler sein Geld bei der Wirtschaft, um bloß nicht vom Staat, der ihm dann vielleicht auch noch Vorschriften macht, abhängig zu sein. In der unterschiedlichen Definition des Freiheitsbegriffs steckt auch der Kern für das deutsch-amerikanische Mißverständnis, wie mit der Scientology-Sekte umgegangen werden soll. In Deutschland will der Staat den Bürger vor einer Vereinigung schützen, die Menschen unterdrückt, finanziell aussaugt, vielleicht gar zerstört. In den USA hat der Bürger die Freiheit, sich jeder Sekte anzuschließen. Wenn er dabei schlechte Erfahrungen macht, dann fällt dies in seine eigene Verantwortung. Der Staat zeigt sich nicht gleichgültig, sondern dieses Verhalten gehört zum Konzept der amerikanischen Freiheit.

Einen großen Teil meines Lebens als Erwachsener habe ich außerhalb der Bundesrepublik verbracht, in den USA und in Frankreich. Erst im Ausland bin ich bewußt zum Deutschen geworden. Und das geht vielen Menschen so, die in Deutschland geboren wurden. Schüler und Schülerinnen reisen mit ihren Klassen ins Ausland, etwa nach Holland oder Norwegen, und begegnen Reaktionen, die ihnen das »Deutschsein« schwer machen. In beiden Ländern werden die jungen Deutschen an den Pranger gestellt, so daß sie Schuldgefühle entwickeln, obwohl sie nicht schuldig sind. Ihre Reaktion nach der Rückkehr in Deutschland ist typisch für die Nachkriegsgenerationen. Wenn die Nationalhymne gespielt wird, steht man nicht mehr auf. Antideutsch zu sein gehört seit den siebziger Jahren zum festen Bestandteil der deutschen Identität.

In den sechziger Jahren setzten wir uns als Studenten in Westdeutschland zwar intensiv mit der nationalsozialistischen Vergangenheit von Professoren auseinander, und der Widerstand von Hochschullehrern gegen den studentischen Versuch der Aufklärung führte zur Kulturrevolution von 1965 bis 68. Aber das Dritte Reich, der Judenmord, der Zweite Weltkrieg blieben weitgehend Aktenkunde. Kein Wunder, denn die Opfer waren entweder tot oder lebten im Ausland, die Täter aber hatte scheinbar der Erdboden verschluckt. Viele derjenigen, die sich auf die Suche nach den Nazis an den Universitäten und nach den Ursachen für den Faschismus mit all seinen Folgen begaben, unterlagen einem Denkfehler. Für sie hatte der Kapitalismus als Gesellschaftssystem den Faschismus mit all seinen Folgen hervorgebracht. Diese Auslegung der Geschichte führte zu dem Eindruck, nicht Menschen aus Fleisch und Blut, sondern ein anonymes System sei schuld an den Verbrechen.

Dreißig Jahre später ist es das Verdienst von Daniel Goldhagen, mit seinem Buch *Hitlers willige Vollstrecker* dieses Tabu aufzubrechen. Im Vorwort zur deutschen Ausgabe schreibt er: »Mit diesem Buch möchte ich den Schwerpunkt der Erforschung des Holocaust von unpersönlichen Institutionen und abstrakten Strukturen auf die Täter selbst verlagern, auf die Menschen, die die Verbrechen verübten, und auf die Gesellschaft, aus der diese Männer und Frauen kamen.«[5] Darin liegt wohl auch der Grund, weswegen Goldhagen von deutschen Wissenschaftlern so heftig angegriffen, vom – besonders dem jungen – deutschen Publikum aber ernst genommen und fast gefeiert wurde.

Wurde ich als Zwanzigjähriger nach meiner Nationalität gefragt, lautete die Antwort: »In meinem Paß steht: deutsch.« Darin lag eine klare und bewußt geäußerte Distanzierung vom Deutschsein. Aber im Ausland wurde dieses künstliche Abstandnehmen von der eigenen Nationalität nicht akzeptiert. Wenn »deutsch« im Paß stand, dann gehörte ich zu dem Volk, das den Zweiten Weltkrieg angefangen, dessen Armeen Millionen von Kindern, Frauen, Männer erschossen haben, das die Konzentrationslager und die Gaskammern gebaut hat. Punktum. Selbst wenn ich bei Kriegsende erst zweieinhalb Jahre alt war, ließ sich nicht daran rütteln, daß ich ein Deutscher war.

Angst vor Deutschland

»Was ist los mit den Deutschen?« fragen sich die Franzosen am Ende des zwanzigsten Jahrhunderts, nicht nur, weil sie sich für das große Nachbarvolk im Osten interessieren, sondern auch, weil sie wissen wollen, welche nationalen Motive die Entscheidungen einer deutschen Regierung beeinflussen könnten.

Denn der französische Blick auf Deutschland wird einmal mehr getrübt durch politische Vorgänge in Europa. Frankreich wie Deutschland haben wirtschaftliche Schwierigkeiten. Und man kennt ja die Politik: Es ist einfacher zu sagen, die anderen haben schuld, als eigene Fehler einzugestehen. In Frankreich hat man einen Sündenbock gefunden: die deutsche Regierung. Angeblich fordern die Deutschen von der französischen Regierung all jene unpopulären Sparmaßnahmen, die notwendig sind, um wirtschaftlich und finanziell wieder auf die Beine zu kommen. Es sind angeblich die Deutschen, die den Franzosen (und erst dann dem restlichen Europa) den Euro aufzwingen, um dann mit dem von Frankfurt aus dirigierten europäischen Geld Frankreich und die Europäische Union nach deutscher Pfeife tanzen zu lassen. Das ist die eine Seite der Klage. Die andere aber ist genauso alt.

»Wir leben in einer Zeit des Krieges und nicht des Friedens«, schrieb – fünfundvierzig Jahre nach der deutschen Niederlage – Michel Debré, ehemaliger französischer Premierminister und engster Vertrauter von Charles de Gaulle, im April 1990 in Erwartung der deutschen Einheit.

Kann man seine Angst vor Deutschland stärker ausdrükken? Debré, der in seinem Notruf einmal mehr das Gespenst von Rapallo beschwor, sprach von einer neuen Art des Krieges: Wirtschaftlich, demographisch (aus der ständigen Angst, in Frankreich könnten die Franzosen aussterben und von Maghrebinern verdrängt werden) und kulturell werde er geführt. Und da kenne man ja die »germanischen Wünsche«. Der Zusammenbruch der DDR und die damit verbundene politische Unruhe veranlaßte Politiker und Meinungsführer im Ausland, aber auch in der Bundesrepublik, ihre Angst vor Deutschland zu artikulieren. »Man muß Angst haben vor den Deutschen«, druckte die französische Wirtschaftszeitschrift *Challenges* auf ihr Titelblatt, während in Westdeutschland zwei Parolen die Angst der Deutschen vor sich selbst charakterisierten: »Nie wieder Deutschland!« lautete die eine in Anlehnung an: »Nie wieder Krieg!«. Die zweite Losung hieß »Deutschland muß sterben, damit wir leben können« und verdrehte die Inschrift eines Kriegerdenkmals, auf dem stand: »Wir mußten sterben, damit Deutschland leben kann«. Beide Sprüche meinten dasselbe: Deutschland ist ein Synonym für Krieg. Nur wenn Deutschland nicht mehr existiert, wird es keinen Krieg mehr geben. Sowohl der französische Politiker Debré als auch die Deutschen, die jene Losungen prägten, hatten Angst, weil sie nicht wußten, wie sie den anständigen Deutschen und seine nationale Identität definieren sollten.

Schließlich klagt der linksnationale Sozialist und Europagegner Jean-Pierre Chevènement im Winter 1996: »Die Deutschen haben noch nicht gelernt, ihre Zukunft als Nation zu entwerfen, sich als gemeinsam strebenden Willen ins 21. Jahrhundert zu denken. Das Wesen dieses Landes ist noch im Ungleichgewicht: zuviel Volkstum, zuwenig

Nation.«[6] Was bitte, fragt sich da ein Deutscher verwundert, soll der »gemeinsam strebende Wille« der deutschen Nation sein? Haben Deutsche nicht gerade gelernt, daß der »gemeinsam strebende Wille«, wonach die Welt am deutschen Wesen genesen soll, von Übel ist? Werden nicht alte Klischees und Ängste vor dem deutschen Volk wach, die längst überholt sein sollten? Ein Franzose definiert den Begriff »Nation« ganz anders, als es die Deutschen gewohnt sind, nämlich als politischen Willen und nicht als ethnisch-kulturelle Gemeinschaft. Also: viel Stoff für Mißverständnisse!

Die Franzosen erkundigen sich nach den Deutschen zu einer Zeit, da Ost- und Westdeutschland seit einigen Jahren vereinigt sind. Dabei treffen sie die Deutschen in einem denkbar ungünstigen Moment an, denn die suchen wieder einmal – oder immer noch – nach der Erwiderung auf die Frage, wer sie sind, oder vielleicht ist es sogar klüger zu sagen: wer sie sein wollen. Denn selbst die Deutschen, die heute fünfzig Jahre alt sind, wurden nach dem Zweiten Weltkrieg geboren und wissen, daß sie deshalb keine persönliche Verantwortung für Nationalsozialismus und Judenmord tragen. Wenn die Frage nach dem Deutschsein in die Tiefe geht, dann geben Ostdeutsche zudem andere Antworten als Westdeutsche. Dieser Zwiespalt ist einem Franzosen, der fest in einer jahrhundertealten Tradition seines Zentralstaats steht, schwer verständlich zu machen.

Die Politik hat den Deutschen den 3. Oktober als Staatsfeiertag verpaßt und ihm den Namen »Tag der Deutschen Einheit« gegeben. Weil es dem föderativen Gedanken der Bundesrepublik entspricht, findet die offizielle Feier stets in dem Bundesland statt, das gerade den Vorsitz im Bundesrat innehat. Vielleicht wurde der jährliche Wechsel von einer Landeshauptstadt in die nächste auch aus der Angst heraus gewählt, eine zentrale Veranstaltung in der Hauptstadt könne zu nationalistisch wirken. Am »Tag der Deutschen Einheit« werden Reden zu Deutschland gehalten. Und alle Jahre wieder fällt auf, daß es keinen nationalen Konsens darüber gibt, was diese Einheit nun für Deutschland bewirkt hat oder bedeutet. 1996 war München an der Reihe, den »Tag der Deutschen Einheit« auszurichten, und der bayerische Ministerpräsident Edmund Stoiber sagte geradeheraus, was die deutsche Vereinigung für ihn bedeute: die Wiedergeburt der deutschen Nation, die »ohne nationales Pathos und ohne nationalen Überschwang« verlief, so daß sich die europäischen Nachbarn davor nicht fürchten mußten. Und er fügte hinzu, »auch die europäische Vision kommt ohne die Nation nicht aus«. Bundespräsident Roman Herzog saß schweigend dabei. Er hatte zwei Wochen zuvor beim deutschen Historikertag fast das Gegenteil verkündet: Europa sei »dabei, die nationalstaatliche Form zu überwinden, die in ihrer ideologischen Übersteigerung den Kontinent in den Abgrund gezogen hat«. Vor dem Staatsakt hatte in der Frauenkirche ein ökumenischer Festgottesdienst stattgefunden, in dem der evangelische Landesbischof Hermann von Loewenich davor warnte, »das eigene Volk zum Götzen zu machen. (…) Wir sind nicht das auserwählte Volk, an dessen Wesen die Welt genesen soll.« Aber darüber sind die Deutschen nun wirklich hinweg.

Es ist möglicherweise kein Zufall, daß der bedeutende französische Historiker Fernand Braudel sein Lebenswerk mit drei Bänden vollendete, die er der Identität Frankreichs widmete. Vielleicht hat er gespürt, daß auch für die Franzosen wieder einmal der Zeitpunkt kommen würde, an dem sie sich die Frage nach ihrem nationalen Selbstverständnis stellen würden. Allerdings benutzen Franzosen wie Deutsche den Begriff »nationale Identität« nur mit Widerwillen. Der Begriff »Identität« ist vielen Deutschen – Politikern wie Wissenschaftlern – dann besonders unheimlich, wenn er nicht nur auf eine Person, sondern auf »die Deutschen« als Gesamtheit bezogen wird.

Kann es denn eine »deutsche Identität« geben? Das würde ja bedeuten, daß alle Deutschen etwas gemeinsam hätten. Professor Horst Ehmke, Jahrgang 1927, SPD-Politiker und Kanzleramtsminister unter Willy Brandt, schreibt in einem Aufsatz über »Deutsche ›Identität‹ und unpolitische Tradition«[7]: »Warum diese Jagd nach vermeintlicher deutscher ›Identität‹, woher die darin zum Ausdruck kommende politische Unsicherheit, die durch Beschwörung eines ›Verfassungspatriotismus‹ kaum zu beheben sein wird? Stammt sie aus der Teilung Deutschlands? Sie stammt *auch* aus ihr. Vor allem aber entspringt sie der Tatsache, daß wir mit unserer Vergangenheit immer noch nicht im reinen sind.«

Auch Bundespräsident Roman Herzog bestritt in seiner Rede zum Tag der Deutschen Einheit am 3. Oktober 1994 kurzerhand die Existenz einer deutschen Identität. Er sagte: »Wer über dieses Thema spricht, von dem werden heute mehr Wehklagen als Aussagen erwartet. Aber daran will ich mich nicht beteiligen, zumal ich immer noch keinen gefunden habe, der mir erklären könnte, was ›nationale Identität‹ eigentlich ist – ›nationale Identität‹, die uns angeblich fehlt und die wir angeblich dringend benötigen.«[8] Woher stammt der Zweifel an einer nationalen Identität?

Was ist nationale Identität?

»Erbarmen; benutzen Sie den Begriff Identität nicht, wenn es sich um Kultur handelt, um Sprache oder Geschlecht, denn da bedeutet er Zugehörigkeit: dieser Fehler wird schnell zum Verbrechen.«[9] So wehrt sich der französische Philosoph Michel Serres im Januar 1997 gegen dem Gebrauch des Wortes Identität, wenn es sich nicht um die Einzigartigkeit einer Person, sondern um eine kollektive Zuordnung handelt. Serres geht in seiner Argumentation von dem Wort *carte d'identité*, der französischen Bezeichnung für Personalausweis, aus. Dieser Ausweis, der die »identité – Identität« einer Person festlegt, registriert einige Daten: das Aussehen auf einem Photo, Name, Vorname, Geburtsdatum, Geschlecht und Nationalität. Diese Fakten machen die amtlich festgestellte Identität aus und reichen zur Not der Polizei, um jemanden zu identifizieren, wiederzuerkennen.

Auf der *carte d'identité* stellt allerdings nur das Photo die Einzigartigkeit der Person dar. Und auch sie verändert und wandelt sich mit dem Prozeß des Alterns. Name und Vorname sind selbst in weniger geläufigen Kombinationen nicht einmalig. So gibt es einen Professor für evangelische Theologie und einen Fernsehjournalisten, beide namens Ulrich Wickert. Der Theologe erhielt Schmähbriefe von einem erzürnten Fernsehzuschauer, der Fernsehjournalist freundliche Post von einem Priester aus Taizé, wo man sich noch gern an seine Gebete erinnert. Erst die Verbindung von mehreren Daten, von Name und Vorname mit Geburtsdatum und Geschlecht, schränkt die Auswahl zwischen mehreren Personen gleichen Namens ein. Hinzu kommt dann auch die Staatsbürgerschaft, die Nationalität. Sie bedeutet auf dem Ausweis nur die rechtliche Zuordnung zu einem staatlichen Gebilde und hat nichts mit Herkunft, Hautfarbe, Religion etc. zu tun. Je mehr charakteristische Eigenschaften (Geschlecht), Zugehörigkeiten (Nationalität) und besondere Merkmale (Haarfarbe) zusammengetragen werden, um eine Person zu beschreiben, desto genauer läßt sich ihre Identität feststellen. Schwerer zu erkennen und anzugeben sind die Charaktereigenschaften einer Person, die auch eine Rolle für die Ausbildung ihrer ganz eigenen Identität spielen. Denn die Identität einer Person (oder einer Sache) ist die völlige Übereinstimmung mit dem, was sie ist oder als was sie bezeichnet wird. Etwas ist immer nur mit sich und nie mit etwas anderem identisch. So können zwei Dinge zwar gleich sein, aber nie identisch.

Von dieser Definition geht Michel Serres aus, wenn er sagt: die Identität macht die Einzigartigkeit einer Person aus. Kein Mensch ist mit einem anderen identisch, aber alle Menschen sind gleich. Das heißt: Jedes Individuum verfügt über eine in sich einzigartige Persönlichkeit, aber alle sind gleich vor dem Gesetz, unabhängig von ihrer Stellung in Staat und Gesellschaft, von Familie und Geschlecht, von Beruf und Religion, von Aussehen und Kultur.

Durch die einzigartige Identität, so Serres, »sind Sie Sie selbst und niemand anders«. Deshalb verbiete es sich, von kollektiven Identitäten zu sprechen. Serres unterscheidet Identität von Zugehörigkeit. Durch die Zugehörigkeit zu einer Kollektivität »gehören Sie zu den Franzosen oder den Algeriern, zu den Braunhaarigen oder den Glatzköpfigen, zum männlichen oder weiblichen Geschlecht, zu den Weißen oder Schwarzen ...« Und da jeder Mensch sich im Laufe seines Lebens durch Reisen und Arbeit, durch Hobbys und Lektüre, durch Kultur und Politik, die er wahrnimmt, weiterentwickelt und hinzulernt, verändert er auch ständig seine Identität.

Dies ist die Sicht des Philosophen, und Michel Serres macht auch klar, weshalb er so vehement Stellung bezieht gegen den Gebrauch von kollektiven Identitäts-Merkmalen bei der Beschreibung von Menschen. Er wendet sich gegen die rechtsextreme Argumentation des Front National, dessen Führer Jean-Marie Le Pen den Begriff der *identité française* für seine rassistischen Parolen gegen die maghrebinische Bevölkerung in Frankreich benutzt. Die rassistische Argumentation reduziert die Identität einer Person darauf, ob sie französisch ist oder nicht. Wer die richtige Herkunft hat, nach Le Pens Meinung die richtige Identität, der wird in das Kollektiv aufgenommen, wer dem Identitätsbegriff nicht entspricht, der wird ausgeschlossen. Also: Frankreich den Franzosen, Araber raus!

In diesem Zusammenhang ist es verständlich, wenn der Philosoph vor der Benutzung des Begriffs einer kollektiven Identität durch die Rechtsradikalen warnt. Denn die Zugehörigkeit zur einen, so Serres, beinhaltet auch den Ausschluß der anderen. Serres erhält postwendend Zustimmung aus Deutschland. Dort schreibt die *Süddeutsche Zeitung:* »›Kollektive Identitäten‹ enden notorisch in der Uniformierung oder mit dem Ausschluß von Individuen. Um jemanden zu diskriminieren, zu vertreiben und im Extremfall zu töten, muß man ihn nur möglichst vereinfachend identifizieren und ihm ein entsprechendes Schild ankleben … Wer diesen begrifflichen Kadaver noch einmal aus der Gruft zerrt, beweist also nur eines: Mut zur Peinlichkeit.«[10] Genauso flapsig gesagt: Also ab in die Gruft – von Hegel über Elias bis Habermas!

Aber reicht es wirklich, und sei es um des aufrechten politischen Ganges willen, so zu argumentieren wie Michel Serres? Führt hier nicht der berechtigte Wunsch, Diskriminierungen zu verhindern, zu einem Tabu, das verbietet, von kollektiven Identitäten zu sprechen, so wie es zwar weniger in der Philosophie, aber in der Soziologie üblich geworden ist? Der Franzose wehrt sich gegen den Rechtsextremisten. Und der Deutsche? Vielleicht möchte er verhindern, mit der Zuordnung zu einer nationalen Identität auch in die Verantwortung genommen zu werden, die sich aus der jüngsten deutschen Geschichte ergibt. Wahrscheinlich wehrt der Deutsche sich gegen jene Vorwürfe, so überzogen sie auch sind, wie sie in dem Buch von Daniel Goldhagen gipfeln, nämlich daß der Tod »ein Meister aus Deutschland« sei, und der »eliminatorische« Judenhaß als Merkmal der kollektiven Identität der Deutschen zu betrachten ist.

Wenn hier von »dem Deutschen«, »dem Franzosen« etc. gesprochen wird, so ist damit jeweils kein Kollektiv gemeint, sondern der Typenbegriff. Charakteristiken, so schreibt Karl Jaspers, »etwa der Deutschen, der Russen, der Engländer, treffen nie Gattungsbegriffe, unter denen die einzelnen Menschen subsumiert werden können, sondern Typenbegriffe, denen sie mehr oder weniger entsprechen. Die Verwechslung der gattungsmäßigen mit der typologischen Auffassung ist das Zeichen des Denkens in Kollektiven. (…) Daß durch die typologische Auffassung etwas getroffen wird, darf nicht zu der Meinung verführen, jedes Individuum erfaßt zu haben, wenn man es als durch jene allgemeine Charakteristik getroffen betrachtet. Das ist eine Denkform, die sich durch die Jahrhunderte zieht als ein Mittel des Hasses der Völker und Menschengruppen untereinander.«[11]

Der Begriff *Identität* wird in verschiedenen wissenschaftlichen Disziplinen unterschiedlich benutzt. Die Psychologie geht davon aus, daß sich die Identität einer Person aus ihrer Wahrnehmung entwickelt. Jeder hat seine eigene Innenwelt und dadurch eine ihm eigene Art, die Welt zu sehen und sich darin zu plazieren. Seine Innenwelt sagt ihm, was er ist, und sie entwickelt seine Identität. Aber diese Innenwelt ist abhängig von der Außenwelt. Denn jede Person nimmt wahr, wie die Außenwelt auf sie reagiert. Und diese Wahrnehmung wird verarbeitet, was wiederum meist zu einer Veränderung der Innenwelt führt. Und da ein Mensch während seines Lebens immer neuen, wechselnden Eindrücken ausgesetzt ist, verändert sich seine Identität. So gibt es keine festgeschriebene, unveränderliche Identität.

Michel Serres hat an dem Beispiel der *carte d'identité* beschrieben, was die Einzigartigkeit eines Individuums ausmacht. Dazu gehören neben dem Foto auch Merkmale, die jede Person einer Kollektivität zuschreiben: durch den Nachnamen einer Familie, durch die Nationalität einem Staat. Norbert Elias unterscheidet deshalb zwischen der Ich-Identität (Individuum) und der Wir-Identität (Gesellschaft).[12] Genauso wie die Familie mit ihrer eigenen Geschichte behaftet ist, so sind es auch der Ort, in der die Person aufwächst und der Staat. Kulturell verfügt die Gemeinschaft über besondere Merkmale, deren herausragendes die Sprache ist. Und schon in der kleinen Kollektivität der Familie werden besondere sprachliche Codes benutzt. Aus den gemeinsamen Erfahrungen der Gruppe entwickelt der einzelne seine Identität. Deshalb spielen Vergangenheit, Gegenwart und Zukunft des Kollektivs eine Rolle in der Bildung der individuellen Identität.[13]

Die Besonderheiten einer kollektiven Erfahrung, wie

etwa die Geschichte des Dritten Reichs und der Judenmord, kann zu einer besonderen Prägung der Identität
eines Deutschen führen: je nachdem, wie er mit diesem Teil
der deutschen Geschichte konfrontiert wird. Doch gerade
dieser Teil des kollektiven Bewußtseins kann ebenso zu
einer kritischen Störung des Gefühls der Identität mit sich
selbst führen, die einen Deutschen trifft. Thomas Schmid
hat genau dies in einem »Gespräch über die politische Kultur in Deutschland« ausgedrückt: »Ich werde die deutschen Schrecken gewiß nicht vergessen – aber ich will auch
mein Deutschsein nicht länger vergessen, überspielen. Wo
das deutsche Grauen liegt, da liegt auch ganz nah dabei die
deutsche Faszination. Und ich möchte mich beidem nä-
hern. Gefährlich ist das gewiß – wer das aber faschistoid
nennt, der beeindruckt mich nicht mehr.«[14]

Es darf kein Mißverständnis geben: Wenn von nationaler Identität gesprochen wird, so bedeutet dies nicht, daß
die Kollektivität mit einer festgefügten Identität versehen
ist, die sich wie ein Helm über jede persönliche Identität
stülpt, nach dem Motto: Wer unter dem Helm steckt, gehört dazu, alle anderen sind ausgeschlossen. Identitäten
können nicht festgefügt sein, da sie ständigen Lernprozessen und daraus folgenden Veränderungen unterworfen
sind. Die nationale Identität macht zunächst den Teil der
Identität einer Person aus, der geprägt wird durch die
Wahrnehmung der gemeinsamen Abstammung, Sprache
und Geschichte und der unter den Sammelbegriff nationales Bewußtsein fällt.

Dieser Teil der Identitätsbildung hat für Jürgen Habermas seine soziale Bedeutung: »Erst das Bewußtsein der
Zugehörigkeit zu ›demselben‹ Volk macht die Untertanen
zu Bürgern eines einzigen politischen Gemeinwesens – zu
Mitgliedern, die sich *füreinander* verantwortlich fühlen

können. Die Nation oder der Volksgeist – die erste moderne Form kollektiver Identität überhaupt – versorgt die rechtlich konstituierte Staatsform mit einem kulturellen Substrat.«[15] Aus dieser Definition folgt, daß ein jeder Bürger sich haftbar fühlen muß für den Zustand seiner Gesellschaft, insbesondere zu handeln hat, wenn sich undemokratische Entwicklungen andeuten. Für Habermas, dessen Überlegungen von der Beschäftigung mit der deutschen Vergangenheit geprägt sind, hat eine Gesellschaft keine Identität wie ein Gegenstand oder eine Person, die in deren Einzigartigkeit besteht. Und Jürgen Habermas stellt – hier zeigt sich der deutsche Philosoph – ethische Bedingungen, Voraussetzungen, die erfüllt werden müssen, damit eine nationale Identität *vernünftig* sein und in einer »postnationalen« Gesellschaft Bestand haben kann. Nach Habermas zeichnet sich eine nationale Identität dadurch aus, daß sie nicht benutzt werden kann, wie es der Rechtsradikale Jean-Marie Le Pen versucht, indem er einen bestimmten Teil der Franzosen in die *identité française* ein- und andere ausschließt.

Durch zwei Weltkriege haben die europäischen Staaten gelernt, das nationalistische Überlegenheitsgefühl gegenüber anderen einzuschränken und damit jenes Denken zurückzudrängen, das einst zum Ausschluß des »Gegners« führte. Habermas: »Als moderne Bewußtseinsformation zeichnet sich die nationale Identität (…) durch die Tendenz zur Überwindung regional gebundener, partikularistischer Bedingungen aus.«[16]

Da Identitäten Entwicklungs- und Lernprozessen unterliegen, wandeln sie sich nicht nur mit der Zeit, sondern ihre historischen Inhalte können sich auch verbrauchen. Durch die Erfahrung des Dritten Reiches hat sich der Nationalismus in Deutschland so weit »entwertet«, daß er nicht mehr als Grundlage für ein tragfähiges Selbstverständnis der Deutschen taugt. So wie der deutsche Denker Habermas geht auch der französische Historiker Fernand Braudel in seiner Definition von nationaler Identität davon aus, daß sie offen ist und integrationskräftig und andere nicht ausschließt. Doch der französische Historiker spricht nicht wie der deutsche Philosoph von der ethischen Komponente der nationalen Identität. Er entwirft eher ein bodenständiges Gemälde und versteht unter der Identität Frankreich »einen Akt des Sich-selbst-an-die-Hand-Nehmens, das lebendige Resultat alles dessen, was die unbeendbare Vergangenheit in aufeinanderfolgenden Schichten geduldig deponiert hat – ganz so, wie die kaum wahrnehmbaren Ablagerungen des Meeres mit der Zeit die mächtigen Aufwerfungen der Erdkruste gebildet haben«.[17] Während Habermas wünscht, daß die nationale Identität von der Vernunft getragen wird, läßt Braudel die Sinne zu und spricht von »Markenzeichen« und »Losungsworten«, die der Eingeweihte wiedererkennt.

Wer will leugnen, daß zur Identität einer Person Empfindungen wie Gerüche, Geräusche, Geschmack und Düfte gehören, ja sogar Eß- und Trinkgewohnheiten. So kann auch die Prägung durch das nationale Bewußtsein sowohl rational wie emotional wirken. »Ich denke, wir werden mit dem deutschen Schrecken nur umgehen können«, so Thomas Schmid Ende der siebziger Jahre, »wenn wir unser Deutschsein nicht länger leugnen. Ich bin diesem Deutschland nicht nur verhaftet, ich liebe es auch. Und ich will hier eine Linke, die nicht nur ›kosmopolitisch‹, sondern auch deutsch ist. Die den Mangel an politischer Kultur in Deutschland nicht dadurch aufheben will, daß sie auf den Zug der anderen Länder aufspringt, sondern dadurch, daß

sie eine spezifisch deutsche politische Kultur entwickelt.«[18]
In Deutschland gehört eine Portion Mut dazu, solche Gefühle zu äußern und zu bekennen: »Ich liebe Deutschland.« Hatte doch der nüchterne Bundespräsident Gustav
Heinemann auf die Frage, ob er den Staat liebe, geantwortet: »Ich liebe meine Frau.«

Stolz und Zweifel

Zur Identität gehört auch das Sich-Identifizieren, also die Identität bewußt anzunehmen. Nun nimmt eine Person zunächst nur bewußt an, was sie positiv beurteilt. Zum Bewußtsein eines kritischen Deutschen gehörte es jedoch in den ersten Jahrzehnten nach dem Krieg, keine Gefühle für das Land zu zeigen. Man liebte es nicht, man war auch nicht stolz darauf. Doch inzwischen reagieren die Generationen unterschiedlich. Die 1963 geborene Marketing-Fachfrau Bettina F. war nach ihrem Schulabschluß für einige Wochen in die USA gefahren und als sie zurückkam, war sie stolz auf Deutschland. Sie empfand die Kultur ihrer Heimat als überlegen. Doch immer wieder führen Selbstzweifel dazu, daß viele Deutsche heute ungern von Stolz sprechen, wenn Leistungen vollbracht werden, die unter den Begriff »deutsch« fallen. Als die deutsche Fußball-nationalmannschaft in England Europameister wurde, war darüber manch ein Deutscher gar nicht »stolz«. Als zur Zeit der Olympischen Spiele in Atlanta die französische Mannschaft in der Medaillenwertung weit vor der deutschen lag (die sich einige Tage lang auf dem 37. Platz hinter Kasachstan und Costa Rica einreihte), waren die Franzosen »stolz« auf ihre Sportler und wunderten sich, wenn es deutsche Gesprächspartner überhaupt nicht zu berühren schien, daß die deutsche Mannschaft so schlecht dastand. Das sei schon ganz gut so, war häufig in Deutschland zu hören, es sei schon ganz gut so, daß die deutsche Mannschaft nicht wieder stark und erfolgreich sei. Und als zum

Schluß der Spiele von Atlanta die deutschen Sportler hinter den USA und Rußland doch noch den dritten Platz erreicht hatten, war vielen Deutschen trotz dieses großartigen sportlichen Erfolges unwohl, stolz auf die eigene Mannschaft zu weisen.

Wer sagt: »Ich bin stolz, Deutscher zu sein«, der wird zunächst in die rechtsradikale Ecke verbannt. Der ostdeutsche Bürgerrechtler, Pfarrer und Chef der nach ihm benannten Behörde, Joachim Gauck, meint, es sei nicht gut, »daß wir dem rechten Rand bestimmte Begriffe überlassen, aber es gibt Begriffe, die sind so vernutzt, daß ich sie nicht benutze. Und dazu gehört auch: Ich bin nicht stolz, Deutscher zu sein. Ich würde eher sagen: Ich schäme mich, ein Deutscher zu sein, weil mir aufgrund meiner Erziehung die Scham mehr liegt. Aber eine Dauerscham kommt mir auch ein bißchen verdächtig vor. Ich komme aus dem Protestantismus, und da wird Scham zu einer Kultur erhoben. Doch in meinem Alter muß man sich nicht dauernd schämen, und ich tue es auch nicht. Ich freue mich über Deutschland, wenn ich auf Westdeutschland schaue, daß wir zum ersten Mal eine mehrere Jahrzehnte andauernde Friedens- und Demokratiegeschichte haben. Das ist erfreulich, aber es reicht nicht aus. Ich komme ja aus Ostdeutschland. Und dort schloß sich an die Nazi-Diktatur eine andere, eine andere Kleinbürger-Diktatur an, die auch hinlänglich verdächtig war, so daß ich nicht sagen kann, ich bin stolz darauf.«[19]

Weshalb »stolz« sein? Der deutsche Nationalstolz bestehe eher aus seiner Kehrseite, fiel dem liberalen deutschen Journalisten Herbert Riehl-Heyse auf: »Ich meine damit den (besonders unter Intellektuellen stark verbreiteten)

Stolz darauf, die Deutschen ganz besonders doof finden zu können. Wobei das eine viel mit dem anderen zu tun hat. Ich komme heute nur deshalb darauf, weil dieser Tage der Satiriker Wiglaf Droste einen Text geschrieben hat. Die wesentliche Botschaft des Textes war, daß der Satiriker Droste anscheinend unheimlich unter den Deutschen leidet, die er ›zehn bis elf Monate des Jahres komplett an den Hacken‹ hat, weshalb er sich auch gar nicht so recht freuen kann, wenn sie in diesen Wochen (›selbst ihre dummen Autos mag man plötzlich – sie werden ja zur Abreise beladen‹) ins Ausland verreisen: ›Das Problem ist, daß sie wiederkommen.‹ Was ist das? Ich vermute das ist witzig; vor allem aber ist es politisch korrekt, viel korrekter, als wenn sich der Satiriker über die Polen hermachte oder sagen wir: über die Chinesen. Viel intelligenter kann ich das Deutschenklatschen allerdings auch nicht finden.«[20]

Aber hat der Satiriker so unrecht? In der Kopenhagener Zeitung *Politiken* wurde unter der Überschrift »Kulturschock durch deutsche Aggressivität« berichtet, viele der in Deutschland operierenden Bauunternehmen aus Dänemark machten Verluste, weil ihre Angestellten vom Arbeiter bis zum Ingenieur »geifernden Deutschen mit hochroten Gesichtern als Teil des Alltags« nicht auf angemessene Weise zu begegnen wüßten.[21] Die dänische Zeitung zitierte den als Berater in Hamburg lebenden Dänen Sören Lange Nielsen: »Die erste Besprechung auf einer deutschen Baustelle ist ein Schock. Es wird gebrüllt, und die Deutschen beschimpfen ihre Gegenüber mit den übelsten Ausdrükken.« Weil sich Nielsen in Deutschland wie in einem fernen Erdteil fühlt, empfiehlt er seinen Landsleuten: »Man muß sich auf das Land vorbereiten, als wenn man nach China oder Saudi-Arabien geht.« Wichtig sei es für einen

Dänen, der in Deutschland zu arbeiten hat, daß er seinen eigenen Wortschatz um die widerlichsten Ausdrücke ergänzt: »Die Deutschen haben keinen Respekt vor Leuten, die nachgeben.« Es gibt demnach also nur eine Umgangsform, die die Deutschen verstehen: Zurückschlagen – und sei es auch nur verbal. Aber einmal geschlagen, wird der Deutsche zum Kriecher, so ist das Bild des Deutschen anderswo.

Während des Zweiten Weltkriegs herrschte der Deutsche »nicht allein erbarmungslos, sondern bei jeder Gelegenheit mußte er auch noch herumbrüllen, prügeln, einkerkern und morden«, so schildert der polnische Professor und außenpolitische Berater von »Solidarität«, Jerzy Holzer, das Bild des Deutschen in Polen.[22] Als die Deutschen schließlich militärisch geschlagen waren, fügte sich diesem Bild »eine weitere Nuance hinzu«: »Es handelte sich darum, daß der Deutsche vor Stärkeren zu Kreuze kriecht.« Der Deutsche als brüllender Mörder galt als gefährlich, aber der deutsche Kriecher war verachtenswert. Diese Klischees haben sich zwar in den letzten Jahrzehnten ein wenig aufgelöst, doch schon der kleinste Anlaß läßt sie wieder heftig aufflammen.

Weshalb also stolz sein? Einem Deutschen fällt es als merkwürdig auf, wenn sich ein als kritisch bekannter Franzose im Ausland mit seinem Urteil über die Zustände in dem eigenen Staat zurückhält. So nahm der zu den Neuen Philosophen zählende André Glucksmann in Deutschland im Juni 1988 an einem Gespräch teil, zu dem auch der ehemalige Staatspräsident Valéry Giscard d'Éstaing geladen war. Giscard hatte, als er noch im Amt war, dem Philosophen Glucksmann eine Einladung zum Essen im Palais de l'Élysée schicken lassen. Doch Glucksmann, der

Giscard aus politischen Gründen ablehnte, ging den ungewöhnlich unhöflichen Weg, seine Absage dem Élysée nicht etwa telephonisch mitzuteilen, sondern er tat dies öffentlich über eine Pariser Tageszeitung. Kein Zweifel, er wollte den Präsidenten schmähen. Nun aber, im Ausland auf dem gleichen Podium mit Giscard sitzend, verhielt sich Glucksmann lammfromm. Als ein Deutscher ihm anschließend seine Verwunderung über das unkritische Verhalten vorhielt, antwortete Glucksmann, im Ausland gebühre es sich für einen Franzosen nicht, die französische Politik schlechtzumachen.

Anders und überhaupt nicht loyal verhalten sich Deutsche. Allerdings werden sie dann vom Ausland liebend gern als Zeugen gegen Deutschland verwendet, um die alten Klischees über die Deutschen am Leben zu erhalten. Italienische Redaktionen etwa öffnen ihre Tore weit »für alle Formen der radikalen, nicht selten durch Selbsthaß gekennzeichneten deutschen Selbstkritik. Wer besorgt, kritisch oder gar anklagend über Deutschland schreibt, hat erheblich größere Chancen, in Italien gedruckt zu werden, als derjenige, der von einer positiv getönten Grundstimmung ausgeht. Die gleichsam automatisch wirkende Beschwörung des ›häßlichen Deutschen‹ und seine Gleichsetzung mit dem ›Nazi‹ hat in bestimmten Momenten sogar die Selbstkritik der Linken auf den Plan gerufen.« So schrieb die kommunistische Tageszeitung Il Manifesto 1987, »ein ›linker‹ Italiener verbindet die durchgehende Verachtung des Teutonen mit einer moralischen Revanche: Der ›Deutsche‹ ist nicht nur ein Trottel, er ist außerdem auch noch ein ›Nazi‹ ... Wir müssen auch mit dem Alptraum des Vierten Reiches in unseren Köpfen abrechnen.«[23]

Es ist der sie erdrückende Alptraum des Dritten Reiches, der viele Deutsche zu einer »durch Selbsthaß gekennzeichneten Selbstkritik« veranlaßt, und der ihnen angst macht, so daß sie sich kaum unbedacht dazu verleiten lassen würden, den Satz auszusprechen: »Ich bin stolz, Deutscher zu sein.« Sie überlassen ihn denjenigen, die mit dieser Aussage provozieren wollen. Dabei hat die SPD mit Willy Brandt schon 1972 einen Wahlkampf geführt unter dem Motto »Deutsche, wir können stolz sein auf dieses Land«. Allerdings sagte Brandt nicht, wir können stolz sein auf *unser* Land, sondern auf *dieses*. Damit schränkte er ein, worauf die Deutschen stolz sein können: das Land in diesem Augenblick, in diesem Zustand. Die Formulierung war zweideutig, und das war sicherlich gewollt. Denn Brandt persönlich, aber auch die SPD und besonders die damals heftig diskutierte Ostpolitik wurden mit einer solchen Polemik bekämpft, als werde das Vaterland verraten. Die konservativen Wähler sollten, so drückte es die Wahlkampfparole aus, stolz sein auf *unser Vater*land, die fortschrittlichen Wähler aber auf *dieses* von der SPD-Regierung renovierte Land.

Willy Brandt durfte solch einen Satz sagen, denn er war durch seinen Lebenslauf des Nationalismus unverdächtig. Im Dritten Reich war Willy Brandt Gegner der Nationalsozialisten, wurde von der Gestapo gesucht, mußte fliehen und kam erst nach Ende des Krieges als Emigrant zurück. Das wurde ihm von denjenigen lange Zeit vorgehalten, die Brandt politisch mundtot machen wollten, und denen man »Stolz auf Deutschland« eher im Sinn der Vergangenheit ausgelegt hätte.

Anfang der neunziger Jahre, so schreibt Christa Wolf, sagte ihr ein englischer Pfarrer, die Deutschen müßten mit sich ins reine kommen, »sich selbst und die positiven Seiten ihrer Geschichte bejahen lernen, sonst würde die Jugend immer weiter abdriften«. Christa Wolf überlegte, »worauf wir Deutschen stolz sein könnten, was es bei uns besonders Gutes gebe, da sagte mein vierzehnjähriger Enkelsohn, der gerade zwei Wochen in den USA gewesen war: Das Brot, das in Deutschland gebacken wird. Wir lachten, und je mehr ich darüber nachdachte, desto mehr war ich mit dieser Antwort zufrieden. Brot als archaisches Symbol ...«[24]

Wie unterschiedlich je nach Alter und nach politischer Ausrichtung das Wort »Stolz« benutzt wird, zeigt eine Umfrage aus dem Jahr 1985.[25] Die Tapferkeit der deutschen Soldaten war für die über Sechzigjährigen ein positiv besetzter Begriff, auf den sie stolz sind, während die unter Neunundzwanzigjährigen meinten, darauf könne man als Deutscher nun überhaupt nicht stolz sein. Und nach der politischen Einordnung betrachtet: Stolz auf die tapferen Soldaten waren 32 Prozent der Unionswähler, während 44 Prozent der Grünen die Bundeswehr ablehnten, darauf könnten Deutsche nicht stolz sein. Die älteren Jahrgänge waren nicht nur stolz auf die Tapferkeit der deutschen Soldaten, sondern auch auf die deutsche Nationalhymne und das Ansehen Deutschlands in der Welt, während sie dem deutschen Widerstand schlechte Noten gaben. Der wiederum fand am meisten Zustimmung bei denen, die nach dem Krieg geboren wurden. Die Ansicht der Älteren deckte sich weitgehend mit denen der Unionswähler. Und je mehr Zeit vergeht, desto weniger Deutsche sind stolz auf die deutsche Geschichte.

So lautet das Ergebnis einer Umfrage: »Wie stolz sind Sie persönlich auf die deutsche Geschichte?« (nur Wiederbefragte, Angaben in Prozent):[26]

		West		Ost	
		1993	1995	1993	1995
nicht stolz	1	31,3	32,8	25,4	22,1
	2	18,7	22,2	27,2	26,8
	3	33,2	29,2	33,9	40,4
	4	11,0	11,9	10,3	7,0
sehr stolz	5	4,4	4,0	4,2	3,8

Nationalstolz im alten Sinn ist längst überholt. Er hat nur Schaden angerichtet. Aber immer noch verknüpft sich der Stolz, »Deutscher zu sein« mit Fremdenfeindlichkeit und Antisemitismus.[27] Dummheit und Stolz wachsen aus einem Holz, sagt das Sprichwort, und die Forschung ist tatsächlich zu dem Ergebnis gekommen, daß unkritischer Nationalstolz und niedriger Bildungsstand einhergehen. »In fast allen EG-Staaten identifizieren sich vor allem solche Personen überdurchschnittlich mit nationalen Symbolen, die sich ideologisch rechts einstufen, eine starke religiöse Bindung sowie materialistische Wertorientierung aufweisen. Demnach ist das Nationalbewußtsein relativ fest in ein konservatives Weltbild eingefügt. Außer in Belgien, wo der Nationalstolz mit dem Bildungsniveau steigt, ist in allen EG-Staaten die entgegengesetzte Konstellation zu beobachten. Besonders eng hängen die nationalstaatlichen Identifikationen der Briten, Spanier, der Bundesbürger und Griechen mit traditionellen Werten sowie einer niedrigen formalen Schulbildung zusammen.«[28]

Der Nationalstolz früherer Zeiten, so Oskar W. Gabriel, müsse in der Gegenwart ausgetauscht werden gegen einen hohen Grad an Zufriedenheit mit dem eigenen staatlichen, demokratischen System. Denn für das Selbstbewußtsein einer Nation ist die Übereinstimmung mit dem politischen System »mindestens so wichtig wie Nationalstolz«. Für die Zukunft wird es also darum gehen, die Demokratie in der Gesellschaft zu stärken und mit einer gefühlsmäßigen Bindung der Bürger an den demokratischen Staat »auch einen gewissen Stolz auf ihn zu verbinden«[29]. Dieses Ziel zu erreichen wird in Deutschland schwierig sein, denn – besonders unter den Intellektuellen – ist Staatsferne *chic*. Und allein schon der Gedanke einer affektiven Bindung an den wie auch immer gearteten Staat läßt manch einen, der auf die deutsche Geschichte zurückblickt, erschaudern.

Bundeskanzler Willy Brandt war es, der bei seinem Besuch im Warschauer Ghetto, das auf Befehl Himmlers von den Deutschen 1943 völlig zerstört wurde, auf die Knie fiel und somit Scham und Reue ausdrückte. Auf diese Geste können Deutsche stolz sein, meint der Schriftsteller Günter Grass, der in Danzig geboren und aufgewachsen ist und gerade deshalb von Willy Brandt zu der Reise nach Polen eingeladen worden war: »Als Siegfried Lenz (im damals ostpreußischen Lyck, jetzt polnischen Ełk, geboren, Anm. d. A.) und ich im Dezember 1970 den Kanzler nach Warschau begleiteten, empfanden wir uns nicht als Dekoration, nein, gerade weil Lenz und ich den Verlust unserer Heimat akzeptiert hatten, trugen wir die Anerkennung der polnischen Westgrenze mit. Stolz auf Deutschland? – Ja doch, rückblickend bin ich stolz, in Warschau dabei gewesen zu sein.«[30] Grass beschränkt seinen Stolz auf ein bestimmtes Verhalten. Entsprechend verfährt Bundespräsident Roman Herzog, indem er den Stolz auf eine konkrete, dem demokratischen Wert »Freiheit« dienende Tat bezieht: »Auf die Bürgerbewegung, die die Freiheit im Osten unseres Landes erkämpfte, können wir auch alle stolz sein.«[31]

Auf ähnliche Weise engt der sozialdemokratische Bundestagsabgeordnete Freimut Duve in einer Bundestagsrede seinen Stolz auf Deutschland ein: »Wenn Deutsche meiner Generation irgendwo im Ausland gefragt werden, warum sie stolz sind, Bürger dieser Bundesrepublik zu sein, dann können sie mit der Überzeugung antworten: weil wir die erste Generation eines Volkes waren, die furchtbaren Anlaß hatte zu sagen, wir definieren uns nicht nur aus den großen Taten der eigenen Geschichte oder gar wie Nationalisten aus der angeblichen Barbarei der je anderen, sondern aus beidem, aus der schönen und aus der schrecklichen Wahrheit unserer eigenen Geschichte. (…) Diese neue Qualität ist der Realismus, den das Europa und auch die anderen Länder des 21. Jahrhunderts brauchen. Darauf sind wir stolz.«[32]

Doch was bedeutet die Forderung, die Deutschen sollten sich aus der schönen und aus der schrecklichen Wahrheit ihrer Geschichte definieren? Eine »affektive Bindung«, die den Stolz mit den Werten der demokratischen Nation verbindet, läßt sich in den kritischen Worten Duves kaum entdecken. Darin steckt eher der Versuch, zumindest teilweise eine Antwort zu formulieren auf die immer noch unbeantwortete Frage nach dem Selbstverständnis, nach der Identität. Doch mit diesem Problem der Selbstfindung stehen die Deutschen zum Ende des zwanzigsten Jahrhunderts nicht allein da.

Vom Selbstverständnis der anderen

Kaum ein deutscher Dichter oder Denker hat in den letzten zweihundert Jahren die Suche der Deutschen nach ihrem Wesen unkommentiert gelassen. Hölderlin dichtete:

> Es ist ein hartes Wort
> und dennoch sag ich's,
> weil es Wahrheit ist:
> ich kann kein Volk mir denken,
> das zerrißner wäre,
> wie die Deutschen.

Und Friedrich Nietzsche philosophierte über die Deutschen: »Als ein Volk der ungeheuerlichsten Mischung und Zusammenrührung von Rassen, vielleicht sogar mit einem Übergewicht des vor-arischen Elementes, als ›Volk der Mitte‹ in jedem Verstande, sind die Deutschen unfaßbarer, umfänglicher, widerspruchsvoller, unbekannter, unberechenbarer, überraschender, selbst erschrecklicher, als es andere Völker sich selber sind – sie entschlüpfen der Definition und sind damit schon die Verzweiflung der Franzosen. Es kennzeichnet die Deutschen, daß bei ihnen die Frage ›was ist deutsch?‹ niemals ausstirbt.«[33]

Im 19. Jahrhundert war es tatsächlich nicht leicht, sich als Deutscher zu definieren, wenn man entweder einen preußischen, sächsischen, bayerischen etc. Paß besaß – aber keinen deutschen. Allerdings ist es in der zweiten Hälfte des 20. Jahrhunderts noch schwieriger, die Frage

»Was ist deutsch?« zu beantworten. Denn jetzt ist jede Antwort verknüpft mit den Jahren 1933 und 1945, die einen Bruch in der Geschichte des Landes darstellten, wie ihn wohl kaum eine andere Nation zu ertragen hatte. Denn das Dritte Reich, verbunden mit der systematischen Ermordung von Millionen Menschen, verbietet es den Deutschen, sich ungeprüft auf ihre politische und kulturelle Geschichte vor dem 8. Mai 1945 zu beziehen.

Es mag nicht sehr tröstlich sein, aber die Deutschen sind nicht das einzige Volk, das nach seiner Identität sucht. Denn die geschichtlichen und kulturellen Veränderungen der vergangenen fünfzig Jahre waren so umfassend, daß viele Völker sich fragen, was sie eigentlich zusammenhält.

Im neunzehnten Jahrhundert sind die letzten großen europäischen Nationen entstanden. Und sie haben sich mit Waffengewalt ihre Rolle im Machtgefüge des Kontinents erkämpft. Doch den eroberten Platz haben die neuen Nationen Europas nicht lange halten können, übrigens genausowenig wie die alten. Knapp achtzig Jahre haben im zwanzigsten Jahrhundert ausgereicht, um den meisten Staaten der Erde neue Rollen zuzuweisen. Neben den großen Umbrüchen, die durch die Weltkriege verursacht wurden, haben auch andere, nicht weniger bedeutsame politische und wirtschaftliche Entwicklungen dazu geführt, daß Völker heute ihre Identität und die Rolle ihres Landes als Nation neu zu ordnen versuchen: Imperien sind zusammengebrochen, Kolonialreiche wie Frankreich und Großbritannien, ideologische Imperien wie die Sowjetunion; neue Staaten sind entstanden, alte wieder unabhängig geworden. Überdies verändern Zuwanderungen aus ärmeren Gegenden die Bevölkerungsstruktur wohlhabender Länder. Schließlich müssen Ereignisse der jüngeren Geschichte wie der Faschismus und die Massenvernichtung gewichtet und in die nationale Geschichte (nicht nur Deutschlands) eingeordnet werden.

In diesen Umbruchzeiten sind viele Fehler gemacht worden, die heute auf unglückliche Weise nachwirken. Da wurden in den sechziger Jahren aus Kolonien neue, eigenständige Länder geschaffen und willkürliche Grenzen gezogen. Diese Grenzziehungen ohne geschichtlichen oder kulturellen Maßstab verursachen heute Stammesfehden und Bürgerkriege. Die westliche Welt hat sich wenig darum geschert, daß die Völker des »schwarzen Kontinents« über eigene Stammesidentitäten verfügen, die mit der Aufteilung des Landes, die von den ehemaligen Kolonialmächten mit dem Lineal vollzogen wurde, nicht übereinstimmen.

»Der Afrikaner fühlt sich nur seinem Stamm verbunden«, so der nigerianische Publizist Peter Enahoro, »nicht aber der Nation als höherer Organisationsform.«[34] Deshalb flammen immer wieder Stammeskämpfe auf, die Hunderttausenden von Menschen das Leben kosten. So sollen in den beiden Staaten Ruanda und Burundi die Stämme der Hutu und Tutsi zusammenleben. Die gegenseitige Feindschaft hat aber sowohl in Ruanda wie in Burundi zu Massenmorden geführt. Die einzige Lösung aus dieser Lage ist für den Afrikaner Peter Enahoro eine Neuaufteilung der bestehenden Staaten in zwei »Nationen«. Was gebraucht wird, so Enahoro, »ist ein neues Gebilde, das der Wahrheit Rechnung trägt – nämlich daß Hutu und Tutsi nicht miteinander leben können. Die Weltgemeinschaft muß damit aufhören, entsetzt die Hände zu ringen; sie muß Burundi und Ruanda unterstützen, ein solches neues Gebilde aufzubauen. (…) weil es keine andere Chance gibt.«

Auch in Ländern, deren Bevölkerung durch Einwanderer gebildet oder vermehrt wird, kehrt die Frage nach dem eigenen Ich regelmäßig wieder. Zum Selbstverständnis der USA gehörte jahrzehntelang die Idee des *melting pot*, des Schmelztiegels, in dem alle Einwanderer aufgehen würden. Doch dann stellten die Amerikaner fest, daß dieser schöne Gedanke, all die unterschiedlichen Menschen würden gleichberechtigt zu einer Gemeinschaft verschmelzen, sich unter den bestehenden innenpolitischen Gegebenheiten und ethnischen Spannungen nicht umsetzen läßt.

Die Auseinandersetzung um eine eigene Identität ist auch das wichtigste Problem des israelischen Volkes, dessen größter Teil aus Zuwanderern besteht, die aus völlig verschiedenen Kultur- und Sprachkreisen stammen. Die Suche nach einer kollektiven Identität wird so lange nicht zu einer befriedigenden Lösung führen, wie es im Lande keine Einigung über zwei Fragen gibt. Zum einen: Welches ist der gemeinsame Nenner, auf den die Zuwanderer aus den verschiedenen Ländern sich einigen können? Ist es mehr als nur die Zugehörigkeit zur selben Religion? Zum zweiten: Wie können sie mit den einheimischen Palästinensern leben, ohne ihnen die gleichen Rechte zu verwehren? Auf ganz andere Weise beschwert die Problematik der Zuwanderer auch das Selbstverständnis von Ländern, die bisher davon ausgingen, einem verhältnismäßig geschlossenen Kulturkreis anzugehören, zum Beispiel Frankreich oder Deutschland.

Wenn große Reiche zusammenbrechen, verliert die Idee, in deren Namen vormals eigenständige Länder mit Gewalt zu einem großen Ganzen zusammengefaßt worden waren, an Kraft. Jahrzehntelang haben die Länder des ehemaligen Sowjetblocks alte nationale Gefühle unterdrückt. Doch kaum war die Sowjetunion aufgelöst, tauchten sie wieder auf, unverdaut zum Teil, und deshalb um so gefährlicher. Einem Land wie Rußland fällt es nach Zarentum und siebzig Jahren Sowjetreich unendlich viel schwerer als Franzosen oder Briten nach dem Niedergang ihrer Kolonialreiche wieder Fuß zu fassen und sich darauf zu einigen, wie es seine Identität und den Begriff Nation definieren sollte.

Sowohl Frankreich wie auch Großbritannien blieben nach der Entlassung der Kolonien in die Selbständigkeit, die von den unterdrückten Völkern zum Teil blutig erkämpft wurde, als Kernländer bestehen. Sie mußten sich nun an den Gedanken gewöhnen, keine Großmächte mehr zu sein, doch der wesentliche Inhalt ihrer nationalen Identitäten war nicht aufgelöst worden.

Anders erging es Rußland als dem Kernland der Sowjetunion. Auf das Zarenreich folgte mit der Revolution ein harter Schnitt in der Geschichte. Und das sich anschließende Sowjetreich bezog seine Identität nicht so sehr aus der Geschichte wie aus der Ideologie, die allerdings mit der Auflösung der Sowjetunion ihren identitätsstiftenden Inhalt verlor. Nun fragen sich die Russen, wer sie eigentlich sind. Denn sie wollen sich weder auf verbliebene Reste der Ideologie noch auf die zaristische Vergangenheit berufen. Ein neues Selbstverständnis zu finden ist allerdings ein tiefgreifender Vorgang, der sich nicht wie eine Grenze mit einem Lineal kurzerhand auf dem Reißbrett nachzeichnen läßt. Schon die Identität einer einzelnen Persönlichkeit bildet sich nur über die Jahre hinweg; wieviel langwieriger ist dieser Entwicklungsvorgang für ein ganzes Volk! Bei ihrer Suche beschreiten die Russen Wege, die zunächst etwas hilflos wirken, weil sie so gar nichts mit dem zu tun haben, was in den vergangenen Jahrhunderten nationale Identitäten formte. Es sind Methoden, die heute in der Politik verwendet werden und die dem entsprechen, was man gern als moderne Kommunikation bezeichnet.

Kurz nach seiner Wiederwahl als russischer Präsident meinte Boris Jelzin: »In der russischen Geschichte des zwanzigsten Jahrhunderts hatten wir viele Perioden – Monarchie, Totalitarismus, Perestrojka und am Ende einen demokratischen Entwicklungsweg. Alle hatten ihre Ideologie, nur wir haben keine.« So hat Jelzin einen Wettbewerb unter dem Motto »Eine Idee für Rußland« ausgeschrieben.[35] Wer auf fünf bis sieben Schreibmaschinenseiten die beste Idee für eine National-»Ideologie« einreicht, dem sollen zehn Millionen Rubel ausgezahlt werden – dreitausend Mark.

Nationales Denken und nationale Identität mit dem Begriff »Ideologie« zu bezeichnen ist irreführend. Kapitalismus und Kommunismus sind Ideologien, ganzheitliche Denkmodelle, die Antworten auf alle Fragen in ihrem System geben. Unter dem Begriff »Nation« verbirgt sich dagegen alles andere als ein logisches Gesellschaftssystem. Doch offenbar ist das Wort »Ideologie« aus der Epoche der kommunistischen Sowjetunion unkritisch in den Sprachgebrauch des sich demokratisch entwickelnden Rußland übernommen worden, so daß russische Politiker meinen, die abgelöste kommunistische Ideologie müsse durch eine nationale Ideologie ersetzt werden. Aus Sorge vor dem noch vorhandenen politischen Gewicht der Kommunisten hält Jelzin es für notwendig, diese neue russische »Nationalideologie« im Lauf von fünf Jahren bis zur nächsten Präsidentschaftswahl aufzubauen.

Wie sehr sich die Russen bemühen, sich auf dem Weg zu einem demokratischen Staat auf Traditionen aus der eigenen (undemokratischen) Geschichte zu berufen, war an der Zeremonie zu erkennen, mit der Boris Jelzin im August 1996 nach seiner Wiederwahl erneut in das Amt des Staatspräsidenten eingeführt wurde. Da hatte das staatliche Protokoll ein Problem: Welche Musik sollte als Nationalhymne gespielt werden? Weil keine andere verfügbar war, behalf man sich mit der aus dem Zarenreich. Da der Mangel sich in Umbruchzeiten meist nicht schnell lösen läßt, weil eine neue Melodie, ein neuer Text häufig heftigem politischem Streit ausgesetzt sind, greifen Politiker in Ländern mit einer langen Geschichte häufig auf »Altbewährtes« zurück.

Genauso haben auch die Deutschen nach dem Zweiten Weltkrieg gehandelt. Auch die neu gegründete Bundesrepublik mußte sich jene nationalen Attribute zulegen, die traditionell zu einem Staat gehören. Auf der Suche nach einer Hymne griff die Bundesrepublik auf jene zurück, die 1922 als Hymne der ersten deutschen Demokratie, der Weimarer Republik, eingeführt worden war: »Deutschland, Deutschland über alles«. Die Hymne wurde allerdings nicht nach demokratischer Auseinandersetzung und mit Überlegung ausgesucht. Die Diskussion über die Frage, ob die Bundesrepublik nicht eine neue Nationalhymne brauche, verlief »enttäuschend, nahezu quälend, weil keine Stimmung dafür aufkommen konnte.«[36] Bundespräsident Theodor Heuss hatte den Anstoß zur Auseinandersetzung gegeben, aber Bundeskanzler Konrad Adenauer schwieg. Allerdings löste er das Problem auf eine äußerst geschickte Weise. Die erste Reise des neuen deutschen Bundeskanzlers nach Berlin fand am 18. April 1950 statt. Adenauer hielt bei einer Kundgebung im Titania-Palast eine Rede und forderte die Menge am Schluß seines Auftritts auf, »das, was uns alle bewegt, zum Ausdruck zu bringen, indem wir gemeinsam die dritte Strophe des Deutschlandliedes anstimmen: Einigkeit und Recht und Freiheit für das deutsche Vaterland.« Adenauer sprach den Wortlaut der ganzen Strophe vor und stimmte das Lied an. Die Menge stimmte ein. Und da die Rede im Radio gesendet wurde, hörten viele mit – und empfanden, dies sei die richtige Hymne. Der Hohe Kommissar der Franzosen, André François-Poncet, warf Adenauer daraufhin vor, er habe ein Vorrecht des Bundespräsidenten übergangen, und schrieb in einem Bericht nach Paris, Adenauer sei in »die unverschämteste Demagogie gegenüber den Alliierten« verfallen, indem er eine Strophe von »Deutschland über alles« sang, »den Traditionsgesang des deutschen Nationalismus und Pangermanismus« (siehe S. 178 ff.).

Ähnlich unkritisch wie die Deutschen gingen die Russen in ihrer »nationalen Notlage« vor. So wurde zu Jelzins Wiedereinführung in das Amt eine Hymne gespielt, die Michail Glinka zu Zeiten der Herrschaft der Romanows im 19. Jahrhundert komponiert hatte. Allerdings verfuhren die Russen mit dem zaristischen Text klüger als die Deutschen mit ihrem. Sie verzichteten auf jedes Wort und spielten nur die Musik.

So wie die Nationalhymne der untergegangenen Sowjetunion ausgewechselt wurde, so verschwanden auch Hammer und Sichel, einst Sinnbilder des Kommunismus. Boris Jelzin verbannte die Werkzeuge des Proletariats, der Arbeiter und der Bauern, und schlug vor, sie im neuen Wappen Rußlands durch ein durchaus fragwürdiges Symbol aus der Vergangenheit zu ersetzen: den zaristischen Doppeladler. Allerdings wurde die Krone des autokratischen Zaren jetzt, wo doch die Demokratie herrschen soll, gleich dreimal nebeneinander abgebildet. Damit wird auf die neue demokratische Verfassung hingewiesen. Die drei Kronen bedeuten, daß jetzt die drei staatlichen Gewalten – Exekutive, Legislative und Judikative – gleichberechtigt und sich gegeneinander kontrollierend nebeneinander beständen. Aber weshalb Kronen, die doch nichts anderes sein können als ein Symbol der Monarchie?

»Die wortlose Hymne«, so der russische Dichter Jewgeni Jewtuschenko, »drückt passend die Identitätskrise der Russen und ihrer Nation aus.« Allerdings erhebt auch in Rußland so manch einer warnend die Stimme bei zuviel »nationaler Ideologie«. Zum einen sei eine Staatsideologie laut Verfassung gar nicht zulässig. Es könne nur um gemeinsame Werte gehen, um eine Idee, die das ganze Volk verbinde. Zum zweiten, so kritisierte die liberale *Iswestija*, würde eine nationale Ideologie Rußland zu der Politik der Unterdrückung wie in Zeiten der Sowjetunion zurückführen, und die Folge werde »Meuterei, Zwietracht und Blut« sein. Und Michail Gorbatschow bestätigt zwar, daß die russische Gesellschaft sich in Unruhe befindet, meint aber: »Sie sucht nach einer Antwort: Wie soll es mit uns weitergehen? Daß man in dieser Lage meint, man könne eine Staatsidee anfertigen lassen, eine russische oder deutsche oder amerikanische Idee einfach in Auftrag geben, das ist ja absurd.«[37]

Auch die DDR gehörte zu den Einzelstaaten des zerfallenen Sowjetreichs. Ihre achtzehn Millionen Einwohner vereinten sich mit den zweiundsechzig Millionen Bürgern der Bundesrepublik. Und dieses – gefeierte – geschichtliche Ereignis erschwerte den Deutschen plötzlich die Suche nach einer Antwort auf die Frage: Wer sind wir Deutsche? Von den Westdeutschen hatten sich viele mit der Bundesrepublik angefreundet, und sie reichte ihnen nicht nur als Bezug aus, nein, sie wollten gar kein größeres Deutschland.

In Ostdeutschland hatten die Vorkämpfer und Wortführer der Befreiungsbewegung »zunächst eine eigenständige

›ansehnliche‹ Republik angestrebt« und »eben nicht eine Kopie der Bundesrepublik. Sie suchten ein mehr basis-demokratisch-sozial-ökologisch, blöckeübergreifend, gesamteuropäisch und weltsolidarisch orientiertes Staatsgebilde zu entwickeln – als einen gleichberechtigten Partner einer deutschen Konföderation. (…) Die Erfahrungen der letzten fünfundvierzig Jahre, die Hypotheken auch aus den dreizehn Jahren davor, sollten mit allen ihren Niederlagen, Desillusionierungen, Aufbrüchen und Abbrüchen integriert bleiben. Identität kommt nicht zuletzt aus gemeinsamer Leidenserfahrung und dem Eingeständnis gemeinsamen Versagens.«[38] Die emanzipatorischen Erlebnisse des Herbstes 1989 sollten – so Friedrich Schorlemmer – Bausteine einer lange vermißten deutschen, demokratischen Identität werden. Die Geschichte verlief anders, und damit wurden die Deutschen plötzlich doppelt belastet auf ihrer Suche nach ihrem Selbstbewußtsein. Denn sowohl die Geschichte des Dritten Reiches als auch der Zuwachs einer ehemaligen kommunistischen Diktatur müssen nun bei der Frage nach dem Selbstverständnis berücksichtigt werden.

Nicht nur Deutschland leidet an seiner Geschichte. Allerdings gelingt es anderen Ländern besser, dieses Leiden zu unterdrücken. Die Franzosen haben sich gleich nach der Befreiung von den Deutschen im Jahr 1944 als Siegermacht, als Alliierte der Feinde des Dritten Reiches verstanden. Obwohl doch die Regierung unter Marschall Pétain mit den Deutschen zusammengearbeitet hatte – bis hin zum eilfertigen Transport von Franzosen jüdischen Glaubens nach Auschwitz. Aber General Charles de Gaulle und seinen Anhängern, überzeugt von sinnvoller Heuchelei, gelang es, den französischen Widerstand gegen die Nationalsozialisten derart in den Vordergrund der Wahrnehmung zu schieben und so den belastenden Teil der Geschichte so gut wie möglich zu unterdrücken, daß es der Mehrheit der Franzosen leichtfällt, ihre Geschichte positiv zu sehen. Auch die Grausamkeiten der französischen Truppen im Kolonialkrieg gegen Algerien sind bis heute in Frankreich ein geschichtliches Tabu geblieben. Ganz nach der Maxime, daß die Sieger die geschichtliche Wahrheit bestimmen, gelang es Frankreich, sein Selbstbewußtsein von Zweifeln darüber, ob es in der Zusammenarbeit mit dem Naziregime richtig gehandelt hat, weitgehend freizuhalten. Die Franzosen werden von einem gleichsam »katholischen« Geschichtsbewußtsein geleitet: Nach historischen Sünden folgt die Buße und dann die Absolution. Sowohl nach der Revolution, nach der Kommune, nach dem Zweiten Weltkrieg und dem algerischen Kolonialkrieg folgte auf Revolution oder Kollaboration die *épuration*, die Säuberung, und schließlich die Amnestie.

Frankreich leidet deshalb weniger unter seiner Rolle während des Zweiten Weltkriegs als darunter, daß es heute nicht mehr die Rolle spielt, die in der »universellen Revolution« und Napoleon ihren Höhepunkt fand: die bestimmende Weltmacht zu sein. Sprachen vor zweihundert Jahren nicht die deutschen Fürsten und Könige besser französisch als deutsch? Und was ist von dem großen Imperium geblieben? Frankreich ist ein Land, das in Europa darum kämpfen muß, wenigstens die erste Geige zu spielen. Die Franzosen haben mehrere Traumata erlebt. Im Zweiten Weltkrieg wurden sie in wenigen Wochen von den Deutschen besetzt. Eine ähnlich demütigende Niederlage folgte in den Kolonien: Frankreichs Truppen wurden in Dien Bien Phu geschlagen. Und auf den Verlust von Indochina folgte der von Algerien, und der war noch schmerzvoller, denn Algerien betrachteten die Franzosen als ein Teil des Mutterlandes.

Die historische Größe von General Charles de Gaulle war es daher, daß er mit der Fünften Republik den Franzosen wieder ein gewisses Gefühl von Größe vermittelte: als unabhängige Atommacht. Doch je mehr sich Westeuropa in den siebziger und achtziger Jahren des zwanzigsten Jahrhunderts entwickelte und konsolidierte, je politisch selbstbewußter und wirtschaftlich stärker die Bundesrepublik wurde, spätestens, nachdem der amerikanische Präsident George Bush die deutsche Regierung als »partner in leadership« bezeichnete, also als herausragende europäische Verbündete in der Weltpolitik, desto mehr schwand die bestimmende Rolle Frankreichs. Es mußte sich notgedrungen von der Vorstellung befreien, eine *Grande Nation* zu sein, woraufhin die Franzosen das befiel, was sie *le malaise* nennen, einen Zustand des Unwohlseins. Denn Frankreich mußte Abschied nehmen von der Idee der »französischen Außergewöhnlichkeit«.

Wenn Frankreich aber keine *Grande Nation* mehr ist, welche Rolle spielt es dann in der Welt, in Europa und besonders gegenüber Deutschland? Die eines Primus inter pares? Nun gut, den Franzosen bleibt immer noch das Bewußtsein einer eigenen Identität, die der große Historiker Fernand Braudel in drei Bänden beschrieben hat. Und es bleibt der im ganzen Volk unbestrittene Gedanke der Nation, *une et indivisible,* eins und unteilbar. *Le malaise* ist für diesen Zustand ein treffendes Wort, drückt es doch jenes Unwohlsein aus, das irgendwo in der Magengegend liegt und kaum zu beschreiben, aber dennoch vorhanden ist. Ein Unwohlsein läßt sich eher überwinden als das Ringen um die Definition eines neuen Selbstverständnisses, wie es in manchem anderen Land stattfindet.

Auch Italien gehört zu den Ländern, die zum Ende des Jahrhunderts mit ihrer Identität hadern. Denn auch Italien versuchte, zwanzig Jahre faschistischer Vergangenheit unter den Teppich zu kehren – ganz der Maxime folgend, daß die Sieger die Geschichte schreiben. Der faschistische Diktator Benito Mussolini war am 25. Juli 1943 abgesetzt worden. Am 8. September zwangen die Alliierten Italien zur Kapitulation, und König Viktor Emanuel III. mußte auf die Seite der Alliierten treten. So entstand der Mythos, die Italiener hätten sich seit diesem Zeitpunkt ausschließlich in der *Resistenza*, im Widerstand gegen die Deutschen, befunden. Womit aus den deutschen Verbündeten ungewünschte Besatzer Italiens wurden. Aus der *Resistenza* entwickelte sich ein neues Parteiensystem, und es bildete sich die neue Elite, »sie erwies sich als das ›Rückfahrbillet‹ in die Demokratie«[39]. Der Mythos des Widerstandes hat dazu beigetragen, daß der Faschismus in Italien tatsächlich lange Zeit verdrängt und als Tabu aus der Geschichte verbannt werden konnte. Noch in den siebziger Jahren warnte der liberale Historiker Rosario Romeo, »ein Land, das sich in Gedanken von der eigenen Vergangenheit abgelöst hat, befindet sich in einer Identitätskrise. Ohne ideelle Werte ist es damit verfügbar für alle möglichen Abenteuer. (…) Wenn die Erinnerung verlorengeht, die Gemeinschaftswerte keine Verpflichtung mehr besitzen, (…) geht auch das Bewußtsein für das Gemeinwohl verloren, und die Politik läuft Gefahr, zu reiner Geschäftemacherei zu verkommen.«[40]

Die Bewegung der *Resistanza* sah im Faschismus einen Verrat an der Nation. Sie vollzog durch den Bruch mit der faschistischen Vergangenheit auch die Ablösung von nationalen Gefühlen. Und in der Folge sahen die Italiener ihr Land nur noch als »Behälter, als Rahmen, der auf möglichst wenig störende Weise einige Spielregeln des Lebens und des Arbeitens« absicherte.[41] »Italien ist keine Nation mehr«, so der den Sozialisten nahestehende Philosoph und Politologe Noberto Bobbio, »Italien ist heute kaum mehr als ein geographischer Begriff.«[42]

Auch in Italien nehmen die Bestrebungen zu, den nationalen Gedanken wiederzubeleben, zumal im Norden des Landes die politische Idee einer Spaltung des Landes in (den reichen) Norden und (den armen) Süden erheblichen Anklang bei den Wählern findet. Gegner dieser politischen Vorstellung versuchen nun, mit dem nationalen Gedanken wieder einmal die Einheit Italiens zu beschwören. Das ist besonders schwer in einem Land, dessen Bürger sich seit Jahrzehnten vom Nationalbewußtsein verabschiedet haben und die sich in ihrer Ablehnung des Nationalgedankens bestärkt fühlen, weil sie keinerlei Vertrauen in die politische Elite und den Staat haben. Womit eine der wichtigsten Voraussetzungen fehlte, um wieder zu einer nationalen Identität zurückzufinden.

Mit der Veränderung des Wahlsystems und der Einführung einer starken Regierung in Italien in den neunziger Jahren wuchs plötzlich das Selbstwertgefühl der Italiener. »Es war, als ob plötzlich alle dachten, wir sind trotz allem ein tolles Land, obwohl die gemeinen Ausländer das nicht so sehen wollen«, meinte Enzo La Penna, Soziologe an der Universität Rom.[43] Plötzlich begann – Ende der neunziger Jahre – sogar die Linke zu beklagen, daß die Italiener in der Europäischen Union nicht genügend berücksichtigt würden. Und als Staatspräsident Luigi Scalfaro sich gegen »die Schulmeisterei« wandte, mit der »die reichen europäischen Staaten, vor allem Deutschland, Italien abkanzeln«, entfachte er einen Jubel in den Medien und erhielt allerorts große Zustimmung. Verstärkt wurde das patriotische Ge-

fühl durch den Prozeß gegen den SS-Offizier Erich Prieb-
ke, der im März 1944 an dem Mord von 355 Geiseln in der
Nähe von Rom beteiligt war. Mit diesem Prozeß gegen einen deutschen Faschisten trat die italienische Beteiligung
am Zweiten Weltkrieg in den Hintergrund. Enzo La Penna
resümiert: »Die Öffentlichkeit in Italien deutet die Toten
des Zweiten Weltkriegs in ihrem Land allesamt als Opfer
des deutschen Nationalsozialismus um. Auf sein Vaterland
kann man dann wieder stolz sein.«

Mensch sein – oder Deutscher?

Das Selbstverständnis einer Person wird durch die *Innen*-sicht, also wie sie sich selbst sieht, und die *Außen*sicht, also wie sie gesehen wird, geprägt. Ein junger Deutscher mag sich als überzeugter Demokrat verstehen, wird aber im Ausland als Nachfahre der Nazis klassifiziert, und das wird Rückwirkungen auf seine Innensicht haben.

Wenn sich ein interessierter Franzose in Nizza in der FNAC, Frankreichs größter Buchhandelskette, nach Literatur über Deutschland umschaut, dann findet er mehr als fünfzig Jahre nach Ende des Zweiten Weltkriegs unter dem Schild »Allemagne« sechs Bücher. Eine fettleibige deutsche Geschichte, einen Band über die Beziehung Frankreich-Deutschland, zwei Bücher über den Nationalsozialismus, eine Abhandlung über die Neonazis in der Bundesrepublik und ein schmales Heft mit dem Titel »Der Tod ist ein Meister aus Deutschland«, der dem berühmten Gedicht von Paul Celan entlehnt ist. Es handelt von den Konzentrationslagern. Diese Auswahl zeigt, womit die Franzosen die Deutschen auch ein halbes Jahrhundert nach dem Fall des Dritten Reiches noch in erster Linie identifizieren: mit dem Nationalsozialismus und dem Judenmord. Und damit steht Frankreich nicht allein.

»Schockierend bewußt geworden ist mir mein Deutschtum in Harvard«, sagt Professor Hubert Markl, Präsident der Max-Planck-Gesellschaft. »Dort ist man umgeben von jüdischen Intellektuellen, von brillanten jungen Wissenschaftlern, Professoren und Studenten. Der Nationalsozialismus hat die Deutschen mit einem politischen System gebrandmarkt, das wohl in der Geschichte der Menschheit von unvergleichlicher Unmenschlichkeit war.«[44] Das erleben viele junge Deutsche, die nach dem Krieg geboren wurden. Und aus diesen Vorurteilen ergeben sich selbst ein halbes Jahrhundert nach Ende des Krieges absurde Vorfälle. So hatte der in London lebende Gert-Rudolf Flick der Universität Oxford einen Lehrstuhl für »Europäisches Denken« gestiftet und für die Jahre 1995 bis 2000 achthunderttausend Mark überwiesen. Flick ist ein Enkel des 1947 in den Nürnberger Prozessen als Kriegsverbrecher verurteilten Großindustriellen Friedrich Flick. Er war ein enger Vertrauter des SS-Reichsführers Heinrich Himmler gewesen und hatte mehr als vierzigtausend Gefangene aus Konzentrationslagern in seinen Fabriken eingesetzt.

Der Enkel Gert-Rudolf Flick gab in einem Leserbrief in der englischen Tageszeitung Daily Telegraph unmißverständlich seinen Abscheu über das Dritte Reich und seine Beschämung über die Taten seines Großvaters zu erkennen. Trotzdem wurde die Stiftung des Lehrstuhls in Großbritannien heftig angegriffen. Zwar fand ein von der Universität Oxford eingesetztes »Ethisches Komitee« keinen Grund, den Spender mit den Vorgängen während des Dritten Reiches und des Zweiten Weltkrieges in Zusammenhang zu bringen. Selbst das älteste College von Oxford, das 1266 gegründete Balliol, sprach sich für die Stiftung des Lehrstuhls aus und distanzierte sich davon, »daß Dr. Flick oder sonst jemand eine Erblast trägt«. Dennoch setzten britische Zeitungen die Hatz auf Flick fort. Der Universität wurde von ehemaligen Studenten, Historikern und Briten jüdischer Religion vorgeworfen, sie nehme Geld an, das aus dem Vermögen eines Kriegsverbrechers stamme. So blieb dem Spender Gert-Rudolf Flick nichts anderes

übrig, als die Stiftung zurückzuziehen, um die Schmutzde-
batte gegen ihn persönlich zu beenden – zum Bedauern der
Universität Oxford.

Nun denken Politiker selten anders als das Volk. Erstens
liegen dort ihre Wurzeln, sie sind politisch und intellektuell geprägt von den gleichen Vorurteilen. Zweitens besteht
das Volk aus Wählern, die in ihren Klischees gern bestätigt
werden. Gerade in Großbritannien werden antideutsche
Gefühle gern mit dem Hinweis auf die Nazis selbst ein
halbes Jahrhundert nach Ende des Dritten Reiches wirkungsvoll eingesetzt. Auch in Frankreich mögen sie noch
bestehen, doch wegen der deutsch-französischen Freundschaft werden sie häufiger unterdrückt – auch wenn sie
damit nicht verschwinden. Daß Großbritannien, anders
als Frankreich, sich auch im politischen Handeln von dem
alten Deutschlandbild leiten läßt, machte der Ablauf des
deutschen Einheitsvorgangs deutlich. In ihren Memoiren
hat die damalige britische Premierministerin Margaret
Thatcher den damaligen französischen Staatspräsidenten
François Mitterrand regelrecht beschimpft wegen seiner
Zustimmung zur deutschen Einheit. Sie lehnte die Vereinigung ab, war sich in der Beurteilung der Deutschen mit
Mitterrand zwar einig, doch er weigerte sich, ihr politisch
zu folgen.

  Der amerikanische Präsident George Bush und der sowjetische Generalsekretär der KPdSU, Michail Gorbatschow, dachten anders und lagen in ihrer Beurteilung auch
erstaunlich nah beieinander. Sie hatten weniger Vorbehal-
te gegen die Selbstbestimmung der Deutschen. Und das,
so Gorbatschow, obwohl sich die sowjetische Führung
»aufgrund unserer enormen Opfer während des Krieges«
damit nicht leichttat. Aber »die Deutschen hatten demo-

kratische Werte akzeptiert. Sie hatten ihre Schuld anerkannt. Sie hatten sich für diese Vergangenheit entschuldigt,
und das war sehr wichtig.«[45] Diese Meinung vertrat er in
einem Gespräch einige Jahre nach der deutschen Einheit.

Margaret Thatcher gehört dagegen zu den unbelehrba-
ren Anti-Deutschen. Sie benutzt ihre emotionale, unver-
besserliche Ablehnung Deutschlands, um die Bedeutung
der britischen Nation hervorzuheben. Damit gibt sie sich
so nationalistisch, wie es eher der Stimmung der Vorkriegs-
zeit entspricht. Deshalb argumentierte sie stets gegen die
deutsche Einheit – auch noch, nachdem sie nicht mehr im
Amt war: »Ich glaube, eine ganze Reihe Menschen teilten
meine Befürchtungen, daß irgend etwas im Charakter des
deutschen Volkes Dinge zur Folge hatte, die niemals hätten
geschehen dürfen. Bis heute kann ich nicht verstehen, warum so viele Deutsche, warum dieses bemerkenswerte,
hochintellektuelle Volk (…) Hitler tun ließ, was er tat.
Deutschland wurde erst 1870 zu einer Nation, und dann
begann es Kriege zu führen. Darin liegt etwas, wovor ich
mich immer noch fürchte. Wenn man erlebt, wie manche
Deutsche auf ziemlich schreckliche Art gegen Einwanderer demonstrieren, dann steigt diese Furcht wieder in mir
auf. (…) Auf jeden Fall ist Deutschland jetzt wieder sehr
mächtig. Sein Nationalcharakter wird dominieren.« Und
das, so Thatcher, führe dazu, daß Deutschland sich in Europa mit dem Argument durchsetzen werde, es habe »mehr
gezahlt als alle anderen«. »Manche Leute sagen, man müsse
Deutschland in Europa verankern, um zu verhindern, daß
diese Charakterzüge wieder in den Vordergrund treten. Sie
haben aber Deutschland nicht in Europa verankert, sondern Europa an ein erneut vorherrschendes Deutschland
angekettet. Deshalb nenne ich es ein deutsches Europa. Das
schlägt der Geschichte dieses Jahrhunderts ins Gesicht.«[46]

Dazu sagte François Mitterrand bei dem rückblickenden Gespräch mit Bush, Gorbatschow und Thatcher über das Zustandekommen der deutschen Einheit: »Wenn Margaret und ich die gleichen historischen Ängste hatten, so unterschieden wir uns doch in einem Punkt: Ich hielt es für eine unerschütterliche Tatsache, an der niemand etwas ändern könnte.« Und das, obwohl auch Mitterrand meinte: »Sicherlich wäre für uns Franzosen ein Deutschland von sechzig Millionen ungefährlicher gewesen als eine Nation mit achtzig Millionen. Es wäre uns lieber gewesen, Deutschland geteilt zu haben. Aber niemand konnte das durchsetzen.«

Amerikanische und englische Experten trafen sich während und wegen des deutschen Einigungsprozesses im März 1990 mit Margaret Thatcher – auf ihre Einladung hin. Darunter waren so hervorragende Kenner Deutschlands wie Gordon Craig, Fritz Stern, George R. Urban und Timothy Garton Ash. Sie alle haben wichtige Bücher über Deutschland und die Deutschen geschrieben. Der außenpolitische Sekretär der britischen Premierministerin, Charles Powell, faßte das Gespräch zu einem Memorandum zusammen.[47]

Darin wird auf die Frage »Wer sind die Deutschen?« festgehalten, sie zeigten »mangelnde Sensibilität den Gefühlen anderer gegenüber«, sie seien selbstbezogen, hätten »einen starken Hang zu Selbstmitleid und das Verlangen, geliebt zu werden. Noch weniger schmeichelhafte Attribute wurden als typischer Teil des deutschen Charakters erwähnt: Angst, Aggressivität, Überheblichkeit, Rücksichtslosigkeit, Selbstgefälligkeit, Minderwertigkeitskomplex, Sentimentalität.« Und in Zukunft müsse man skeptisch bleiben, da die Deutschen dazu neigten, »Dinge zu übertreiben, über die Stränge zu schlagen« und »ihre Fähigkeiten und die eigene Stärke zu überschätzen«.

Haben sich die Deutschen nach Meinung dieser Experten geändert? Ja, meinen mehrere der Anwesenden, die neue Generation der Deutschen sollte kein Grund zu ernsthafter Sorge sein. Trotzdem orientiere sich die »grundsätzliche Meinung über die Deutschen noch immer an der Geschichte von Bismarck bis 1945«. Zwar wird in dem Protokoll angemerkt, die Deutschen seien heute eher bereit, ihre Fehler und Charakterschwächen anzuerkennen, aber »die tragende Botschaft war unmißverständlich: Wir sollten nett zu den Deutschen sein. Doch selbst die Optimisten waren nicht frei von Unbehagen. Sie sorgten sich nicht um die Gegenwart oder die unmittelbare Zukunft, sondern um eine fernere Wegstrecke, die sich unserer heutigen Einsicht entzieht.«

Das Protokoll war, wie sich später herausstellte, von Margaret Thatchers Berater Powell stark einseitig eingefärbt worden – wohl um die antideutschen Gefühle der Premierministerin in den Vordergrund zu stellen. George R. Urban, unter anderem Redenschreiber von Margaret Thatcher, hat ebenfalls an der Gesprächsrunde teilgenommen. Er schildert in einem sechs Jahr später erschienenen Buch die fast unglaublichen Vorurteile von Margaret Thatcher gegenüber den »Teutonen«, wie sie die Deutschen auch zu nennen pflegte: »Es war niederschmetternd zu sehen, wie Margaret Thatchers Haltung zum ganzen Problem Deutschlands so sehr der eines Laien entsprach, trotz der klugen Bücher, die sie sichtbar vor sich auf dem Konferenztisch aufgebaut hatte. Sie versteckte ihre herzliche Abneigung gegen alles Deutsche nicht (wobei sie, wie es schien, die teutonische Abstammung der Englischen Nation, der Englischen Sprache und der Königsfamilie vergaß), und all das wurde erschwert durch ihre Ablehnung der Persönlichkeit von Helmut Kohl, den sie nicht als einen konservativen oder christdemokratischen Mitkämpfer ansah, sondern als einen tief im Provinzialismus verstrickten Deutschen.«[48]

Was auch immer die anwesenden Wissenschaftler an Positivem über die Deutschen sagten, wurde von Margaret Thatcher weggewischt mit dem Argument: »They will always be the same (Die werden sich nicht ändern).«[49] Sie glaubte sogar, die Siebenbürger-Deutschen in Rumänien, die deutsche Minderheit in Schlesien oder die Wolga-Deutschen in Rußland könnten wieder als eine Art »Fünfte Kolonne« den Vormarsch der Deutschen vorbereiten und »uns (den Briten, Anm. d. A.) dieselben Schwierigkeiten bereiten wie Hitler«.[50]

Aber wird das Bild der Deutschen nicht auch in Frankreich immer noch von den alten Vorstellungen geprägt? Der Schriftsteller Jean Giraudoux war Sprecher im Quai d'Orsay, dem Außenamt der französischen Regierung. Er hat 1922 mit seinem Buch *Siegfried* ein Bild des Deutschen gemalt, das vielleicht Sympathie erwecken sollte, aber doch Deutsche zeigt, die kulturell und politisch aus einer völlig anderen Zeit stammen. Trotzdem wird *Siegfried* heute noch als Taschenbuch im französischen Buchhandel gut verkauft. Seine Hauptfigur nennt Giraudoux SVK, Siegfried von Kleist. Damit spricht er gleich zwei Mythen an, die zwar den Deutschen heute nichts, aber auch gar nichts mehr bedeuten, deren Grundgedanken aber doch noch unbewußt das deutsche Selbstbewußtsein bis heute beeinflussen: Siegfried, der edle Nibelunge, als Sinnbild des tapferen, nur durch Verrat besiegbaren deutschen Helden. Und mit »von Kleist« weist Giraudoux auf dessen Theaterstück *Hermannsschlacht* hin, also den Mythos vom edlen Helden, der die hinterlistigen Römer (sprich: Franzosen) schlug. Diesen Mythos glauben die Franzosen immer noch in der deutschen Identität zu entdecken.

Wie käme sonst der Staatsrat Jacques Attali zu seinem harten Urteil gegen die deutsche Großmannssucht? Attali, der lange Jahre engster Berater und Sherpa von François Mitterrand im Élysée-Palast war, schrieb mehr als fünfzig Jahre nach Kriegsende, mehr als dreißig Jahre nach der Unterzeichnung des Deutsch-Französischen Freundschaftsvertrages, die europäische Währung sei für die Deutschen kein uneigennütziges Ziel, »sondern ein Instrument im Dienst der nationalen Macht«.[51] Und er behauptet, mit der Einheit seien die Deutschen von dem Ziel abgewichen, das die Bonner Republik bestimmte: »ein politisches Europa zu bauen, um darunter den nationalistischen Dämon zu verbergen«. Von Berlin aus wollten die Deutschen jetzt mittels europäischer Währung nur noch das eigene Territorium ausdehnen. Ein *Zollverein* würde dann von der Euro-Deutschmark beherrscht. Die große Angst von Jacques Attali lautet: »Deutschland träumt davon, sein wirtschaftliches und soziales Konzept dem übrigen Kontinent aufzuzwingen, um den Westen wirtschaftlich und den Osten politisch zu beherrschen.«

Attali wie Margaret Thatcher und weiß Gott zu viele andere haben nicht erfahren, daß Hermann der Cherusker und der Nibelunge Siegfried zwar als wichtige germanische Mythen in die Gedankenwelt derjenigen gehörten, die den Haß gegen die Franzosen zur Bildung einer deutschen Identität und zur Festigung der deutschen Nation benutzten. Aber das war vor 1945.

Mehr als die Hälfte der heute in der Bundesrepublik lebenden Deutschen ist nach 1945 geboren. Ist es da noch gerecht, sie mit dieser Vergangenheit zu belasten? Inwieweit hat dieser Teil der deutschen Vergangenheit noch mit ihnen zu tun? Entwickelt nicht jeder Mensch seine persönliche Identität und sein Selbstverständnis erst einmal aus der jeweiligen Lebenslage und anschließend erst aus dem Geschichtsbewußsein seiner Umgebung?

Der französische Staatsphilosoph Charles de Montesquieu trennte das Menschsein von der politischen Identität jeder Person, indem er von sich sagte, er sei aus Notwendigkeit Mensch, aus Zufall Franzose.

Während Montesquieu eine jede Person zuerst Mensch sein läßt und ihn dann mit einer jeweiligen, zufällig erworbenen Nationalität versieht, wird den Deutschen vorgeworfen, sie würden genau umgekehrt denken. Der französische Anthropologe Louis Dumont beschreibt die Innenansicht eines Deutschen folgendermaßen: »Ich bin aufgrund meines Wesens Deutscher und dank meiner deutschen Qualität Mensch.«[52] So definiert Dumont die »traditionelle Weltanschauung« der Deutschen, die nach 1945 zumindest im Staatsbürgerrecht nicht aufgehört hat, Wirklichkeit zu sein. In dieser »Weltanschauung« liegt nichts anderes als die Definition der Deutschen als Herrenrasse, die sich über die anderen erhebt.

Wer seine Identität auf dem Gedanken aufbaut, von Geburt Mensch zu sein und allein aus Zufall Deutscher, entgeht der Gefahr, sein Deutschsein wichtiger zu nehmen als das Menschsein. Wer jedoch behauptet, er sei aufgrund seines Wesens Deutscher und dank seiner deutschen Qualität Mensch, der verdreht die Rangfolge. Hinter solch einer Anschauung verbirgt sich die alte Definition des Begriffs *Nation*, deren Merkmal war, sich besser zu dünken als »die anderen«, die Fremden und Nachbarvölker.

Die Rangfolge muß heißen: von Geburt Mensch, aus Zufall Deutscher. Menschsein bedeutet, sich im Besitz der

Menschenwürde zu befinden, und sie ist die Grundlage der Menschenrechte, also jener ethischen Werte, die das Verhalten innerhalb der Gesellschaft regeln. Deutscher zu sein bedeutet dagegen, einer Gruppe von Menschen anzugehören, zu deren Identität gewisse nationale Besonderheiten gehören.

Von Albert Camus stammt ein dünnes Bändchen, das in Frankreich auch fünfzig Jahre nach seiner Entstehung nachgedruckt wird. Darin wirft Camus einem fiktiven deutschen Freund in vier zwischen 1943 und 1945 geschriebenen »Lettres à un ami allemand«[53] vor, zuerst Deutscher und erst dann Mensch zu sein. Die Franzosen – so der spätere Nobelpreisträger – dächten genau umgekehrt. Für ihn und seine Landsleute stünden universell gültige Werte der Menschheit an erster Stelle, und das sei ihnen wichtiger, als nationale Werte zu verwirklichen. Dagegen würden Deutsche die Grundwerte jeder menschlichen Gesellschaft dem Machtstreben ihrer Nation unterwerfen.

»Die Größe meines Landes kennt keinen Preis.« Diesen Gedanken legt Camus seinem Deutschen in den Mund, und er fährt fort: Für die Deutschen ist all das gut, was die Nation »zur höchsten Vollendung führt. In einer Welt, wo nichts mehr Sinn macht, finden junge Deutsche einen Sinn in dem Glück, alles dem Schicksal ihrer Nation opfern zu dürfen.« Dieser Geisteshaltung der Deutschen widerspricht Camus. Man dürfe nicht alles dem Ziel, das man anstrebt, unterwerfen. Die Deutschen seien am Anfang des Krieges stark gewesen, weil selbst die deutschen Intellektuellen die Suche nach der Wahrheit den Forderungen der Nation unterwarfen. Dagegen seien die Franzosen schwach gewesen, weil sie nicht nach der Macht strebten:

Die Deutschen »begnügten sich damit, der Macht ihrer Nation zu dienen, und wir« – die Franzosen – »träumten davon, unserer ihre Wahrheit zu geben. (…) Wenn es schien, wir zögen die Gerechtigkeit unserem Lande vor, dann weil wir unser Land nur um der Gerechtigkeit willen lieben wollen.«

Mit seiner Feststellung: »Ich bin aus Notwendigkeit Mensch und Franzose durch Zufall« stellt Montesquieu die Begriffe Notwendigkeit und Zufall genauso einander gegenüber wie Mensch und Nationalität. Mensch und Notwendigkeit entsprechen sich demnach ebenso wie Nationalität und Zufall.

Nun lehrt der Gegensatz von Notwendigkeit und Zufall nicht nur zu unterscheiden zwischen Menschsein und Zugehörigkeit zu einer Nation, sondern es ergibt sich daraus auch eine Abstufung, die verlangt, das Menschsein als einen absoluten Wert zu begreifen und die Zugehörigkeit zu einem Stamm oder einem Volk als einen relativen.

Als Mensch steht eine Person unter dem Schutz der allgemeingültigen Menschenrechte. Als Franzose, Deutscher oder Japaner kann eine Person zwar Respekt für ihre nationalen Werte beanspruchen, doch allgemeingültig sind sie nicht. Sie können sogar im Widerspruch zu denen einer anderen Nation stehen. In der Abstufung der Wertigkeiten liegt der richtige Weg zu einer nationalen Identität. Wer nach diesem Maßstab urteilt, der wird zu einer differenzierten Wahrnehmung von Menschen gelangen und nicht mehr fragen, ob jemand Deutscher ist (und ihn im Zweifel mit dem Nazi-Klischee verbinden), sondern er wird sich erkundigen, wer dieser Mensch ist, der – aus *Zufall* – mit einer deutschen Identität versehen ist.

Aus Zufall: Deutscher werden

Die Menschen machen sich erst dann tiefere Gedanken darüber, was ihre Nationalität auszeichnet, wenn Lebensumstände sie dazu zwingen. Die Persönlichkeit eines Menschen entwickelt sich je nach den Bedingungen, unter denen er aufwächst. Der Ort, die Landschaft und das Klima hinterlassen Spuren. Die Familie und die Nachbarschaft, die Gruppe der Gleichaltrigen prägen ihn wie auch die Sprache und der Dialekt; es wirken die Märchen, die Geschichten und Gedichte auf ihn ein, die Lieder und der Glaube, die wirtschaftlichen Umstände wie auch das politische Umfeld.

Und natürlich spielt die Geschichte eine zwingende Rolle. Nur dreißig Jahre liegen zwischen den Geburtsdaten zweier Männer, doch hat der Zufall der Geschichte ihnen eine jeweils andere nationale Identität verpaßt. Der im französischen Perpignan geborene Carlo wird Deutscher, und Alfred, der im deutschen Frankfurt am Main das Licht der Welt erblickte, wird Franzose.

Der deutsche Völkerrechtslehrer und Politiker Carlo Schmid wurde 1896 als Kind einer französischen Mutter und eines deutschen Vaters in Perpignan geboren und wuchs in Süddeutschland auf. Im Jahr 1914 machte er Abitur, und als der Krieg begann, wollte Carlo Schmid sich »dort, wo es um das Schicksal von Völkern ging, nicht abseits stellen, (…) Doch auf welche Seite hatte ich zu treten? Als Sohn eines deutschen Vaters war ich Deutscher; als Sohn einer französischen Mutter, in Frankreich geboren, war ich Franzose. Für welches Land, für welche Nation war mir aufgegeben zu kämpfen?«[54] Sein Vater hätte ihn am liebsten in die neutrale Schweiz geschickt. Trotzdem versuchte er nicht, den siebzehnjährigen Carlo zu beeinflussen.

Der deutsche Vater sagte: »Du stehst vor einer Entscheidung, die dein Schicksal bestimmen wird. Nur du kannst deine Wahl treffen und mußt bereit sein, in deine Entscheidung alles einzubeziehen, was darin an heute noch unbekannten und unerkennbaren Konsequenzen für dich stecken mag.«

Die französische Mutter erklärte ihrem Sohn: »Deutschland ist das Land deines Vaters, und da du dich von diesem Land hast aufnehmen lassen, ist es dein Vaterland – solange du ihm nicht abgeschworen hast. Seiner Fahne wirst du folgen. Frankreich ist das Land deiner Mutter; dieses Land solltest du auch nach dieser Entscheidung ehren. Künftig werden wir nur noch französisch miteinander sprechen, auch wenn du deutsche Uniform trägst.« Und so entschied sich Carlo Schmid, bei den Ulanen in Ludwigsburg anzumustern und im Ersten Weltkrieg Deutscher zu werden.

1925 kam Alfred Grosser in Frankfurt am Main auf die Welt. Am Ersten Weltkrieg hatte sein patriotisch gestimmter Vater Paul Grosser, wie so viele Deutsche jüdischen Glaubens, als Stabsarzt im Frankreichfeldzug teilgenommen, war bereits im November 1914 mit dem Eisernen Kreuz 2. Klasse, später sogar mit dem »EK I« ausgezeichnet worden. Doch dann kam Hitler an die Macht. Im April 1933 gab der Dekan der Medizinischen Fakultät in Frankfurt dem Arzt Paul Grosser »den Rat«, seine Vorlesungen einzustellen. Dann wurde das Kinderkrankenhaus, an dem er als leitender Arzt arbeitete, »arisiert«, so daß Paul Grosser im Dezember 1933 beschloß, mit seiner Frau und bei-

den Kindern nach Frankreich zu emigrieren. Der Ent-
schluß, auszuwandern, so schreibt später Sohn Alfred, ist
»gekommen, als mein Vater aus dem Verband der Eiser-
nes-Kreuz-Träger hinausgeworfen wurde, denn das zeigte
ihm, daß er nicht mehr als Deutscher betrachtet wurde«.[55]
Schon wenige Monate später stirbt Paul Grosser in Saint
Germain en Laye, wo er ein Kindersanatorium eröffnen
wollte, an Herzversagen.

Der Tod des Vaters hat Alfreds »Französischwerden«
entscheidend beeinflußt. Denn jetzt war für seine Mutter
klar, daß ihre Kinder endgültig in Frankreich Wurzeln
schlagen mußten. Die französische Schule hat die Einglie-
derung des jungen Deutschen leicht gemacht; denn die Religion spielte keine Rolle, der Geschichtsunterricht dagegen eine besonders starke bei der Prägung der »nationalen
Identität«. »Wären meine Eltern nach London gezogen«,
schreibt Grosser, »so wäre ich wahrscheinlich im Emi-
grantenviertel Golders Green einer unter anderen gewesen, in dauerhafter Verbindung mit dem Judentum und
mit einem durch Bitterkeit und Ablehnung lebendig blei-
benden Deutschtum. Das gleiche hätte für New York ge-
golten.

Auch gibt es in England und Amerika keinen Geschichtsunterricht in der Grundschule, so wie er als *Hi-
stoire de France* gegeben wird, das heißt mit patriotisch
eingefärbter Darstellung der Vergangenheit. (…) Viele Jahre später, als ich mich bei einem Vortrag dabei ertappte,
›Wir haben 1914 …‹ zu sagen, und damit natürlich die
französischen Soldaten meinte, überlegte ich beim Weiter-
sprechen. (…) daß die Assimilation wirklich vollkommen
war: Napoleon war mein Großvater, Jeanne d'Arc meine
Ururgroßmutter und Goethe ein großer, aber ausländi-
scher Dichter.«[56] Die Identität eines jeden Menschen ist aus

verschiedenen individuellen und kollektiven Merkmalen zusammengesetzt. Und je nach Bildung und Kritikfähigkeit übernimmt jeder Mensch aus den kollektiven Merkmalen Elemente für seine eigene Identität. Er sei ein Mann, ein Professor, ein Pariser, all diese Dinge, so Grosser, machen ihn aus: »Natürlich bin ich auch Franzose. Was bedeutet das als Identität? Einerseits, daß ich einer Nation angehöre, die sich nicht durch Bescheidenheit auszeichnet. Ich zitiere gerne General de Gaulle, der in einer Fernsehsendung sagte: ›Unsere Ziele, die, weil sie französisch sind, im Interesse aller Menschen liegen.‹ Wenn da ein Teil meines französischen Publikums nicht lachen sollte, dann sage ich: Ich habe mich geirrt. Es war Helmut Kohl, der gesagt hat: ›Unsere Ziele, weil sie deutsch sind, liegen im Interesse aller Menschen.‹ Da geht ein Schaudern durch den Saal! (…) Das ist die negative Seite der französischen Identität.«[57]

Diese beiden Biographien mag man als nicht allgemeingültig abtun. Wer wird schon vor die Wahl gestellt, seine nationale Identität zu bestimmen, weil die Eltern verschiedenen Nationalitäten angehören. Die Lebenslage mag eher junge Menschen durch Krieg, Vertreibung oder Not zwingen, den Aufbau einer nationalen Identität abzubrechen und in einem anderen Land einen neuen Ansatz zu versuchen. Aber in einem Volk von achtzig Millionen bilden auch sie nur eine verschwindende Minderheit.

Carlo Schmid und Alfred Grosser entwickelten durch das Zusammenwirken persönlicher und geschichtlicher Umstände ein deutsches beziehungsweise ein französisches Selbstverständnis, wählten also zwischen zwei sehr unterschiedlichen nationalen Identitäten. Aber selbst innerhalb eines Landes können die Bewohner eine jeweils unterschiedlich gestaltete Identität annehmen. So haben Deutsche je nach der historischen Lage, in die sie hineingeboren wurden, ein unterschiedliches Selbstbewußtsein ausgebildet. Auch hier zeigt sich wieder, wieviel einfacher es ist, von einer einheitlichen Identität der Franzosen oder der Engländer zu sprechen als im Falle der Deutschen. Denn ihre Geschichte, nicht nur des zwanzigsten Jahrhunderts, erlegte den Deutschen weitaus mehr Zwänge bei der Bildung ihrer nationalen Identität auf als Bürgern vieler anderer Länder. Das zu verstehen fällt selbst den europäischen Nachbarn schwer, die Deutschland gut zu kennen glauben.

»Wo leben eigentlich die Deutschen?« fragt der polnische Schriftsteller Andrzej Szczypiorski.[58] Als junger Mann hatte er schon zwei Deutschlandbilder kennengelernt. Später wurden es verwirrend mehr. In der Heimat erlebte er das »Dröhnen der Stiefel deutscher Gendarmen auf den Warschauer Gehsteigen«. Szczypiorski nahm am Warschauer Aufstand teil und landete im Konzentrationslager Buchenwald. Als junger Mann las er den Roman von Thomas Mann über das Schicksal der Familie Buddenbrook, und »hatte lange Zeit die Hoffnung, Herr Buddenbrook würde in Warschau erscheinen und endlich mit der ganzen deutschen Schweinerei um mich herum aufräumen«. Ihm fiel es »ungeheuer schwer«, die Buddenbrook-Deutschen mit den Hitler-Deutschen zu verbinden: »Ich fand, es könne unmöglich ein und dasselbe Land, ein und dasselbe Volk, ein und dieselbe Sprache sein. (…) Ich trennte die deutsche Kultur von der deutschen Wirklichkeit, und im Grunde tat ich damit nichts Besonderes, denn die Deutschen machten es damals genauso. Die Deutschen im Dritten Reich warfen alles, was Achtung, Anerkennung und Liebe verdiente, auf den Müll oder den Scheiterhaufen, also beileibe nicht nur Thomas Mann, sondern ihre gesamte jahrhundertealte Kultur. Sie sagten sich von der deutschen Tradition los, um unbeschwert ein tausendjähriges germanisches Reich aufzubauen.«

Zwanzig Jahre später, Anfang der sechziger Jahre, reist Szczypiorski zum ersten Mal in die Bundesrepublik und trifft auf einen »netten älteren Herren« in Baden-Baden, der ihm sagt: »Wir hier in Baden sind eigentlich keine richtigen Deutschen. Wir ähneln mehr den Franzosen, und das ist auch leicht einzusehen, denn schauen Sie nur, dort auf der anderen Seite des Rheins ist schon Frankreich. Geistig gehören wir mehr dorthin als zu Deutschland.« Schon einen Tag später erklärt ihm in Hamburg ein in Tweed gekleideter »netter Herr mit Pfeife im Mund« und blauer Mütze auf dem Kopf: »Wir hier in Hamburg, in Bremen oder Lübeck, wir sind eigentlich keine richtigen Deutschen. Wir haben andere Sitten und Gebräuche. Wir sind seit alters aufs engste mit England und Skandinavien verbunden, das ist die alte Hanse, eine andere Tradition als in Deutschland, eine andere Art des Denkens …« Skeptisch fragt sich Szczypiorski, was das zu bedeuten habe. Hat der Hamburger damit nicht das Recht, auch auf die hanseatische Geschichte Danzigs zu verweisen? »Was dem Polen natürlich nicht gefiel und negative Assoziationen wachrief.«[59]

Mit dem Hinweis auf Frankreich distanziert sich der Badenser von der deutschen Geschichte (auch des Dritten Reiches) und identifiziert sich mit der freiheitlichen Tradition Badens. Mit dem Hinweis auf England und Skandinavien distanziert sich der Hamburger ebenfalls von der deutschen Geschichte und identifiziert sich mit der freiheitlichen Tradition der Hanseaten. Beide wollen gegenüber dem Polen als *bessere* Deutsche dastehen, indem sie versuchen, sich aus der Verantwortung zu stehlen, die aber ein nicht trennbarer Teil der nationalen Identität ist.

Das ist eine Flucht. Aber die deutsche Geschichte, die späte Bildung der Nation, ermöglicht es einem Bayern, Badenser oder Hanseaten eher als einem Franzosen aus der Picardie, der Vendée oder dem Limousin, sich auf seine Landsmannschaft zurückzuziehen.

Sich auf seine regionale Herkunft zu beziehen ist ein Rückzug, aber es ist nicht der einzige Grund, weshalb man sich auf sie beruft: die regionale Identität gehört bei vielen Deutschen zur Bildung ihres persönlichen Bewußtseins. Wohin die Animositäten unter den einzelnen »Stämmen« Deutschlands noch in diesem Jahrhundert führten, haben die Bayern gezeigt. Zwar hatte Ludwig II. von Bayern den Preußenkönig gebeten, die Kaiserkrone anzunehmen, aber dazu mußte er mit einer großen Summe Geldes, die er für den Bau seiner Schlösser verwendete, überredet werden. Der König setzte eine preußenfreundliche Regierung ein, was das Volk gar nicht goutierte. Und kaum ergab sich im November 1918 die Gelegenheit, stürzte das Volk König Ludwig III., rief die Republik aus und versuchte, sich wieder von Preußen zu lösen – und das mit militärischen Mitteln. Ende 1919 standen der bayerischen Regierung antipreußische Bürgerwehren mit zweihunderttausend Mann zur Verfügung. Im Kapp-Putsch setzten diese Bürgerwehren die Regierung ab. Als die Reichsregierung die Bayern aufforderte, die Truppen aufzulösen, versuchte München mit allen Mitteln, dies zu verhindern und zog sich schließlich aus allen Institutionen des Reiches zurück.

Man stelle sich mal vor, überlegt Wolf Wagner in seinem Buch *Kulturschock Deutschland,* 1990 hätten die östlichen Bundesländer, die mit dem Dritten Weg liebäugelten, die NVA und Freiwillige zu Bürgerwehren unter Leitung von

NVA-Offizieren zusammengefaßt. Diese Privatarmee hätte die Landesregierungen mit ihr genehmen Personen, alten Parteikadern und Stasi-Offizieren besetzt und ihren Widerstand erst aufgegeben, nachdem die Bundesregierung damit gedroht hätte, die Bundeswehr in Marsch zu setzen. Genau so hatten sich die Bayern zu Beginn der Weimarer Republik noch verhalten.

Oder wie kann ein Saarländer *keine* Zweifel an seiner deutschen Identität haben? Das Saarland wurde nach dem Versailler Vertrag aus Teilen der preußischen Rheinprovinzen und der bayerischen Rheinpfalz gebildet. Die Kohlengruben fielen an die Franzosen. Das Saarland wurde dem Völkerbund unterstellt. Erst bei einer Abstimmung am 13.1.1935 sprachen sich neunzig Prozent der Saarländer für den Anschluß an Deutschland aus. Nach dem Zweiten Weltkrieg wollte sich Frankreich das Saarland wieder einverleiben. Die Franzosen richteten 1946 eine Zollgrenze gegenüber Deutschland ein. Erst im Rahmen der Pariser Verträge von 1954 einigten sich die Bundesrepublik und Frankreich auf eine Volksabstimmung, bei der sich 1955 wieder eine große Mehrheit für Deutschland entschied. Diese zwiespältige Geschichte prägt besonders jene Saarländer, die vor der endgültigen Aufhebung der Zollgrenzen nach Deutschland im Jahr 1959 aufgewachsen sind. Die langjährige Hamburger Kultursenatorin Christina Weiss wurde 1953 im Saarland geboren: »Ich hatte eine Großmutter, die im ›Reich‹ lebte. Und um nach Deutschland zu kommen, mußte ich über eine Grenze fahren. Das war keine negative, das war eine positive Grenze. Ich fühlte mich auf der Seite bei Frankreich wohl. Und ich hatte auch das Gefühl, bloß niemals auf die andere Seite des Rheines zu wechseln, denn wenn irgendwas passierte, dann ist man immer noch auf der französischen Rheinseite besser aufgehoben. Auch heute noch, wenn ich den Rhein überfahre, tue ich das mit einem heiligen Gefühl. Ich unterbreche jedes Gespräch, muß immer den Rhein angukken und denken: Das ist die Grenze, heute noch. Diese Kindheitserfahrungen, daß ich eigentlich in Frankreich lebte und mich ganz wohl gefühlt hätte, wenn es so geblieben wäre, die zeigen, daß ein Bruch im Verhältnis zu diesem Deutschland vorhanden ist.«[60]

Nicht nur das allgemeine Geschichtsbewußtsein prägt die nationale Identität, sondern auch die gegenwärtige, persönliche Lebenslage, die fast gegensätzliche Weichen stellen kann.[61] Es beginnt heute mit der Frage, ob eine Person das Dritte Reich bewußt erlebte oder nicht. Wurde jemand nach dem Krieg geboren und kam in den Genuß dessen, was Helmut Kohl ganz ernsthaft (und falsch, denn diese Redewendung ist auch eine Flucht aus der Geschichte) die »Gnade der späten Geburt« bezeichnet? Doch selbst, wer in den vierziger Jahren geboren wurde, wer also mit dem Dritten Reich nicht mehr direkt in Verbindung gebracht werden konnte, für den ergab sich ganz durch Zufall eine jeweils andere Ausgangslage für die Entwicklung seiner Identität. Der Wohnort entschied darüber, ob man im Westen oder im Osten, im demokratisch-kapitalistischen System der Bundesrepublik oder im autoritär-sozialistischen der DDR lebte.

Im Westen reiften Identitäten anders als im Osten. Da verteilte sich zwar in West und Ost die Generation der Flakhelfer, die aus denen bestand, die in den letzten Monaten des Krieges als Vierzehn-, Fünfzehnjährige noch in die Schlacht um den Endsieg geworfen wurden. Doch in Westdeutschland wuchs dann die Generation der von der amerikanischen Kultur beeinflußten »Halbstarken« heran, später kamen die »Beatles-Generation«, die »Achtund-sechziger«, die »Yuppies« etc. Mit dem Begriff Generation ist hier nicht die biologische Abfolge von Eltern zu Kindern gemeint, sondern die gemeinsame Erfahrung einer Altersgruppe in einem besonderen zeitlichen Vorgang.[62] Im Abstand von etwa fünfzehn Jahren bildete sich jeweils eine neue »politische« Generation. Die »skeptische Generation« von 1945 widmete sich politisch ernüchtert dem Wiederaufbau. Ihr folgte Anfang der sechziger Jahre eine Generation der »drängenden Kritik«[63], die Mitte der siebziger Jahre ergänzt wurde durch die Generation des Zweifelns an Werten.

Die Frage nach Schuld und Verantwortung wegen der Untaten, die Deutsche während des Dritten Reiches begingen, gehört zum Kern der Identität von Menschen, die in der Bundesrepublik aufwuchsen. Besonders im Ausland wird dies einem oder einer Deutschen selbst heute noch immer wieder eingebleut. Meine 1969 geborene Tochter ging Anfang der achtziger Jahre in das französische Lycée in New York. Als im Geschichtsunterricht das Dritte Reich, die Konzentrationslager und die Massenvernichtung behandelt wurden, sagte der junge, ungeschickte, französische Geschichtslehrer zu der dreizehnjährigen Deutschen: »Wenn das für dich unangenehm ist, dann kannst du jetzt den Klassenraum verlassen.« Das empfand die Deutsche zunächst als Erleichterung. Als aber im Philosophieunterricht Nietzsche behandelt wurde, erklärte die französische Lehrerin, mit seiner Lehre von der Herrenrasse habe Nietzsche die Nazis herbeigeredet. Und auch heute noch hätten die Deutschen sich nicht geändert. Solche Äußerungen führen bei einem Kind in diesem Alter automatisch zu einer Stigmatisierung. Und hier liegt ein merkwürdiger Unterschied in der Behandlung von jungen

Menschen. Nach fortschrittlichem Denken würde man immer dafür plädieren, die Kinder eines Mannes, der einen Mord begangen hat, nicht für die Tat des Vaters verantwortlich zu machen. Im Gegenteil, man würde alles Erdenkliche versuchen, den Kindern psychologisch zu helfen, damit sie nicht unter der Last der Herkunft zu leiden haben.

Die Westdeutschen waren nicht nur aus der Sicht des Auslands, sondern auch nach dem antifaschistischen Gründungsmythos Ostdeutschlands diejenigen, die sich die deutsche Vergangenheit anrechnen lassen mußten. Die vermeintlichen Antifaschisten lebten in der DDR. Dafür hatte die offizielle DDR-Doktrin gesorgt.

Die Identität einer Person, die in der DDR lebte, läßt sich weniger als in der Bundesrepublik mit dem Zusammengehörigkeitsgefühl einer Generation beschreiben, da der Einparteienstaat politische oder kulturelle Ausbrüche nicht erlaubte. Statt dessen erfuhren diejenigen, die sich der DDR-Diktatur entgegengestellt hatten, eine Überraschung, als die Mauer fiel. Sie hatten wegen ihres Widerstandes Nachteile erlebt, hatten sich vielleicht unter großer Mühe den Wechsel in die Bundesrepublik erkämpft. Und nun plötzlich erhielten all *die da*, die sich als Mitläufer arrangiert hatten, ja selbst diejenigen, die kräftig mitgemacht hatten, alles *gratis*, wofür man selbst größte Opfer gebracht hat – oder zu bringen bereit war. Anders als im Westen wurden die heranwachsenden Generationen im Osten nicht mit der unmittelbaren Vergangenheit belastet. Allerdings mußten viele schmerzhaft erfahren, daß sie nur vorübergehend davon befreit worden waren.

So arbeitete die große ostdeutsche Schriftstellerin Christa Wolf kurz nach der vollzogenen Einheit für ein knap-

pes Jahr in Kalifornien. Dort wurde sie von einer Gruppe
jüdischer Amerikaner eingeladen, Amerikaner, die sich
Angehörige der zweiten Generation nannten, weil sie Kinder von Überlebenden des Holocaust waren. Sie hatten im
amerikanischen Fernsehen Berichte über die Anschläge
deutscher Neonazis auf Ausländer gesehen. Sie, die Kinder
von Opfern der Nazis, sahen plötzlich Berichte über die
Bürger von Rostock, die Neonazis beklatschten, weil sie
ein Ausländerheim stürmten und anzündeten. In Solingen
und Mölln waren Menschen verbrannt worden. Die Täter
waren junge Deutsche. Zunächst reagierte Christa Wolf
abwehrend und fragte sich: »Was hatte ich mit Solingen zu
tun?« Doch sie mußte schnell »akzeptieren, daß ich für
diese Menschen nicht ost-, nicht westdeutsch war, sondern
eben nur »deutsch«. (…) Immerhin war ich froh, in dem
kleineren, ärmeren der beiden deutschen Staaten zu leben,
der die Kriegsfolgen wirklich zu tragen, der viel länger dafür zu zahlen hatte als der größere, reichere deutsche Staat,
welcher außerdem weniger radikal mit den Überresten der
braunen Vergangenheit umging.«[64]

Wie wird man trotz aller Unterschiede deutsch? Victor
Klemperer schreibt am Freitag, den 27. März 1942 gegen
Abend in sein Tagebuch: »Wie weit wirkt Tradition? An
Elbogens ›Geschichte der Juden in Deutschland‹, die ich
jetzt ganz durchgeackert habe und notieren will, erschüttert es mich, auf einer wie dünnen Bodenschicht ich in meinem Deutschtum stehe. Erst 48 Gleichberechtigung der
Juden, in den fünfziger Jahren noch einmal eingeschränkt.
Dann in den siebziger Jahren schon wieder starker Antisemitismus und eigentlich die ganze Hitlertheorie bereits
entwickelt. Ich habe von alledem wenig gewußt – wirklich,
intensiv gewußt: gar nichts, vielleicht nichts davon wissen

wollen. Trotzdem: Ich *denke* deutsch, ich *bin* deutsch – ich hab es mir nicht gegeben, ich kann es mir nicht ausreißen. Was ist Tradition? Alles beginnt bei *mir*. Nein, doch bei den Eltern. Hätte Vater in seiner Jugend das ihm gebotene amerikanische Rabbinat angenommen ...«,[65] dann wäre Victor in den Vereinigten Staaten aufgewachsen und nicht Deutscher geworden. Im Ersten Weltkrieg hatte er als Deutscher gekämpft. Doch nun bekam der Professor häufig Besuch von der Gestapo, wurde erniedrigt und mißhandelt. Er mußte jeden Tag befürchten, abgeholt und ins Konzentrationslager gebracht zu werden. Im April 1942 trifft seine »arische« Frau Eva den Zimmermann Lange in Gefreitenuniform an einer Tramhaltestelle in Dresden. »Sie ging mit ihm in ein Lokal, und er erzählte bei einem Glase Bier. Er ist als Fahrer bei der Polizeitruppe mehrere Wintermonate (bis Weihnachten) in Rußland gewesen. Grauenhafte Massenmorde an Juden in Kiew. Kleine Kinder mit dem Kopf an die Wand gehauen, Männer, Frauen, Halbwüchsige zu Tausenden auf einem Haufen zusammengeschossen, ein Hügel gesprengt und die Leichenmasse unter der explodierenden Erde begraben.«[66]

Einige Wochen später wird Klemperer in eine Diskussion verwickelt. Sein Platz, so wird ihm vorgeworfen, sei Jerusalem, nicht Dresden. Doch Klemperer, obwohl er von den grausamen Massenmorden an den Juden weiß, antwortet, er sei nur Deutscher, er könne nicht anders; die Nationalsozialisten seien nicht das deutsche Volk, das gegenwärtige deutsche Volk sei nicht das ganze Deutschland. Sein Gegenüber antwortet, er hasse Deutschland, woraufhin Klemperer meint: »Und wenn ich auch Deutschland haßte, ich würde deshalb nicht undeutsch, ich könnte mir das Deutsche nicht ausreißen.«[67] Sein Deutschtum, so Klemperer, werde ihm niemand nehmen, nur sein Nationalismus und Patriotismus seien hin für immer: »Mein Denken ist jetzt ganz und gar das voltairisch kosmopolitische. Jede nationale Umgrenzung erscheint mir als Barbarei.«[68] Die Zeiten, in denen die Masse der Deutschen so patriotisch denken, ja – sicher auch fühlen lernte, sind vorbei – hoffentlich für immer. Dafür gibt es zwei wesentliche Gründe. Erstens haben die Mythen vom besonderen deutschen Wesen keine öffentliche Kraft mehr, selbst wenn sie noch unterschwellig wirken. Zweitens werden die Generationen seit 1945 durch kein nationales Gemeinschaftserlebnis, etwa den Sedantag oder den Ersten Weltkrieg, zusammengeschweißt, sondern im Gegenteil durch die Erinnerung an den millionenfachen Judenmord individualisiert und in ihrem Deutschsein verunsichert.

So bricht auch gegen Ende des Dritten Reichs Klemperers Patriotismus zusammen, zu barbarisch ist, was er und seine Frau erleiden müssen, und er vermerkt, was wie eine vorgezogene Bestätigung von Goldhagens These über die Einzigartigkeit des deutschen Antisemitismus klingt: »An das ganz undeutsche Wesen des Nationalsozialismus kann ich nicht mehr glauben; er ist ein deutsches Eigengewächs, ein Karzinom aus deutschen Fleisch.« Erst fünfzig Jahre nach dem Krieg wurden diese Sätze gedruckt. Die Tagebücher Klemperers ruhten ein halbes Jahrhundert. Und es ist kein Zufall, daß sie erst Mitte der neunziger Jahre veröffentlicht wurden. So lange brauchten die Deutschen, um zur Aufnahme dieser Aufzeichnungen des alltäglichen Lebens in der eigenen jüngsten Geschichte bereit zu sein.

Die Geschichte eines Volkes spielt eine tragende Rolle für sein nationales Bewußtsein. So schreibt auch der 1925 in Frankfurt als Deutscher geborene Alfred Grosser, die Erziehung in der französischen Schule habe ihm geholfen, schnell zum Franzosen zu werden. Religion spielte keine Rolle, Geschichte und Sprache dagegen eine große. Er wurde im Frankreich der dreißiger Jahre in einer Art und Weise zum französischen Denken erzogen, wie dies auch heute noch üblich ist. Geschichte und Sprache bleiben für die Franzosen auch heute das wesentliche identitätsstiftende Element. Und zwar so stark, daß zeitgenössische politische Ereignisse – wie das Verhalten der Kollaborateure während der deutschen Besetzung, wie die Kolonialkriege in Indochina oder Algerien – wenig Einfluß haben auf die Definition dessen, was die Nation sei. Man streitet sich statt dessen über die zweihundert Jahre zurückliegende »universelle Revolution« oder die Bedeutung der Taufe von Chlodwig vor fünfzehnhundert Jahren für die Entstehung der Nation. Unbehagen an der Identität entsteht bei den Franzosen offenbar erst, wenn die Rolle der Nation nicht mehr klar ist – die Rolle Frankreichs in der Welt.

Die Kenntnis der Vergangenheit des eigenen Volkes gehört zu den Grundlagen persönlicher Identität. Ein umfassender Geschichtsunterricht hat in Deutschland jedoch nach 1945 für eine lange Zeit nicht mehr stattgefunden. Jahrzehntelang wuchsen junge Deutsche auf, deren Unterricht spätestens beim Kaiserreich aufhörte – wenn nicht gar schon 1848. Denn der bürgerliche Versuch, den Fürsten eine liberale Verfassung und ein Parlament abzutrotzen, bot eine demokratische Perspektive an. Was danach kam, war Geschichtslehrern zu belastend. Sie wußten nicht, wie sie damit umgehen sollten. In der Bundesrepublik wuchs deshalb zunächst eine Generation auf, die Schwierigkeiten hat, sich mit der Geschichte des eigenen Volkes auseinanderzusetzen.

Wer in den fünfziger oder sechziger Jahren als junger Deutscher ins Ausland reiste, der erfuhr die Abneigung besonders deutlich. Die jungen Deutschen wurden zwar nicht direkt verantwortlich gemacht für die Greuel des Krieges, aber manche Ausländer ließen sie damals – wie heute – spüren, daß für sie kein Unterschied besteht zwischen einem Deutschen, der vor 1945 erwachsen war und einem, der später geboren wurde. »Wo immer ich hinkam«, so schreibt der 1944 geborene Politikwissenschaftler Wolf Wagner, »mußte ich mich entweder für die Taten meiner Eltern rechtfertigen oder mich vor falscher Begeisterung bewahren: Wenn im Nahen Osten die Feinde der Israelis meinten, in mir als Deutschem einen natürlichen Freund gefunden zu haben, wenn in Indien die dortigen dunkelhäutigen Arier meinten, Hitler habe sie gemeint, als er von der überlegenen Arierrasse faselte, oder wenn in Irland die Feinde der Engländer glaubten, ich als Deutscher müsse ihr Verbündeter sein, da Hitler die Engländer bekämpft hatte – alle diese falschen Freunde waren noch beschämender als die direkten Anfeindungen in Holland oder Frankreich.«[69] Wagner spricht für eine Generation, die glaubte, behaupten zu können, sie hätte mit dem Großdeutschland ihrer Eltern, mit den Konzentrationslagern und dem Mord an den Juden nichts zu tun, weil davon bis in die sechziger Jahre hinein in der Bundesrepublik erstaunlich wenig die Rede war.

Erst der Eichmann-Prozeß in Israel und der Auschwitz-Prozeß in Deutschland brachen auf, was in Deutschland zu einem Tabu zu werden drohte. Und als die langsam kritischer werdenden Studenten an den Universitäten mit der Vergangenheit einiger ihrer Professoren konfrontiert wurden, begann eine erste Auseinandersetzung unter dem Motto: »Trau keinem über dreißig.« Wer älter war, der hätte im Dritten Reich eine Rolle spielen können. An den

Universitäten standen sich plötzlich zwei Generationen gegenüber, die mit der deutschen Geschichte unterschiedlich umgingen. Diejenigen, die weitgehend geschichtslos aufgewachsen waren, sahen sich mit denen konfrontiert, die möglicherweise durch den Nationalsozialismus belastet waren. Daraus entstand der erste Generationskonflikt der Bundesrepublik.

Vergangenheitspolitik

Bislang hatte die westdeutsche Gesellschaft über den Verbleib der nationalsozialistischen Elite so weit wie möglich geschwiegen. Der Freiburger Professor für Neuere Geschichte Ulrich Herbert hat untersucht, was aus den NS-Führungsschichten nach dem Zusammenbruch des Reiches wurde. Er stellte fest, daß die größte und auch bedeutendste Gruppe von Exnazis im neuen Staat rasch wieder aufstieg.[70] Ein nicht unerheblicher Teil, so Ulrich Herbert, starb bei Kriegsende durch Selbstmord, darunter viele Gauleiter. Eine zweite, nicht kleine Gruppe wurde von der Roten Armee hingerichtet, einer dritten gelang die Flucht ins Ausland. Und schließlich konnten viele von denjenigen, deren Namen und Tätigkeit nicht öffentlich bekannt waren, untertauchen. Die meisten aber fanden sozial und wirtschaftlich den Anschluß. Mit der Gründung der Bundesrepublik hatte auch die Entnazifizierungspolitik der Westmächte ihr Ende gefunden. Und Anfang der fünfziger Jahre waren 98 Prozent der zunächst wegen Nazi-Belastung entlassenen Staatsdiener wieder in Amt und Würden.[71] Als allerdings alte Nazis ihre nationalsozialistische Weltanschauung in der Politik wieder öffentlich verbreiten wollten, wurde die neo-nationalsozialistische SRP im Oktober 1952 verboten. Und gegen eine Gruppe um Werner Naumann, ehemaliger Staatssekretär unter Goebbels und dessen designierter Nachfolger, griffen die Westmächte hart durch und verhafteten die alten Nazis. Damit setzten die alliierten Aufpasser den Deutschen ein

Zeichen und zeigten ihnen, wo die Grenzen für die Tätigkeit der alten Nazis in der neuen Republik lagen.

Konrad Adenauers Politik gegenüber den ehemaligen
Nationalsozialisten bestand darin, sie sozial und wirtschaftlich in die bundesdeutsche Gesellschaft aufzunehmen, solange sie die Demokratie bejahten und auf nationalsozialistische Propaganda verzichteten. Je besser es den
ehemaligen Spitzennazis wirtschaftlich ging, um so größer
war ihre Neigung, die eigene Vergangenheit zu verstecken.
Und jetzt hatten sie auch ein großes Interesse, das Gewe-
sene zu schönen. Nicht sie, die akademisch gebildeten
Bürger, waren die Täter im Dritten Reich gewesen, sondern jene, die »Verbrecher« sind, also jene »Kriminellen«,
die man in Gefängnissen jedes Landes findet. Künstlich
wurde eine Typologie des Nazitäters geschaffen, die
dazu führte, daß nicht der Gestapochef oder der promo-
vierte SS-Offizier, der Massenerschießungen in Polen, der
Ukraine oder Rußland befohlen hatte, als Verbrecher angesehen wurden, sondern Leute aus den unteren Gesell-
schaftsschichten, denen als SA-Schläger oder KZ-Wäch-
ter die Verantwortung für die Nazi-Greuel zugeschoben
wurde.

Für die bürgerliche Umgebung vieler ehemaliger Nazis
war es nicht vorstellbar, daß diese »anständigen« Menschen, die nun ihre Kollegen, Freunde oder Nachbarn waren, an den Verbrechen des Dritten Reiches beteiligt gewesen sein sollten. Daß Hitler unter den jungen Akademikern
zahlreiche willfährige Helfer hatte, wurde aus der Wirklichkeit der Bundesrepublik verdrängt. Denn sonst hätte
die bürgerliche Gesellschaft sich wahrscheinlich selbst in
Frage stellen müssen. Vergessen und Verdrängen schien
dem deutschen Volk nötig, um einen neuen, diesmal demokratischen Staat aufzubauen.

Es verwundert deshalb nicht, daß ein Buch wie das von Daniel Jonah Goldhagen über ganz gewöhnliche Deutsche als Mörder, als Vollzieher des Holocaust, nicht von einem deutschen Historiker geschrieben worden ist und erst fünfzig Jahre nach Kriegsende erschien. Und das Verdrängen des Blickes auf die Täter erklärt auch, mit welcher Milde in den sechziger Jahren schwer belastete Wissenschaftler behandelt wurden.

Im Spätherbst 1964 ereignete sich in Bonn ein Vorfall, der das Verhalten der westdeutschen Universitäten charakteristisch belegt. Der eigentliche sachliche und politische Kern der Auseinandersetzung mit der braunen Vergangenheit wurde verdrängt durch einen moralisierenden Streit um das persönliche Versagen und die individuelle Schuld von einzelnen Professoren. Der Publizist Walter Boehlich hatte in einem Artikel in der *Zeit*[72] die Frage aufgeworfen, ob der neugewählte Rektor, der Germanist Hugo Moser, in dieser Funktion an der Bonner Universität auf dem rechten Platz sei. Moser hätte, so warf ihm Boehlich vor, als Vierundzwanzigjähriger die Erziehung zum völkischen Menschen propagiert und in seinen Veröffentlichungen noch nach 1945 nationalsozialistische Terminologie anklingen lassen.

Im Kern ging es bei dieser Auseinandersetzung um folgendes: Boehlich stellte die Frage, ob möglicherweise ein Zusammenhang zwischen dem Fehlverhalten der deutschen Universitäten vor und nach 1933 und ihrer restaurativen Fehlentwicklung nach 1945 bestand. In den sechziger Jahren führte eine Nazi-Vergangenheit nur bei größter Verfehlung zu Konsequenzen.

Anders war es in den achtziger Jahren. Schon bekannte, in der Öffentlichkeit zu früherem Zeitpunkt ausgebreitete Tatsachen wurden von der deutschen Gesellschaft neu bewertet und hatten andere Folgen. So wurde in den achtziger Jahren noch einmal veröffentlicht, was mehr als zehn Jahre zuvor schon einmal in der Zeitung stand: Der Journalist Werner Höfer hatte während des Dritten Reiches als junger Mann einen inkriminierenden Artikel geschrieben, in dem er das Todesurteil gegen einen Pianisten, der gegen die Nazis war, als gerechtfertigt darstellte. Höfer, der sich in der Bundesrepublik als demokratischer, kritischer Journalist ausgewiesen hatte, war beim Westdeutschen Rundfunk in leitender Position, als der Artikel zum ersten Mal bekannt wurde. Die zuständigen Gremien befaßten sich damit und beließen Höfer im Amt. Doch als die Angelegenheit in den achtziger Jahren noch einmal derart groß veröffentlicht wurde, als sei sie eine neu entdeckte Sensation, mußte der inzwischen längst von seinen Ämtern zurückgetretene Höfer die politische Sendung »Der Frühschoppen« aufgeben.

Anfang der sechziger Jahre wurde Hugo Moser von seinen Kollegen in Schutz genommen. Drei Tage nach der Veröffentlichung von Boehlichs Artikel trat in Bonn ein – nicht satzungsgemäß einberufenes – Gremium von Professoren zusammen und sprach den Rektor das »Vertrauen« aus, nachdem eine Sonderkommission, der nicht weniger als fünf Vorgänger des Rektors angehörten, den Gegenstand der Vorwürfe untersucht hatte. Ein Satz aus dieser Erklärung bezeugt das Denken der Hochschullehrer, die weitgehend der Vorkriegsgeneration angehörten: Jene Äußerungen Mosers, die Boehlich angriff, hätten sich nicht über die »zeitbedingte Diktion« und »über das Maß des damals Üblichen und mitunter sogar Notwendigen« hinausbewegt.
Nur zwei profilierte Professoren, der Romanist Harri Meier und der Germanist Richard Alewyn, distanzierten

sich öffentlich. Andere, wie der Politikwissenschaftler Karl-Dietrich Bracher, gaben den kritischen Studenten zumindest ihre Unterstützung zu erkennen. Als Mitglied des Studentenparlaments hatte ich mich an der Aufklärung der Vorwürfe gegen Professor Moser so stark engagiert, daß im Senat der Universität darüber beraten wurde, ob ich nicht von der Universität entfernt werden sollte. Denn ich hatte in einem Artikel in der Frankfurter Rundschau die Verschleierungstaktiken der Universität veröffentlicht und damit angeblich deren Ehre beschmutzt. »Gerettet« wurde ich vom Dekan der Philosophischen Fakultät, der an die unrühmliche Geschichte der Bonner Universität erinnerte und drohte, mit großem Getöse von seinem Amt zurückzutreten. Dennoch gelang es der Universität, eine offene Diskussion zu unterdrücken, da ein großer Teil der konservativen Studentenschaft es sich nicht mit der Obrigkeit verderben wollte. Allerdings hatte mich die Auseinandersetzung mit der Obrigkeit politisch erweckt, und ich trat in die Humanistische Studentenunion ein.

Von da an fühlte ich mich als Mitglied der deutschen Gesellschaft haftbar für deren Zustand, mit dem ich in keiner Weise einverstanden war. Dieses Gefühl, haftbar zu sein, führte in den ersten Berufsjahren als Journalist bei dem kritischen Fernsehmagazin Monitor dazu, daß ich mich besonders intensiv der Aufklärung über rechtsradikale Entwicklungen in der Bundesrepublik widmete. Kurz vor den Bundestagswahlen 1969 konnten mein Kollege Erich Potthast und ich enthüllen, daß die NPD, die kurz vor dem Einzug in den Bundestag stand, eine eigene Schlägertruppe mit Kampfausbildung und Marschliedern aufgebaut hatte. Schon bei der Gründungsversammlung der Aktion Widerstand waren wir mit unseren Kamerateams anwesend, später entdeckten wir Trainingslager der

Wiking-Jugend in der Rhön (und wurden von den Rechts-radikalen tätlich angegriffen). Aus dem Zustand der deutschen Identität entwickelte ich für mein eigenes Bewußtsein die Pflicht, gegenüber Fehlentwicklungen – wie zum Beispiel Rechtsradikalismus – nicht zu schweigen, sondern zu handeln. Jeder, so sagte ich, ist dafür haftbar zu machen, daß in Deutschland ein humaner Staat entsteht.

1965 – ein Jahr nach dem Skandal um Hugo Moser – gelangten Berichte eines Assistenten an die Öffentlichkeit, die den Bonner Luftfahrtmediziner Professor Siegfried Ruff schwer belasteten. Auf Nachforschungen hin schrieb Professor Alexander Mitscherlich, der über Mediziner im Dritten Reich geforscht hatte, den Studenten: »Professor Ruff war Zeuge von sogenannten ›terminalen‹ Versuchen, d. h. Menschenversuchen, die auf die Tötung des Opfers hin angelegt waren. (…) Aus diesem Grund halte ich es für unerträglich, daß ein Mann wie Professor Ruff an einer unserer Universitäten mit Lehre beauftragt ist.« Die Universität reagierte nicht auf die Frage der Studenten, ob sich auch die Taten von Professor Ruff mit dem »damals Üblichen« entschuldigen ließen; aber inzwischen handelten die Studenten politischer und demonstrierten so lange an Ruffs Institut, bis er von sich aus den Lehrauftrag zurückgab. Anderen, schwer belasteten Nazi-Akademikern gelang es dagegen, im deutschen Wissenschaftsbetrieb unterzutauchen.

So wurde erst 1995, dreißig Jahre nach den Auseinandersetzungen an den westdeutschen Universitäten über die Nazivergangenheit von akademischen Lehrern, der breiten Öffentlichkeit bekannt, wie sich eine große Zahl von Wissenschaftlern aus dem Dritten Reich in Positionen in der Bundesrepublik hinüberretteten und sich gegenseitig mit einem Netzwerk des Schweigens schützten. Es stellte sich heraus, daß der ehemalige Rektor der Hochschule in Aachen, der Germanist Hans Schwerte, sich zu Kriegsende eine neue Identität beschafft hatte. Bis zum 25. April 1945 war er der SS-Hauptsturmführer Hans Ernst Schneider gewesen. Dann ließ er sich als gefallen melden und einen Todesschein ausstellen. Einen Tag später registrierte er sich in Lübeck unter neuem Namen, heiratete sogar seine Frau, die durch die falsche Todeserklärung zur Witwe geworden war, noch einmal unter dem neuen Namen und machte Karriere.

Schneider hatte während des Dritten Reiches unter Himmler gearbeitet und gehörte zu den SS-Intellektuellen, die Ideen für den »totalen Kriegseinsatz der Wissenschaften« entwickelten. Zwar wechselte Schneider seinen Namen in Schwerte, dennoch war er vielen Germanisten[73] – darunter auch dem Bonner Hugo Moser – als Hans Ernst Schneider aus dem SS-»Ahnenerbe« bekannt. Schneider war kein kleiner Mitläufer, sondern ein Propagandist der nationalsozialistischen Großmacht- und Vernichtungspolitik. Er gehörte zu den jungen Intellektuellen und den SS-Offizieren, die »die Kerntruppe der Genozidpolitik stellten«[74]. SS-Offiziere der Abteilung »Ahnenerbe« waren an Menschenversuchen beteiligt, wie man sie später Professor Ruff vorwerfen sollte, und Schneider hat – vielleicht ohne Kenntnis, wofür sie gedacht waren – in Holland medizinische Geräte besorgt, die diesen Versuchen dienten. Nur der zu Schwerte mutierte Schneider könnte eine Antwort darauf geben, weshalb er nach der Enthüllung seiner Vergangenheit 1995 seine Camouflage mit den Worten entschuldigte: »Sollte ich auf die Straße treten und sagen: Ich war auch einer! Verhaftet mich und hängt mich auf?«[75] Hatte er etwas verbrochen, wofür man ihn nach Kriegsende aufgeknüpft hätte?

Nach dem Krieg machte der zu Schwerte verwandelte Schneider mit Hilfe alter Bekannter schnell akademische Karriere. Schon am 1. Juni 1947 wurde er Assistent am Deutschen Seminar in Erlangen – gefördert von Professor Heinz Otto Burger, der wissen mußte, wer sich hinter dem Namen Schwerte verbarg. Burger hatte während der Nazizeit seine Vorlesungen in Danzig in SA-Uniform abgehalten. Burger wurde Rektor in Erlangen, und nach der Berufung an die Universität Frankfurt im Jahr 1962 erfolgte auch dort seine Wahl zum »Rector magnificus« für das Amtsjahr 1963/64. Jetzt erst wurde seine Rolle unter den Nazis veröffentlicht, und Burger mußte auf die Rektorwürde verzichten. Professor blieb er allerdings, ebenso stellvertretender Vorsitzender des Freien Deutschen Hochstifts. Zu seiner Vergangenheit meinte er nur: »Ich bin nun einmal Deutscher und habe auch nach 1933, bis ich eingezogen wurde, in Deutschland gelebt. Ich will nicht behaupten, daß ich an den Verirrungen meines Volkes in gar keiner Weise teilhabe.«[76]

Die Mitwisser schwiegen, denn in Schwerte begegneten sie ihrer eigenen Vergangenheit und wurden allzu deutlich daran erinnert, »wie leicht die Germanistik vom politischen System des Nationalsozialismus hatte funktionalisiert werden können. (…) Der Fall Hans Ernst Schneider ist also nicht nur insofern exemplarisch, als er allgemein als Modell einer Erinnerungsverweigerung dienen kann, das die politische Kultur der Bundesrepublik prägt; er ist auch im engeren Sinne insofern exemplarisch, als die germanistische Diskretion im Umgang mit dem Schneider-Wissen als Modell dienen konnte für die Diskretion des Umganges vieler Kollegen von Schwerte mit ihrer eigenen politisch-fachlichen Vergangenheit. Schwerte als Schneider zu enttarnen hätte geheißen, eine Vergangenheit offenzulegen, die auch als eine weniger spektakulär entsorgte noch gleichgewichtsgefährdend und karrierehinderlich genug gewesen wäre«, schreibt der Aachener Germanist, Professor Ludwig Jäger.[77]

Das Verdrängen der Täterschaft widerspricht den politischen Moralmaßstäben, die sich in den sechziger und siebziger Jahren herausbildeten. Weil aber die Erinnerung verdrängt wurde, fällt es Deutschen, die nach dem Krieg geboren wurden, schwer, sich abschließend mit den Verbrechen ihrer Vorfahren auseinanderzusetzen. Die Folge ist, daß die Diskussion um die nationalsozialistischen Massenverbrechen immer wieder aufbricht und junge Generationen erneut belastet, wenn sie sich die Frage stellen, was es heißt, deutsch zu sein.

Wer sich mit der deutschen Identität befaßt, wird feststellen, daß es einen Wandel in der Betrachtung des Deutschseins gibt, der mit der Wiedervereinigung zu tun hat. Vor 1990 sprachen (West-)Deutsche von der Bundesrepublik, aber nicht von Deutschland. Das Wort »deutsch« war bis zur Einheit zu sehr belastet. Die Teilung war in der vorherrschenden Meinung die Strafe für Krieg und Holocaust, und diese Erkenntnis beeinflußte das Denken, aber es war schwerer zu ertragen für diejenigen, die vor dem Kriegsende aufgewachsen waren. Erst nach der Vereinigung geschah auch hier ein Umdenken.

Die Abgeordnete der Grünen, Antje Vollmer, Vizepräsidentin des Bundestages, fühlt sich der Generation der 68er zugehörig. In diesem Bewußtsein sagte sie Pfingsten 1996 beim Heimattag der Siebenbürger Sachsen in Dinkelsbühl: »Es war nicht gut, daß wir das Geschehene als Ergebnis einer Art Kollektivschuld, als gerechte Strafe für die Schuld der Deutschen insgesamt deuteten. Dabei ver-

gaßen wir, daß die Schuld der Geflohenen und Vertriebenen [und hier läßt sich hinzufügen: der Menschen in Ostdeutschland, d. A.] nicht größer und nicht kleiner war als
die der übrigen Deutschen, wohingegen ihr Schicksal härter war. Dieses Desinteresse, dieses Wegsehen vor mensch-
lichem Leid und Schicksal war eine späte Wirkung des Kalten Krieges – war menschlich, politisch und intellektuell
eine Verweigerung der Versöhnung unter den Generationen und Kulturen.«

Tabus machen blind. Um so größer war deshalb das Erstaunen, daß die Mauer fallen konnte, und um so tiefer die
Abneigung derjenigen gegen eine Wiedervereinigung, die
in der Teilung eine gerechte Strafe sahen. Weshalb, so fragten sie sich, sollte die jetzt aufgehoben werden? Womit
hatten die Deutschen das verdient? Aus der Zeit, als die
Franzosen nach dem Krieg von 1870 das Elsaß an das Kaiserreich abtreten mußten, stammt die Redewendung: »Immer daran denken, nie davon sprechen.« Immer daran denken, daß das Elsaß wieder französisch werden wird, aber
nicht davon sprechen, um den deutschen Feind nicht mißtrauisch zu stimmen. Und weil die Franzosen sich nicht
vorstellen konnten, daß die Deutschen die Teilung hinnehmen würden, erinnerten sie sich an ihre eigene Geschichte
und daran, daß auch sie stets daran gedacht, aber nie davon
geredet hatten. Im Gegensatz zu den Franzosen dachte die
Mehrheit der Deutschen aber wirklich nicht mehr daran.

Doch es gibt nicht nur eine Art, auch nicht zwei, sondern
viele verschiedene Weisen, wie Deutsche mit dem nationalen Bewußtsein umgehen; denn wie ein Mensch Teile des
kollektiven Bewußtseins in seine eigene Identität aufnimmt, hängt ausschließlich von den jeweiligen individuellen Vorstellungen ab. Die 1944 geborene Politikwissen-

schaftlerin Antonia Grunenberg schreibt: »Wie oft habe ich mir als junges Mädchen gewünscht, eine Italienerin, Französin oder Holländerin zu sein, nur nicht Deutsche. Wenn ich gefragt wurde, aus welcher Familie ich komme, antwortete ich jahrelang trotzig: ›Ich bin anti-faschistisch erzogen worden.‹ Zu meinem Anti-Faschismus gehörte auch, das Land, in dem ich lebte, aufgrund seiner Geschichte, deren Teil ich war, sehr skeptisch zu betrachten. Wie viele ›68er‹ hatte ich Schwierigkeiten, mich mit der damaligen bundesrepublikanischen Demokratie anzufreunden. Ein System, das sich freiwillig als Rechtsnachfolgerin des ›Dritten Reichs‹ deklarierte, in dem die Verwaltungsbürokratie sowie die technische und intellektuelle Elite im wesentlichen die gleiche war wie im Nationalsozialismus, in der Verbrecher gegen die Menschlichkeit jahre- und jahrzehntelang öffentliche Geschäfte führten, (…) konnte in den Augen vieler aus meiner Generation nur eine sehr unvollkommene Demokratie sein.«[78] Es verwundert also nicht, daß Antonia Grunenberg eine kritische Wissenschaftlerin wurde, die – unter anderem – sich auch mit dem Thema des Antifaschismus auseinandersetzte.

Ähnlich spricht die 1953 im Saarland geborene Christina Weiss über ihre Jugend: »Als Kind habe ich mich richtig gequält, in der Pubertät, als ich die ganze Nazi-Geschichte in der Schule lernen mußte und als wir dann auch noch als Schüler bei einem Naziverbrecher-Prozeß dabei waren. Als Unterricht war das sehr gut, aber doch sehr brutal. Und das hat mich bis Mitte Zwanzig in eine völlige Distanzierung gebracht. Wenn ich im Ausland war, habe ich nie ein Wort Deutsch gesprochen, niemals, damit bloß keiner merkte, daß ich Deutsche bin. Weil ich Angst hatte, ich hätte ein Kainsmal auf der Stirn. Das war eine harte Auseinandersetzung. Denn auf der anderen Seite liebe ich die

Sprache, es ist ja meine Muttersprache, und ich konnte mich nicht einfach umdrehen und mit achtzehn sagen: Ich geh' jetzt weg, ich geh' in ein anderes Land! Was muß ich hierbleiben? Das konnte ich nicht. Das wäre ja Flucht gewesen.« Zwanzig Jahre ihres Lebens konnte sie mit diesem Land nur wenig anfangen, doch sie zog die richtige Konsequenz. »Vielleicht ist es diese Ratlosigkeit in der Auseinandersetzung mit dem Land, daß ich mich von der Politik nicht fernhalten konnte. Die Auseinandersetzung war immer da und am Anfang abwehrend. Dann kippte diese Abwehr irgendwann um, und ich habe gedacht, wenn ich will, daß das Land sich ändert und das Angebot da ist, ein politisches Amt zu übernehmen, dann muß ich das auch tun.«

Für viele, die in der Bundesrepublik aufwuchsen, war es wegen der ungeklärten Vergangenheit besonders schwierig, eine nationale Identität zu akzeptieren. Aber nachdem sie sich »irgendwie« an diese Bundesrepublik gewöhnt hatten, zeigten sie sich besonders erschreckt über die Wiedervereinigung. Denn das war alles andere, als was sie sich erträumt hatten. Der 1944 geborene Politikwissenschaftler Wolf Wagner »flüchtete« 1965 »aus der bundesrepublikanischen Provinz« nach West-Berlin. Denn dort »war man einigermaßen sicher vor Deutschland. Man wurde nicht zur Bundeswehr eingezogen, hatte einen eigenen, behelfsmäßigen Personalausweis und war, genau betrachtet, nicht einmal Teil der Bundesrepublik. (…) Im Ausland konnte ich nun auf die Frage, wo ich herkomme, antworten: ›West-Berlin.‹ Das kannten alle, und es galt als extraterritoriales Sonderterritorium ähnlich wie New York. So hatte ich mir über all die Jahre eine anti-heldische und damit – in meinem Verständnis – anti-deutsche Identität erarbeitet.«[79]

Nicht wenige junge Deutsche flüchteten weiter als West-Berlin. Sie hielten die Spannung zwischen der Vergangenheit und dem Versuch, sich eine eigene deutsche Identität anzueignen, nicht aus. So brach die Autorin Ursula Junk Ende der fünfziger Jahre in die Vereinigten Staaten auf. Sie war achtzehn Jahre alt. Schon kurz nach ihrer Ankunft in New York wurde sie mit der deutschen Vergangenheit konfrontiert, lernte Überlebende aus Konzentrationslagern kennen und erfuhr dort zum ersten Mal von den Naziverbrechen! »Danach wollte ich mit Deutschland nichts mehr zu tun haben. Endgültig. Wollte mich ganz dem neuen Land anpassen«, sagt Ursula Junk. »Nur meine Umgebung ließ mich nicht vergessen, wo ich herkam. Entweder stieß ich auf kritiklose Bewunderung für alles Deutsche. Oder auf abgrundtiefe Verachtung. Die Auseinandersetzung mit meinem Geburtsland, die ich nicht gewollt hatte, mußte ich nun in der Fremde führen.«[80]

Seither läßt sie die Auseinandersetzung mit dem Deutschsein nicht mehr los. Ihren Abschied von Deutschland und die Heimkehr verarbeitet sie in dem Fernsehfilm »Ich hab kein anderes Zuhause«, in dem sie andere »Flüchtlinge« befragt. Sie stellt Natalie Weber vor, die auch auf der Suche nach einem neuen Land in die USA gezogen ist – Ende der siebziger Jahre im Alter von vierundzwanzig. Über die Nazizeit hatte sie relativ wenig gelernt, »genau zwei Stunden Unterricht«. Die amerikanische Fernsehserie »Holocaust« war noch nicht im deutschen Fernsehen gelaufen. Erst als sie 1979 – mit begleitenden Fernsehgesprächen – ausgestrahlt wurde, ging in Deutschland die Diskussion über die Massenvernichtungen der Nazis in der Öffentlichkeit los. Vorher war der Begriff *Holocaust* im täglichen Sprachgebrauch der Deutschen völlig unbe-

kannt. In Amerika versuchte Natalie Weber zum Deutschsein Distanz zu nehmen: »Ich habe das getan, was die meisten Deutschen tun, die drehen sich um und gehen in die
andere Richtung, wenn sie sehen, da ist ein Deutscher.«
Aber nach einigen Jahren hatte sich die Beschäftigung mit
der deutschen Identität so in ihr aufgestaut, daß sie Gesprächspartner suchte, die dafür Verständnis hatten. Und
die fand sie nur unter anderen Deutschen, die sich auch mit
der Vergangenheit abquälten. Jahre später ist sie nach
Deutschland zurückgekehrt, um sich den Konsequenzen
der Geschichte zu stellen.

Die Wiedervereinigung kam für viele Westdeutsche als
Schreck, nämlich zu früh. Denn die Suche nach der Identität war noch längst nicht abgeschlossen. Vielleicht konnte diese Suche auch noch nicht beendet sein, da erst die
Aufhebung der Teilung auch ein Ende der Bestrafung bedeutete.

Wolf Wagner, der sich jene »antideutsche Identität« in
West-Berlin angeeignet hatte, fühlte sich 1989 erschreckt
durch die DDR-Bürger, die »Deutschland, Deutschland«
aus den Zugfenstern riefen. Seine ablehnende Haltung gegenüber der Wiedervereinigung erklärt er als eine Reaktion auf die Erlebnisse eines »68ers«, »für den der Konflikt
mit der Nazigeneration zur kritischen Distanz gegenüber
allem Nationalen geführt hatte.« Doch es war nicht nur die
Abwesenheit alles Nationalen, weshalb die Wiedervereinigung bei manchem Deutschen Unbehagen auslöste. Es
ging noch ein Schritt weiter: Zur bundesrepublikanischen
Identität gehörte nicht nur die Definition der Teilung als
Strafe für die Greuel von Krieg und Vernichtung, die die
Deutschen während des Dritten Reiches über Europa gebracht haben. Auch gehörte das Bewußtsein dazu, daß die-

se Strafe angenommen wurde. Anders als es das »Diktat von Versailles« nach dem Ersten Weltkrieg Demagogen wie Hitler ermöglichte, Haß im deutschen Volk zu säen, hielt man die Teilung für gerecht, zumindest für gerechtfertigt. Wer sich an diese stillschweigende Übereinkunft nicht hielt, wurde sanktioniert.

Im Frühjahr 1988 plante die Redaktion der *Zeit* eine Artikelserie über die »Zukunft der deutschen Einheit« und bat einige Dutzend Autoren um eine Stellungnahme. Der 1949 geborene Schriftsteller Patrick Süskind schrieb zurück, man möge ihn »mit solchem Unsinn verschonen«. Über die deutsche Frage habe er sich vor zwanzig Jahren im historischen Proseminar Gedanken gemacht, »immer mit demselben Ergebnis, daß es für die deutsche Frage eine Lösung nicht gebe und auch gar nicht zu geben brauche, da sie sich eines fernen Tages in einer wie auch immer gearteten europäischen Suppe von selbst auflösen würde – hoffentlich. Bis dahin aber bin ich es leid, mir darüber Gedanken zu machen.« Zu Deutschland falle ihm nichts mehr ein.[81] Der Redakteur der Wochenzeitung – so Süskind – habe Ähnliches von den meisten der anderen angesprochenen Autoren gehört und daraufhin beschlossen, die Artikelserie über die »Zukunft der deutschen Einheit« fallenzulassen.

Nur Martin Walser nahm für die Wiedervereinigung Stellung und löste eine heftige Debatte aus. Der gewiß nicht nationalistische Walser begründete seinen Wunsch nach Einheit mit dem Geschichtsgefühl, das in seinen Augen deutsche Landschaften mit deutscher Kultur aufs engste verband: »Für mich ist Thüringen oder Sachsen oder Mecklenburg eine Landschaft, eine kulturhistorische Landschaft, die ich als Kind und als Leser – in Gedicht,

Gesang und sonstigem Wortmaterial – so und so mitgekriegt habe, wie ich auch Westfalen mitgekriegt habe. (…) Für mich sind Kant und Ḥamann eine Landschaft, die ist besetzt mit Sprache.« Damit erklärte Walser zwar nur, welche Rolle Gefühle, ausgelöst durch die Erinnerung an Landschaften, in seiner deutschen, nicht nur auf die Bundesrepublik beschränkten Identität spielten. Aber er verstieß gegen die Spielregel. Statt *bundesrepublikanisch* dachte er plötzlich öffentlich *deutsch*, aber das war doch ein Tabu!

Darauf entwickelte sich eine heftige Auseinandersetzung zwischen einer Minderheit, die Walser zustimmte, und einer Mehrheit derjenigen, die zwar auch Erinnerungen hatten, die Gefühle, die sie bewirken könnten, aber zurückstellten. Der Autor Fritz J. Raddatz, weiß Gott auch kein rechtsgesinnter Nationalist, schrieb: »Warum muß ich mich eigentlich schämen, wenn ich zugebe: Die Salzluft oder das trockene Knarren der Fichten in der Mark Brandenburg, das silbrige Flirren über dem Schilf mecklenburgischer Seen – das ist auch ein Teil von mir? Da nistet ein Quentchen Glück?«

Auch der DDR-Schriftsteller Rolf Schneider sprang Walser zur Seite, indem er seine Gefühle für die auf der von ihm aus gesehen anderen Seite der Mauer liegenden Landschaften wie den Bodensee und Dithmarschen aussprach, aber die Einschränkung machte, dies habe mit Gefühlen, nicht mit Nationalverstand zu tun. Aber die aus Ostpreußen stammende Marion Gräfin Dönhoff, die große Dame des liberalen Journalismus in Deutschland, weigerte sich, den Sehnsüchten nachzugeben, und ordnete die Gefühle der politischen Vernunft unter: »Heute müßten bei einer Wiedervereinigung beide deutsche Staaten aus ihrer jeweiligen Militär-Allianz austreten. Das aber ist einfach nicht vorstellbar.« Keine drei Jahre später war die deutsche Einheit Wirklichkeit! Und der Chefredakteur der *Zeit*, Theo Sommer, hatte noch anderthalb Jahre vor dem Fall der Mauer gewarnt: »Wer heute das Gerippe der deutschen Einheit aus dem Schrank holt, kann alle anderen nur in Angst und Schrecken versetzen.«

Wohl kaum einer sprach den Kindern der Bundesrepublik mehr aus der Seele als der wenige Wochen vor der Gründung der Bundesrepublik geborene Schriftsteller Patrick Süskind: »Ob die Deutschen in zwei, drei, vier oder einem Dutzend Staaten lebten, war uns schnuppe. Am 17. Juni gingen wir segeln. (…) Dieser Staat hatte sich ganz unprovisorisch gut bewährt, er war freiheitlich, demokratisch, rechtlich, praktisch – und er war genauso alt oder jung wie wir und daher, in gewissem Sinne, unser Staat. (…) Was hatten wir mit Leipzig, Dresden oder Halle im Sinn? Nichts. Aber alles mit Florenz, Paris oder London.« Doch mit der Wiedervereinigung mußte auch diese Generation sich die Frage nach dem Deutschsein neu stellen. Nur für die 1989 junge Generation der Zwanzigjährigen, die sich noch nicht ausgiebig mit der Frage des nationalen Bewußtseins, mit all der Last von Schuld, Scham und Verantwortung wegen der deutschen Vergangenheit beschäftigt hatte, war der Fall der Mauer und die folgende deutsche Einheit leicht zu verdauen. Für sie war der Umbruch erst einmal *action*. Da passierte etwas im scheinbar langweiligen Trott der Tagespolitik.

Doch nach der Wiedervereinigung stellten sich plötzlich die Fragen nach der neuen Rolle – nicht der Bundesrepublik, sondern eben Deutschlands. Und diese Fragen kritisch zu beleuchten ist für viele Pflicht. Denn nun ist die *Bestrafung* für die Greuel von Krieg und Vernichtung aufgehoben. Und das gibt manch einem Konservativen das

Gefühl, er dürfe jetzt aufatmen, denn es werde nun einfacher, deutsch zu sein. Solche unüberlegten Vorstellungen sind jedoch gefährlich. Es scheint eher, als könne man die Regel aufstellen: Deutscher werden ist nicht schwer, Deutscher sein dagegen sehr.

Das schwierige Erbe

Von Blut und Boden

Deutsch, französisch, englisch bedeutet die Zuordnung zu einer Nationalität auf zweierlei Weise. Zum einen ist damit die amtliche Feststellung der Staatsbürgerschaft gemeint, zum anderen die Zugehörigkeit einer Person zu einem nationalen Kollektiv. Manche Deutsche vermitteln heute den Eindruck, sie wollten am liebsten Europäer sein, um ihre deutsche Identität abstreifen zu können. Umgekehrt fürchten Franzosen, ihre Identität könne sich in diesem Europa auflösen. »La France, va-t-elle disparaître? – Wird Frankreich verschwinden?« heißt der Titel eines 1997 in Paris erschienenen Buches, in dem voller Sorge beklagt wird, Frankreich könne tatsächlich verlorengehen. In Deutschland befürchtet man höchstens wegen der niedrigen Geburtsrate, das Volk könne schrumpfen (oder ganz praktisch: die Renten könnten nicht mehr bezahlt werden). »Wir beklagen, die Deutschen sterben aus«, sagt der Jugendpsychiater Rainer Sieven, aber wenn aus Osteuropa »motivierte deutsche Familien mit deutschen Kindern« kommen, »die sich als besondere Deutsche verstehen, reden wir von Pollaken und Russen und wollen nichts mit denen zu tun haben.«[82] Sieven kümmert sich an der Westfälischen Klinik für Kinder- und Jugendpsychiatrie in Marl um die seelischen Probleme junger Aussiedler. Nach dem Grundgesetz sind sie Deutsche und werden deshalb von der deutschen Regierung finanziell unterstützt, wenn sie nach Deutschland, von wo ihre Urahnen stammen, ziehen wollen.

Artikel 116 der deutschen Verfassung definiert den Begriff »Deutscher«: »Deutscher im Sinne dieses Grundgesetzes ist vorbehaltlich anderweitiger gesetzlicher Regelung, wer die deutsche Staatsbürgerschaft besitzt oder als Flüchtling oder Vertriebener deutscher Volkszugehörigkeit oder als dessen Ehegatte oder Abkömmling in dem Gebiete des Deutschen Reiches nach dem Stande vom 31. Dezember 1937 Aufnahme gefunden hat.« Neben der Staatsbürgerschaft wird die »deutsche Volkszugehörigkeit« zum Maßstab. Aber dieser Maßstab wird äußerst verlogen von den ansässigen Deutschen angewandt. Denn die *heimkehrenden* Volkszugehörigen werden mit Gleichgültigkeit behandelt, erfahren Ablehnung bis hin zum Haß; sie sprechen nicht deutsch oder nur ein ungewöhnlich klingendes, sie wirken fremd. Die Folge: Die Kinder der Aussiedler orientieren sich eher an bosnischen, kroatischen oder türkischen Jugendlichen. Und damit wird die eben noch so richtig scheinende Regel schon wieder aufgehoben: nicht nur Deutscher zu sein ist schwer, auch einer zu werden ist unter Umständen äußerst mühselig.

Dies gilt besonders, weil die Antwort auf die Frage *Wer ist Deutscher?* lautet: *Wer die deutsche Staatsbürgerschaft besitzt.* Die deutsche Staatsbürgerschaft erwirbt ein Mensch entweder durch die Geburt oder durch Antrag. Diese Regelung kennen die meisten Länder der westlichen Hemisphäre, so auch Frankreich und die USA. Und dennoch gibt es einen erheblichen Unterschied zwischen der deutschen Bestimmung und der in anderen Ländern.

In Deutschland zählt bei der Geburt *nur* die Blutsverwandtschaft, in Frankreich und den USA entscheiden der Geburtsort *oder* die Blutsverwandtschaft über die jeweilige Staatsbürgerschaft. Amerikaner wird, wer entweder von Eltern mit der amerikanischen Staatsbürgerschaft abstammt *oder* wer in den Vereinigten Staaten von Amerika zur Welt kommt, selbst wenn seine Eltern nicht die dortigen Bürgerrechte besitzen. Unter wohlhabenden Menschen dieser Erde ist es deshalb nicht ungewöhnlich, wenn eine schwangere Frau nach Amerika reist, um dort ihr Kind zur Welt zu bringen. Damit wird das Kind automatisch Bürger der Vereinigten Staaten – und die Eltern haben es als Verwandte eines amerikanischen Staatsbürgers leichter, selber Amerikaner zu werden. Bei diesem Geburtstourismus unterscheiden sich Deutsche nicht von Bürgern arabischer, lateinamerikanischer oder asiatischer Staaten.

Kinder, die in Staaten wie Frankreich oder den USA geboren sind, können, wenn sie volljährig werden, durch reine Willenserklärung die Staatsbürgerschaft ihres Geburtslandes annehmen, auch wenn die Eltern Bürger eines anderen Landes sind. Das ist in Deutschland nicht möglich, obwohl es eigentlich so sein sollte: Fast zehn Prozent der Bevölkerung Deutschlands besitzen eine andere Staatsbürgerschaft, dabei sind viele davon Kinder von Eltern, die schon in Deutschland aufgewachsen sind. Die Blutsverwandtschaft entscheidet zwar in Deutschland wie auch in Frankreich oder den USA über die Staatsbürgerschaft. Aber das *Blut* bleibt in jenen Staaten auf die Familie beschränkt, während es in Deutschland zum Symbol einer politischen Gemeinschaft wird: der Zugehörigkeit zum deutschen Volk. Deshalb können Menschen, deren Vorfahren vor siebenhundert Jahren Gegenden verlassen haben, die heute innerhalb der Grenzen der Bundesrepublik liegen, die deutsche Staatsangehörigkeit beantragen, selbst wenn sie wenig Ahnung von der deutschen Zivilisation besitzen und die deutsche Sprache nur mangelhaft beherrschen, anders als in Deutschland geborene und aufgewachsene Kinder von türkischen, griechischen oder italienischen Eltern.

Sehr viel großzügiger verfahren die Franzosen. Ein gutes Beispiel dafür mag der ehemalige französische Premierminister Edouard Balladur sein. Seine Familie ist armenisch-türkischer Herkunft. Er selbst ist in Izmir als Türke geboren. Die französische Staatsbürgerschaft erhielten die Balladurs nicht, weil sie französischen Blutes waren, sondern weil sie als Christen in der Türkei unter die Protektion Frankreichs fielen und somit als Teil der französischen Zivilisation, und damit Frankreichs, angesehen wurden. Und da nach der französischen Definition die Nation sich nicht über das Volk, sondern über die Staatsbürgerrechte definiert, war es konsequent, die Balladurs zu Franzosen zu machen. Da wurde nicht lange darüber diskutiert, ob ein Türke, dessen Familie in der dritten Generation in dem Lande lebt, endlich die Nationalität des Geburtsorts übernehmen dürfe. Nur deutsche Politiker, die in Kategorien von Blutsbanden zu denken gewohnt sind, können auf diesen absurden Gedanken kommen. Von dieser kurzfristigen deutschen Tradition müssen sie sich endlich und endgültig befreien. Denn in einer Zeit, in der die Freizügigkeit in der Europäischen Union als Recht eines jeden Bürgers verankert ist, verliert die Staatsbürgerschaft an Bedeutung für den zivilisatorischen Zusammenhang eines in den Grenzen des jeweiligen Staates lebenden Volkes.

Welche Bedeutung das *Blut* bei der Frage der Staatsbürgerschaft in Deutschland immer noch spielt, erleben ausländische Ehepartner von Deutschen, die eingebürgert werden wollen. Sie müssen nachweisen, daß des deutschen Ehepartners Großvater väterlicherseits deutscher Abstammung war. Und diesen Nachweis müssen sie selbst dann führen, wenn sie – als Ausländer – inzwischen alle Voraussetzungen erfüllten, um auch ohne verheiratet zu sein einen Anspruch auf Einbürgerung zu besitzen.

Anträge auf Einbürgerung wurden abgelehnt, wenn dieser »Ariernachweis« nicht erbracht werden konnte. Was aber geschieht, wenn der Vater eines Deutschen, der mit einer Ausländerin verheiratet ist, nicht ehelich war, oder wenn, wegen verlorener Urkunden in den Kriegswirren, der Nachweis nicht geführt werden kann, daß der Großvater väterlicherseits Deutscher war? Dann kann der Deutsche aufgefordert werden, eine Einbürgerung zu beantragen. »Ich habe mich beim Standesamt wegen eigener Betroffenheit in der Familie erkundigt – es wurde mir bestätigt, daß diese Regelung immer angewandt wird«, berichtet Jeannette Breddemann aus Frankfurt am Main, »denn, so der Beamte, es gäbe ja auch Deutsche, die gar keine richtigen Deutschen sind. Und als wir jetzt für unseren fünfzehnjährigen Sohn einen Reisepaß beantragten, mußten wir ausfüllen: deutsch durch Geburt, deutsch durch Einbürgerung oder deutsch durch Abstammung. Gibt es richtige und falsche Deutsche?«[83] Schließlich beweist die deutsche Bürokratie ihre Absurdität, wenn der ausländische Ehepartner sich von seinem deutschen Partner scheiden läßt. Lehnt die Behörde nämlich die Einbürgerung ab, weil nicht nachgewiesen werden kann, daß der Großvater des deutschen Ehepartners Deutscher war, dann verfährt sie anders, sobald die Ehe geschieden worden ist, falls der Ausländer alle Bedingungen für eine Einbürgerung erfüllt. Dann wird der bisher abgelehnte Antrag auf Einbürgerung angenommen. Denn – und das ist schwer zu verstehen – es entscheiden nicht mehr die verwandtschaftlichen Verhältnisse, die sich aus der Beziehung zum deutschen Ehepartner ergeben, sondern nur noch der eigene Anspruch auf Einbürgerung.

Aus Notwendigkeit sind wir Menschen, aus Zufall sind einige Menschen Deutsche, so entspricht es dem Gedanken von Montesquieu. Doch die Definition, die der französische Anthropologe Louis Dumont vom Selbstverständnis der Deutschen gab, scheint in vielen Bereichen selbst des Staates noch zu gelten: »Ich bin aufgrund meines Wesens Deutscher und dank meiner deutschen Qualität Mensch.« Die Wurzel zu diesem überheblichen Denken liegt nicht etwa in den Rassevorstellungen der Nationalsozialisten, sondern früher. Sie ist schon Anfang des 19. Jahrhunderts zu finden. Der Philosoph Georg Friedrich Hegel beeinflußte zutiefst das Denken der Deutschen mit seiner Idee von »welthistorischen Völkern«. Als »welthistorisches« Volk sahen sich die Deutschen gern. So beschreibt Mitte des 19. Jahrhunderts der deutsche Ethnologe Bogumil Goltz Deutschland als universelle Nation, da sie sich durch »Vernunftbildung zu einem Welt-Volk« entwickelt habe: »Wie nämlich der Mensch das Geschöpf der Geschöpfe ist, so darf man den Deutschen für den bevorzugten Menschen ansehen, weil er in der Tat die charakteristischen Eigenschaften, die Talente und Tugenden aller Rassen und Nationen in sich zu einem Ganzen vereint. (…) Wir sind so mühselig, arbeitsam und kunstfertig wie die Chinesen. (…) Wir besitzen die englische Gründlichkeit und Akkuratesse. (…) Wir besitzen die französische Kunstfertigkeit und Eleganz in allen technischen Künsten. (…) Wir verstehen uns auf die Musik und alle schönen Künste tiefer als die Italiener. (…) Wir sind Ackerbauern und Viehzüchter mit Naturliebe und patriarchischem Gemüte, wie nur die alten Polen und Ungarn.«[84]

Mit diesem Text könnte heute ein Kabarettist größte Heiterkeit erzielen, doch deutsche Vorschriften erlauben es den Behörden hierzulande, immer noch in diesen rückständigen Kategorien zu denken: Aufgrund ihres Wesens sind Deutsche für sie immer noch bessere Menschen. In diesem Denken verbirgt sich nichts anderes als Rassismus in seiner reinsten Form. Und selbst am Ende des 20. Jahrhunderts haben zum großen Teil weder deutsche Politiker noch Staatsdiener diesen rassistischen Inhalt von Gesetzen und Vorschriften erkannt. Unkritisch übernehmen Beamte und Richter die aus diesem Denken entwickelten Bestimmungen und handeln danach: etwa dann, wenn es zwischen *deutschem* und *fremdem Blut* zu unterscheiden gilt. Deutsche Richter brechen zugunsten des deutschen Blutes sogar internationales Recht – und diese Fälle sind nicht etwa selten. Und sie erregen auch keinerlei öffentliches Aufsehen oder gar Proteste. Denn dieses Denken entspringt nicht etwa deutschem Rechtsradikalismus, sondern es entspricht der allgemein vorherrschenden Meinung.

Dieses »nicht restlos überwundene« Denken führt zu absurden rechtlichen und politischen Entscheidungen: Eine in England lebende Frau war von ihrem deutschen Mann geschieden worden, und die beiden gemeinsamen Söhne wohnten bei ihr. Zu Besuch fuhren sie zu ihrem Vater, der sie in Deutschland behielt. Daraufhin bemühte die englische Mutter die deutschen Gerichte, doch umsonst. Sie entschieden aus nationalen Motiven gegen die ausländische Mutter, für den deutschen Vater. Aber nicht nur das. Auch politische Interventionen bis hin zum Bundeskanzleramt in Bonn blieben vergeblich. Denn wenn es zum Streit um das Sorgerecht von Kindern kommt zwischen einem deutschen und einem ausländischen Elternteil, dann schlagen sich Politiker und deutsche Gerichte auf die Seite des deutschen Blutes, selbst wenn sie damit europäisches Recht brechen.

Nationale Beweggründe dürfen keine Rolle spielen, wenn ein Ehepaar sich trennt und über das Sorgerecht gestritten wird. Dies sehen auch internationale Regeln vor, etwa der UN-Zivilpakt, die UN-Kinderrechts- oder die Europäischen Menschenrechtskonvention. Im Haager Übereinkommen über die zivilrechtlichen Aspekte internationaler Kindesentführung ist sogar genau geregelt, daß Kinder dort leben sollen, wo ihr Lebensmittelpunkt bislang war. Dieses Haager Übereinkommen ist in Deutschland seit 1990 rechtskräftig. Dennoch halten sich deutsche Gerichte nicht immer an die internationale Regelung, die – juristisch gesehen – Vorrang vor nationalem Recht hat, sondern entscheiden nach den untergeordneten deutschen Vorschriften.

Selbst wenn Kinder durch ein französisches oder englisches Gericht dem französischen Vater oder der englischen Mutter zugesprochen wurden, wird ein deutsches Gericht sich auf die Seite des deutschen Ehepartners stellen, sollte der die Kinder nach Deutschland entführt haben, obwohl die Haager Übereinkunft vorsieht, daß Kinder, die von einem Elternteil verschleppt werden, wieder an den Ort des früheren gewöhnlichen Aufenthalts zurückgebracht werden müssen. Das sehen *bluts*deutsch ausgerichtete Vorschriften anders.

Wohnt das Kind aus einer geschiedenen deutsch-englischen Ehe bei seiner Mutter in England, dann wächst es in einer ihm entsprechenden sprachlichen und kulturellen Umgebung auf. Das aber akzeptiert das deutsche Recht nicht. Das Kind aus einer deutsch-englischen Ehe kann nur deutsch sein. Deshalb darf ein deutscher Vater sein Kind aus England entführen und in Deutschland behalten – Sorgerecht hin, Sorgerecht her. Denn, so eine wahrscheinlich juristisch korrekte richterliche Begründung, wenn »das gesamte soziale Umfeld von einer Fremdsprache bestimmt wird und weder in der Schule noch zu Hause deutsch gesprochen wird«, dann sei dies für ein deutsches Kind unzumutbar. Noch eindeutiger begründete ein anderes deutsches Gericht die Entführung eines Mädchens durch ihren deutschen Vater: »In Deutschland lernt sie, ihrem Vater zu vertrauen, während in England stets häßliche Dinge über Deutschland verbreitet werden.«[85]

Einen interessanten Vergleich zieht der in Holland geborene, in London lebende Publizist Ian Buruma, der sich mit der Vergangenheitsbewältigung in Deutschland und in Japan beschäftigte. In Tokio führte er ein Gespräch mit Jiro Hagi, dem stellvertretenden Generaldirekor des Amtes für Selbstverteidigung – was in etwa dem Rang eines stellvertretenden Verteidigungsministers entspricht. Buruma schreibt: »Ich erzählte Hagi, daß ich gerade aus Deutschland gekommen sei. Er lächelte und sagte etwas, was mich einigermaßen überraschte: ›Ich habe die Deutschen sehr gern, aber ich glaube, sie sind ein gefährliches Volk. Ich weiß nicht, warum – vieleicht ist es ihre Rasse, vielleicht ihre Kultur oder ihre Geschichte; was auch immer. Aber wir Japaner sind genauso: Wir pendeln von einem Extrem zum anderen. Als Volk betrachtet, besitzen wir Japaner wie die Deutschen eine starke kollektive Disziplin. Wenn unsere Energien in die richtige Richtung gelenkt werden, ist das gut so, aber wenn sie mißbraucht werden, geschehen fürchterliche Dinge.‹ Hier hielt er kurz inne und fügte dann hinzu: ›Ich denke übrigens, daß Japaner und Deutsche von Natur aus Rassisten sind.‹« Das glauben sehr viele Menschen, urteilt Buruma: »Auch mir hatte man beigebracht, die Deutschen und die Japaner seien gefährliche Völker, denn auf irgendeine Weise durchziehe ihren Nationalcharakter ein Riß. Aber ich hätte nie gedacht, so etwas im Hauptquartier der japanischen Streitkräfte zu hören.« Buruma vergleicht die Japaner mit den Deutschen und stellt fest, daß die Japaner sich häufig an den Deutschen messen, während es die Deutschen stört, mit den Japanern in einen Topf geworfen zu werden. Die Deutschen, denen er begegnet war, hatten stets unterstrichen, wie anders die Japaner seien – »so wie die Wessis die Unterschiede zwischen sich und den Ossis betonten. Mir schien auch hier der Dorian-Gray-Effekt wirksam zu sein. Manche Westdeutsche, die sich jetzt so ›kultiviert‹, so frei, so individualistisch, kurz: so ›westlich‹ vorkamen, werden von den Japanern mit ihrem Gruppenzwang, ihrer Autoritätsgläubigkeit und ihrer militärischen Arbeitsdisziplin vielleicht allzusehr an das Bild erinnert, das sie bis vor kurzem von sich selbst hatten und das wohl auch nicht restlos überwunden ist.«[86]

Der Glaube an *deutsches Blut* und die Vermutung, es gäbe eine *deutsche Rasse,* beruhen auf einem weitverbreiteten Irrtum. Der Begriff *deutsch* ist nicht von einem Stammesnamen abgeleitet, sondern von dem der Sprache. Deshalb ist es ein besonderer Fehler, zu behaupten, die Deutschen seien aus den Germanen hervorgegangen, obwohl Lateinschüler auch heute noch im ersten Unterrichtsjahr lernen, Germania als Deutschland zu übersetzen. Dies unkritisch zu tun, ist ein großer Fehler. Denn schon die erste Generation deutscher Humanisten hat die *Germania* des Tacitus zur nationalen Mythenbildung benutzt, die bis heute Anhänger findet. Während des Dritten Reiches versuchten die Nazis, mit dem Hinweis auf die germanische Vergangenheit der Deutschen »den Superioritätsanspruch ihrer vermeintlichen Herrenrasse auf ein historisches Fundament zu stellen«.[87] Mit Ende der Naziherrschaft verschwand dieses Interesse an den Germanen jedoch keineswegs. Der Reclam Verlag, der wegen seiner billigen Ausgaben besonders für Schüler interessant ist, hatte die *Germania* von Tacitus wiederaufgelegt – mit einer alten Kommentierung des radikal antisemitischen Wiener Germanisten Rudolf Much. Muchs Schüler war der Österreicher Otto Höfler (1901–87). Ein von ihm herausgegebenes und eingeleitetes Werk über *Kultur und Religion der Germanen* des dänischen Religionswissenschaftlers Vilhelm Grønbech wird inzwischen in der 12., unveränderten Auflage von der politisch unverdächtigen Wissenschaftlichen Buchgesellschaft in Darmstadt vertrieben. Das Buch stammt aus dem Jahr 1937, doch Höflers damaliges Vorwort ist verändert worden: Die direkt antisemitischen und rassistischen Bezüge wurden gestrichen.

Otto Höfler war einer der übelsten Naziideologen. Er war schon 1923 als Student Mitglied des illegalen Saalschutzes, aus dem die SA hervorging. In seiner Habilitationsschrift über kultische Geheimbünde der Germanen fand die SS später die wissenschaftliche Begründung für die Bildung ihrer Totenkopfverbände. Die germanische »Blutsgemeinschaft« und die daraus herrührende »große völkische Einheit« benutzte Höfler als Argument für die Ideologie der Nazis, das Volk, die Masse sei wertvoller als das menschliche Individuum. Das von Höfler vertretene Gedankengut ist zumindest unterschwellig noch im *ius sanguinis* lebendig. Höfler verlor zwar 1945 seinen Lehrstuhl in München, doch Ende der fünfziger Jahre durfte er wieder als Professor in Wien Germanistik lehren. Und dann versuchte der Ideologe der SS, der sich von seinen Thesen nie distanzierte, »bei seinen Schülern in den sechziger Jahren den Eindruck zu erwecken, er habe der NSDAP nie angehört«.[88]

Die Frage, weshalb die Wissenschaftliche Buchgesellschaft dieses umstrittene Werk über die Germanen schon
1954 wieder in ihr Programm aufgenommen und inzwischen zum zwölften Mal aufgelegt hat, läßt sich leicht beantworten. Ihr erster Geschäftsführer hieß Ernst Anrich.
Auch Anrich hatte sich, ähnlich wie Höfler, als Wissenschaftler unter den Nationalsozialisten völkisch-antisemi-
tisch geäußert und für das SS-Ahnenerbe gearbeitet. Heute
beruft sich die Buchgesellschaft darauf, im Vorwort Höflers seien keine direkt rassistischen Aussagen enthalten. So
unkritisch darf eine sich wissenschaftlich nennende Buchgesellschaft mit der Mythenbildung gerade nach der Erfahrung des Dritten Reiches nicht umgehen.

Nun machen nicht nur die Deutschen (seit rund zweihundert Jahren) den Fehler, ihre Herkunft auf einen einzigen
Volksstamm zurückzuverfolgen. Auch die Franzosen
empfanden das Bedürfnis, sich von nur einem Volk ablei-
ten zu können, und sie einigten sich auf die Gallier. Und
diese These haben die Franzosen so ausschließlich vertreten, daß selbst die schwarzen Kinder in französischen Kolonien den Satz lernen mußten: »Nos ancêtres les gaulois –
unsere Vorfahren die Gallier.«

Erst im 11. Jahrhundert beginnt man von den *Deutschen*
zu sprechen. Darunter versteht man die Franken, Sachsen,
Schwaben, Alemannen, Baiern (in der damaligen Schreib-
weise), Thüringer und Friesen, deren Sprache schon seit
dem 7. Jahrhundert als *deutsch (thiudans, theudisc, diutisc)*
bezeichnet wurde. Den Gegensatz bildete das Wort *wal-
hisk (welsch, romanisch)*.[89] Erst um 1800 folgen die Deutschen dem politischen Modell des »peuple français – des
französischen Volkes« und erfinden »das deutsche Volk«
und erklären Sachsen, Schwaben, Baiern, Thüringer etc. zu

»deutschen Stämmen«. Doch die Sachsen, Schwaben, Baiern, Thüringer, etc. waren keine »Stämme« in dem Sinn, daß ihre Angehörigen von einer gleichen Menschenrasse abstammten, und das war für sie offenbar auch gar nicht wichtig. Sondern diese Namen waren Bezeichnungen für Menschen, die unter einer gleichen Herrschaft und gleichem Gesetz lebten.

Die alte Regelung war also ganz modern und könnte heute als Maßstab gelten: Sie ging praktisch davon aus, daß derjenige Bürger war, wer sich zum Rechtssystem des Wohnorts bekannte. Denn ganz im Gegensatz zu der heutigen Regelung der Staatsbürgerschaft in Deutschland durch die Blutsverwandtschaft, das *ius sanguinis,* bestimmte damals der Ort, an dem die Geburt erfolgt war, welche Nationalität eine Person erhielt. »Recht wie Heimat beider Elternteile konnten von seiner eigenen abweichend sein. Das ist (wahre) ›Persönlichkeit‹ des Rechts, nicht die seit der Romantik unter ihr verstandene ethnische Kollektivgemeinschaft. ›Persönlichkeit des Rechts‹, wirklich auf Person und Heimat, *natio* und *patria* bezogen, war kein Widerspruch zur ›Territorialität‹ des Rechts, sondern ihre Anwendung. (…) ›Alamanne‹ war also im 7. Jahrhundert, wer nach dem in der ›Lex Alamannorum‹ fixierten alemannischen Recht lebte. Dies tat aber nur, wer innerhalb der Grenzen der Alamannia, des fränkischen Dukats, geboren war. Er war Alemanne *natione,* durch Geburt in dieser *patria.*«[90]

Weshalb sollte, was damals funktionierte, heute schlecht sein? Nach diesem Rechtssystem wären heute die innerhalb des Geltungsbereichs des deutschen Rechts und der D-Mark geborenen Kinder etwa türkischer Eltern selbstverständlich Deutsche. Das wäre richtig. Denn zu allen Zeiten sind Kinder nichtdeutscher Eltern in

Deutschland aufgewachsen, in die Schule gegangen und sind von ihrer kollektiven Identität her Deutsche. Nationale Identität ist ein von der Staatsbürgerschaft unabhängiger Begriff.[91]

Wenn sich im Laufe der Zeit die Grenzen eines Rechtsgebiets durch eine Umgestaltung der Herrschaftsverhältnisse verschoben, veränderte sich auch der Name des Volkes, das unter die neuen Gesetze fiel. So wurden große Teile des einstigen Alemannenvolks Franken und Baiern. Es waren also überwiegend politische und nicht biologische Faktoren, die das Volk in einem Reich bestimmten. Und es ist ein schöner Treppenwitz der Weltgeschichte, daß diese politischen Strukturen sich nicht in einem germanischen Großreich entwickelt haben. Das einzige Reich, das zahlreiche Völker germanischer Sprache in einem losen System umfaßte, war das der Hunnen.[92] Diese Herrschaft der Hunnen hat bei den deutschsprechenden Völkern immerhin solchen Eindruck hinterlassen, daß im Nibelungenlied, dem ersten und bedeutendsten mittelhochdeutschen Heldenepos, Hunnenkönig Attila als König Etzel auftritt. Er rächt den Verrat an Siegfried, dem deutschen Helden, der für Unbesiegbarkeit und Treue steht, im Namen von dessen Witwe Kriemhild.

Nebenbei bemerkt: Am blutigen Ende der Nibelungen spielt auch die germanische Sagengestalt Dietrich von Bern, die den König der Ostgoten Theoderich verkörpert, eine Rolle. Und da es im Dritten Reich vornehm war, die arische Herkunft zu erforschen, fand mein Großvater heraus, daß vor Jahrhunderten unser Familienname *Wikhart* geschrieben wurde. Das erfreute den Ahnenforscher besonders, denn er las im Nibelungenlied, daß einer der treuen Knappen Dietrich von Berns ein tapferer Krieger na-

mens Wikhart war[93]. Nun gut, des Ahnenforschers Sohn
stellte zur Erheiterung der Familie fest, daß im 17. Jahr-
hundert die Bevölkerung eines Dorf in der Pfalz, wo die
Wickerts in jener Zeit siedelten, gezwungen wurde, die
Kosten für eine lange Leiter aufzubringen. Weshalb? Ein
Fahnenflüchtiger namens Wikhart wurde gehängt.

In seinem Hausbuch schreibt mein Urgroßvater: »Im
Jahr 1747 gewann Friedrich der Große durch Entwässe-
rung den Grund und Boden für das Dorf Groß-Fahlen-
werder und besiedelte es mit Kolonisten aus Pfalz-Zwei-
brücken, unter diesen befand sich auch unser Vorfahr Peter
Wickert. Es fließt in unseren Adern also rheinisches Blut.
Nach der Geschichte gab Kaiser Friedrich II. den Bayrisch-
Wittelsbachern die Rheinpfalz zum Lehen. Im Dreißig-
jährigen Religionskrieg standen sich die Linien der Wittels-
bacher feindlich gegenüber. Während Friedrich V. von der
Pfalz das Haupt der protestantischen Union bildete, war
Maximilian I. von Bayern die Seele der katholischen Liga
und erhielt vom Kaiser zum Dank das Land der vertriebenen Verwandten. Zwar hörte im Westfälischen Frieden das
Reformationsrecht der Landesherren auf und wurde den
drei christlichen Konfessionen (katholisch, lutherisch und
reformiert) ›freie Religionsfreiheit und bürgerliche Rechts-
freiheit‹ zugesichert, aber für die deutsche Grenzmark gegen das katholische Frankreich war das folgende Jahrhundert eine Kette von Kriegszügen, von wirtschaftlichem und
religiösem Druck.

Es ist heute nicht mehr zu ermitteln, ob es die wirtschaftliche oder die religiöse Not oder beide zusammen
waren, die 1747 unsere Vorfahren aus ihrer schönen Heimat nach dem Lande Friedrichs des Großen trieb. Tatsache
ist: Die Pfälzer Kolonisten in Groß-Fahlenwerder gelten
unter ihren Nachbarn noch heute (Anfang des 20. Jahr-

hunderts, Anm. d. A.) als treue Patrioten und als kirchlich fromm, bei strenger Betonung ihres reformierten Bekenntnisses. Das Festhalten am letzteren und die Wertschätzung ihrer kirchlichen Sitten weisen darauf hin, daß die religiöse Seite wohl die Haupttriebfeder ihrer Auswanderung war.« Reformierte Pfälzer waren sie, Preußen wurden sie – aber noch keine Deutschen.

Im 19. Jahrhundert verklären Humanisten und Romantiker die *Deutschen* und identifizieren sie mit den *Germanen*. Aber schon im 18. Jahrhundert begannen deutsche Dichter und Denker, unsägliche Gedichte, Dramen und Reden auf Deutschland (und gegen Frankreich) zu schreiben. Sie schufen ein geistiges Klima, von dem sich das deutsche Denken bis heute noch nicht erholt hat. Im 19. Jahrhundert wurden sie äußerst unkritisch als deutsche Freiheitsdichter gefeiert. Und der von ihnen gesetzte Zungenschlag fand noch im 20. Jahrhundert Eingang in die deutsche Literatur. Selbst Gerhart Hauptmann, der deutsche Nobelpreisträger für Literatur, dessen sozialkritische Stücke auch heute noch zum Unterrichsstoff gehören, will mit ganzer Seele deutsch sein und verzehrt sich vor Haß gegen das Ausland. Er schreibt im Ersten Weltkrieg, als sein Sohn Ivo eingezogen wird, ein Gedicht mit dem Titel »Komm wir wollen sterben gehen«. Im Dritten Reich läßt er sich von den Nazis feiern. Hauptmann starb 1946.

Erstaunlich ist, daß selbst in deutschen Zeitungen, die sich kritisch glauben, sich dieses nationalistische Denken gegenüber den Franzosen noch am Ende des zwanzigsten Jahrhunderts unreflektiert äußert. In einem Artikel des Frankreichkorrespondenten der *Woche* wird hämisch (das verwechseln deutsche Journalisten häufig mit kritisch) darüber berichtet, wie Frankreich den Frankenkönig

Chlodwig (466–511) als Gründer der Nation feiert – »aber war der nicht eher ein Deutscher?«[94] Chlodwig lebte fünf-hundert Jahre bevor irgend jemand überhaupt als *Deut-scher* bezeichnet wurde! Erst um das Jahr 1000 entwickelte sich dieser Begriff für Leute, die *deutsch* sprachen. Doch so benutzt die *Woche* die gleiche Argumentation, die sie dem Führer der französischen Rechtsradikalen Jean-Marie Le Pen vorwirft, der verkündet hatte: »Wir sind ein uraltes Volk. Und wir haben eine überlegene Zivilisation.«

Deutsch sein und bleiben, aber nicht in dem exzessiv na-tionalistischen Sinn Hauptmanns, wollten und wollen im-mer noch jene Deutsche, deren Vorfahren teilweise schon vor siebenhundert Jahren nicht als Deutsche, sondern als Schwaben oder Sachsen Gegenden verließen, die damals als eigenständige Fürstentümer zum Römischen Reich Deutscher Nation gehörten und heute innerhalb der Grenzen von Deutschland liegen. Doch mit dem Drängen der Nationalisten Anfang des 19. Jahrhunderts nach einer staatlich fixierten deutschen Nation verloren diejenigen Leute die Bezeichnung Deutsche, die – sei es nach Sieben-bürgen, sei es nach Rußland – aussiedelten. Als in Deutsch-land 1848 ein Parlament in der Frankfurter Paulskirche die Einheit erstrebte, wurden aus jenen *Deutschen*, die außer-halb der Grenzen der zukünftigen Nation lebten, – nach langem Zaudern – *Deutschstämmige*, was sie fast hundert-fünfzig Jahre später noch bitter beklagen. Ihnen wurde die kulturelle und politische Identität entzogen. Sie waren nur noch vom »Stamme« der Deutschen. Die Blutsverwandt-schaft und nicht das kollektive Bewußtsein zählte von nun an. Kein ungarischer Politiker dürfte es heute wagen, die rund zwei Millionen Ungarn in Rumänien als ungarstäm-mige Rumänen zu bezeichnen, so klagte 1996 ein führender Vertreter der Siebenbürgen. Und die Dänen in Schleswig dürften auch Dänen sein und brauchten sich nicht dänischstämmig zu fühlen.

Es mutet merkwürdig an, daß die deutsche Politik sich so schwertut, vom *ius sanguinis* Abschied zu nehmen. Im Bewußtsein des einzelnen spielt es kaum noch eine Rolle. Nur zehn Prozent sehen in der »Rasse« ein notwendiges Kriterium für die deutsche Staatsbürgerschaft.[95] So antwortet auch Joachim Gauck auf die Frage, was es heißt, Deutscher zu sein: »Erst einmal ist es Schicksal. Man sucht sich nicht aus, welche Eltern man hat, sondern die Eltern sind schicksalhaft die Erzeuger. Zweitens sind diese Eltern selber hineingeboren in einen bestimmten politischen, historischen und regionalen Zusammenhang. Es ist der Ort meiner zufälligen Geburt. Zufällig ein Ort in Deutschland. Und da ich nur einer bin und nur eine Jugend und eine Kindheit habe, und nur an einem ganz bestimmten Ort die Leiden und die Freuden, die mich als Person gemacht haben, erlebte, bin ich Deutscher.«[96]

Nation und Heimat

Nachdem die Germanen zum Urvolk der Deutschen erkoren worden waren, stellte sich das deutsche Bürgertum die Frage, was denn die deutsche Nation ausmacht. Im 18. Jahrhundert war das Land der Deutschsprechenden in unzählige Machtbereiche aufgeteilt. Wenn nicht ein Zentralstaat, was war es dann, das die Deutschen zusammenhielt? Wer in Frankreich fragt, was die Franzosen zusammenhält, der wird überschüttet mit Begriffen wie Menschenrechte, universelle Revolution, Republik und Nation. Ihm wird erklärt, die Franzosen hätten ein gemeinsames politisches Ziel, das sich aus den Werten der Revolution ergebe. Und man hat eine gemeinsame Geschichte: Selbst der einfache Mann kennt die Bedeutung des Frankenkönigs Chlodwig und seiner Taufe irgendwann um das Jahr 500 n. Chr. (das tatsächliche Datum ist umstritten). Eines Tages saß ich in dem Bistro La Palette in Paris und hatte gerade Eintrittskarten für ein Konzert in der Sainte Chapelle für den Abend gekauft. Wirt Jean-Francois brachte ein Gläschen, sah die Karten und fing sofort an zu erzählen von Louis treize, der diese wunderbare gotische Kapelle hat bauen lassen usw. Auch das Wissen um die eigene Geschichte, um die Literatur und Kunst vereint die Franzosen und gibt dem einzelnen gleichzeitig Selbstsicherheit.

Aber was hält die Deutschen zusammen? Mit der Antwort zögern die meisten und suchen tastend nach Gemeinsamkeiten. Der Gründungsmythos von der Hermannsschlacht ist längst verraucht. Die gemeinsame Geschichte schmerzt, und selbst die Behauptung, man habe gemeinsame politische Ziele, wagt kaum jemand. Denn welche Mißverständnisse könnten sich dahinter verbergen! Der politische Konsens wird zwar immer wieder beschworen, doch wer genau hinschaut, der sieht zwar einen Konsens in den demokratischen Grundwerten, aber keinen Konsens in jenen Fragen, die sich über das reine Staatswesen hinaus mit der Nation und ihren Bürgern befassen. Das Wort Nation hat bei einem großen Teil der Bevölkerung einen Hautgout. Nation, Nationalist, Faschist ist zwar eine falsche Kombination, aber sie beherrscht die Köpfe gerade junger Leute, die lange nach dem Krieg aufgewachsen sind.

Der Ministerpräsident des Saarlandes und Vorsitzende der SPD, Oskar Lafontaine, war im Jahr der Vereinigung Kanzlerkandidat, und immer noch wird ihm von seinen Gegnern vorgeworfen, er habe die deutsche Einheit nicht gewollt. Tatsächlich gehört Lafontaine zu denjenigen, die hellauf begeistert waren von dem Text, mit dem der Schriftsteller Patrick Süskind sich als Kind der Bundesrepublik beschrieb, das keinerlei intellektuellen oder emotionalen Bezug zur DDR hatte. Als Parteivorsitzender hat Lafontaine gelernt, vorsichtiger mit dem Thema Deutschland umzugehen: »Ich glaube, daß es schwer ist, heute zu sagen: ›Wer sind die Deutschen?‹ Das beginnt mit dem Staatsbürgerschaftsrecht. Türken der dritten Generation, die hier wohnen, hier aufgewachsen sind und nur Deutsch sprechen, werden als Ausländer bezeichnet. Als Deutsche aber gelten die Kinder der Rußlanddeutschen, die zu Zeiten Katharinas der Großen ausgewandert sind und die jetzt hierher kommen und kein Deutsch sprechen. Insofern sind wir uns ja gar nicht klar darüber, wer eigentlich

Deutscher ist. Ich würde sagen, man muß es zumindest kulturell definieren. Aber dazu gehört auch das Wissen, daß die Deutschen an den Grenzen immer in Mischkulturen lebten. Und nicht nur dort. Wenn ich das Ruhrgebiet nehme: Juskowiak, Szymaniak heißen dort die Leute. Es waren Zuwanderer aus Polen. Und das hat sich auch kulturell geäußert. Oder wenn ich an Sanssouci denke und an die Zeit des Alten Fritz. Damals war das Französische sehr dominant – nicht nur in Preußen, sondern auch in Rußland, wenn man mal in die Schriften Tolstois schaut. Wenn man also von einer kulturellen Definition ausgeht, sind die Deutschen bei allen Besonderheiten immer sehr europäisch gewesen. Und besonders wir Grenzländer wissen das. Denn als jemand, der aus einem Gebiet kommt, das eigentlich lothringisch ist und seine kulturellen Wurzeln im alten Lotharingien hat, weiß ich um die europäische Geschichte und darum, daß der Nationalstaat auch nur ein Zeitabschnitt war. Lothringen gehört heute zur Heimat eines Saarländers, weil er bei Ausflügen, bei geselligen Veranstaltungen, auch bei Verwandtschaftsbeziehungen die Grenze nicht mehr kennt.«[97] Oskar Lafontaine beruft sich auf die kulturelle Herkunft, so wie es dem Begriff der weltoffenen Kulturnation entspricht. Er führt positiv an, daß zur Zeit des Alten Fritz das Französische dominant war – so als sei dies ein Zeichen von Universalismus. Tatsächlich aber führte gerade die kulturelle Vorherrschaft der Franzosen im 18. Jahrhundert zu einer negativen Gegenreaktion unter den Deutschen.

Doch so wie Oskar Lafontaine denkt ein großer Teil der Deutschen, die wegen der deutschen Geschichte nicht wagen, dem Begriff der Nation einen politischen Inhalt zu geben. Aber gerade das tut not. Die ausschließlich kulturelle Definition – selbst wenn sie weltoffen gemeint sein sollte – hat die Deutschen dazu verführt, sich von ihren Nachbarn abzukapseln. Mit der Entdeckung des deutschen Wesens haben sie andere Kulturen, die sie zunächst als ebenbürtig ansahen, als minderwertig eingestuft und schließlich ausgeschlossen, denn es siegte der Gedanke, das deutsche Wesen sei höherwertig. So wie die Franzosen heute noch mit Gesetzen und Bußgeldern versuchen, ihre Sprache von amerikanisch-englischen Vokabeln zu säubern (und die ganze Welt lacht darüber), so dachten im neunzehnten Jahrhundert auch die Gebrüder Grimm bei der Erstellung ihres Wörterbuchs. So klagt Wilhelm Grimm bei der ersten Germanistenversammlung 1846 über das Verderben des Deutschen durch das Fremde: »Alle Tore sperrt man auf, um die ausländischen Geschöpfe herdenweise einzutreiben. Der Kern unserer edlen Sprache liegt in Spreu und Wust: wer die Schaufel hätte um es über die Tenne zu werfen! (…) Öffnet man das erste Buch, ich sage nicht ein schlechtes, so schwirrt das Ungeziefer zahllos vor unseren Augen.«[98]

Gewiß gehört auch die Kultur zur Gesamtheit einer Nation. Die Frage ist nur, ob sie an erster oder an zweiter Stelle steht. Die Deutschen sollten aus ihrer Geschichte gelernt haben, daß eben nicht die Kultur als der Ausdruck des Deutschseins vornan steht, sondern die universell gültigen Grundgedanken der Menschenrechte, nämlich Freiheit, Gleichheit, Brüderlichkeit.

Die politische Definition der Nation muß von einem gemeinsamen Willen des Staatsvolks getragen werden. Und der sollte in die Zukunft gerichtet sein – wie es der französischen Definition der Nation entspricht. Aber so zu denken ist in Deutschland noch nicht weit genug verbreitet.

Der Vorsitzende der Unionsfraktion im Bundestag,

Wolfgang Schäuble, war als Innenminister der Bundesrepublik wie kaum ein anderer westdeutscher Politiker am praktischen Zustandekommen der deutschen Einheit beteiligt. Er hat für Westdeutschland den Vertrag zur Deutschen Einheit ausgehandelt. Auf die Frage: »Gibt es für Sie das Element, von dem man sagen kann: es hält die Deutschen zusammen?« antwortet Schäuble: »In einem Satz, ein Element? Ich glaube, daß Nation etwas ist, das sich schwer einer Definition erschließt. Es ist eben mehr als nur Kultur. (…) Richard Schröder hat gesagt, man soll das Wort ›Schicksalsgemeinschaft‹ nicht so oft verwenden, obwohl es richtig sei. Ich glaube, mit einem Wort, ist es die gemeinsame Erinnerung.«[99] Wie Lafontaine definiert auch Schäuble die Nation zunächst über die Kultur, erst dann über die gemeinsame Herkunft. Eine politische Zielsetzung kommt ihm, wie den meisten deutschen Politikern, nicht in den Sinn.

Besonders schwierig ist die Antwort auf die Frage, was die Deutschen zusammenhält, für eine Person wie Michel Friedman, Mitglied des Zentralvorstandes der Juden in Deutschland. Er wurde in Paris geboren. Seine Eltern gehörten zu den von Oskar Schindler aus dem Konzentrationslager von Auschwitz geretteten Menschen. Als Heranwachsender zog er mit seinen Eltern nach Deutschland und ging in Frankfurt am Main in die Schule. Friedman trat der CDU bei, wo er einige Jahre lang im Bundesvorstand der Partei saß, aber wegen seiner kritischen Äußerungen über Helmut Kohl politisch abgestraft und nicht wiedergewählt wurde. Friedman geht bei der Frage, was die Deutschen verbindet, nicht mehr von der ethnischen und kulturellen Herkunft aus, sondern von einem politischen Willen, der allen Bürgern dieses Landes gemeinsam sein und ihr politisches Handeln in der Zukunft bestimmen sollte: »Das, was die meisten zusammenhält? Es ist eine Zweckgemeinschaft, die sich gegenwärtig an ganz bestimmten Grundwerten orientiert, die auch ernst genommen werden. Freiheit, Recht, Menschenrecht. Der Versuch, nach innen wie nach außen friedlich, so gewaltlos wie möglich zu leben und miteinander umzugehen. Wohlstand, materieller Wohlstand, ja, warum auch nicht? Und das Wissen, daß diese Zweckgemeinschaft auf sich angewiesen ist, jeder für sich, damit dies so weitergeht.«[100]

Im Gegensatz zu der pauschalen Ablehnung des Begriffs Nation durch die meisten Bürger bemühen sich deutsche Philosophen und Wissenschaftler seit den fünfziger Jahren, Gemeinsamkeiten zu erkunden, die die Deutschen zusammenhalten.[101] Gibt es etwa eine deutsche Nation? Diese Frage wäre – wenn es nur um den theoretischen Begriff *Nation* ginge – nicht schwer zu beantworten. Jeder, der heute versucht, Nation modern und positiv zu definieren, greift auf die politischen Gedanken des französischen Philosophen Ernest Renan zurück, der behauptete, die Nation sei ein täglich zu wiederholendes Plebiszit. In Renans Überlegung stecken mehrere Elemente: Plebiszit bedeutet, daß das Volk das Recht hat, abzustimmen – also souverän ist. Täglich heißt, daß immer neu über den Zustand der Nation befunden werden kann. Nichts ist also endgültig.

In wissenschaftlichen Kreisen in Deutschland hat sich heute dieser Gedanke zwar durchgesetzt, aber trotzdem wird immer noch heftig darüber gestritten, ob Nation nicht ein längst überholter Begriff sei. Die Bezeichnung »Nation« wird im täglichen Umgang in Deutschland eben schnell mit Nationalismus und Nationalsozialismus verbunden. Und daraus folgt eine Ablehnung dieses Begriffs. Ich habe manchmal den Eindruck, diejenigen, die von der Nation Abschied nehmen wollen, tun dies, um mit der deutschen Vergangenheit brechen zu können. Wenn das gelänge, wäre es ein zu leichter Ausweg. Es gelingt aber nicht.

Wenn die Deutschen sich mit der Geschichte ihrer Nationenwerdung auseinandersetzen, können sie die Irrwege in der eigenen Vergangenheit erkennen – und daraus die richtigen Folgerungen ziehen. Denn gerade im Denken derjenigen, die aus hypermoralischen Gründen den Begriff Nation als überholt abweisen, finden sich manchmal Überreste jenes Verhaltens, das den Deutschen zur Belastung wurde. Nichts beweist dies besser als der Satz »Wir sind die besseren Deutschen«. Er fiel im West-PEN-Club und wurde als Argument angeführt, weshalb der ehemalige PEN-Club der DDR nicht mit dem BRD-PEN vereint werden sollte.

So beschreibt auch im Februar 1997 der ostdeutsche Schriftsteller Günter de Bruyn in seiner Dresdner Rede »Zur Sache Deutschland« sein Erstaunen, als er »nach der Wiedervereinigung mehrfach hören und lesen konnte, daß die alte Bundesrepublik in ihrer Modernität nichts mehr von einem Nationalstaat habe, (…) daß dieser Nicht-Nationalstaat nun aber seit der Vereinigung 1990 in der Krise stecke, (…) weil den Ostdeutschen mit ihrer Berufung auf die gemeinsame nationale Kultur, auf das deutsche Volk, auf die deutsche Nation die Konsensbasis der alten Bundesrepublik« fehlt. De Bruyn mißfällt, daß die Westdeutschen, »weil sie nationales Denken angeblich schon hinter sich hatten, wieder einmal besser sein sollten als ihre Nachbarn, die noch immer, wie die ostdeutschen Hinterwäldler, auf ihre Nationalfarben fixiert sind«. Und verwundert ist er über den Streit der Intellektuellen, ob das Grundgesetz eine bessere identitätsstiftende Wirkung habe als die Nation.

Beachtet man noch einmal den Satz von Montesquieu, wonach eine Person aus Notwendigkeit Mensch, aber nur aus Zufall mit einer Nationalität versehen ist, so läßt sich der folgende Schluß ziehen: Die Identität betrifft den Menschen, die Nation betrifft den Deutschen im Menschen. Denn das Nationale ist nur ein Teil der Identität eines jeden Individuums. Und wirklich zeitgemäß wäre es, wenn die Deutschen ihr Deutschsein nicht so fürchterlich wichtig nähmen. Schließlich ist die Nation weder ein vorgegebener Urgedanke der Schöpfung, der in der Geschichte nur seine Entfaltung erfährt, noch ist sie im Menschen als notwendig für das Menschsein angelegt.[102]

Wie stark sich die deutsche Identitätskrise besonders in den vier Jahrzehnten der Teilung auf den Umgang mit politischen Definitionen auswirkte, zeigt die uneinheitliche Auseinandersetzung mit dem Begriff *Nation* in einer Unmenge kluger Abhandlungen, von denen viele mit Tabus belastet sind, die aus der deutschen Geschichte herrühren. Aber es wäre zu eng gedacht, würde man nur die Geschichte als Grund für die Suche der Deutschen nach Identität und Sinn der Nation angeben.

Zahlreiche wirtschaftliche und soziale Vorgänge verunsichern die Deutschen. Da gibt es den Schreckbegriff der Globalisierung, die für die hohe Arbeitslosigkeit verantwortlich gemacht wird. Die Industrialisierung wird durch Technisierung abgelöst. Die Kommunikationsströme verändern sich, und damit lösen sich traditionelle Bindungen. In dieser wirtschaftlich, gesellschaftlich und kulturell verworrenen Lage überlegen sich junge Leute immer häufiger,

wie sie in Zukunft ihre eigene Biographie gestalten könnten – und diese Frage richten sie an den Staat. Doch wer ist
dieser Staat? Er könnte ein Stück Lebenssinn vermitteln,
wenn es ihm gelänge, dem Menschen eine überindividuelle
Identität zu geben und ihm Zukunftsziele zu setzen.[103] Das
würde aber voraussetzen, daß es dem Staat gelänge, als Nation anerkannt zu werden, weil er in der Kontinuität der
Geschichte einen kulturellen und politischen Konsens herstellt. Das ist in Deutschland heute noch nicht möglich.
Und hinzu kommt, daß die Anerkennung des Staates als
Regierungs- und Machtapparat durch die Bürger sich auf
einem Tiefpunkt befindet.

Die gegenwärtige mühevolle Suche nach der Nation
besitzt eine interessante historische Parallele in der Identitätskrise der deutschen Bildungsbürger vor mehr als zweihundert Jahren. In der damaligen Identitätskrise entwickelten die Deutschen ihren eigenen Begriff von Nationalismus,
der ihrer historischen Lage entspricht und sich von dem der
französischen Nation abhebt.

Ende des achtzehnten Jahrhunderts standen sich ein
deutscher und ein *französischer* Nationenbegriff gegenüber, die (deutsche) Kulturnation gegen die politische Nation (der Franzosen). Zu jener Zeit machte das deutsche
Bürgertum auch eine Identitätskrise durch, wie sie immer
dann über die eine oder andere Gesellschaftsschicht ein-
bricht, wenn wirtschaftliche oder soziale Veränderungen
den bisherigen Zustand verändern und zu Unsicherheiten
führen. Bei der Suche nach einer neuen Selbstsicherheit
des verunsicherten deutschen Bildungsbürgertums spielte
die Wechselwirkung Frankreich-Deutschland eine große
Rolle: Die kulturelle und politische Vorherrschaft Frankreichs, später die Ideen der Revolution und auch die Herrschaft Napoleons drohten Europa zu ersticken. Frank-

reich stellte sich als geeinter Staat dar, mit einer zentralisierten Machtstruktur und einer einheitlichen Gesellschaft.

Und hier entwickelten sich nun zwei unterschiedliche Wege. Zum einen begann im deutschen Volk die Suche nach ihren kulturellen Ursprüngen, zum andern wies die Aufklärung den Weg zu universellen Werten: Die Selbstbesinnung auf die deutsche Kultur war ein Rückschritt, der Weg zu universellen Werten der Fortschritt.

Während die Kulturnation sich auf Abstammung, Sprache und (mitunter geklitterte) Geschichte berief, gründeten die Gedanken der Aufklärung auf der Idee, daß die Vernunft Vorrang habe. Die Ziele der aus der Aufklärung hervorgehenden französischen Revolution sind universell: Menschenrechte, Demokratie, die Republik und die Volkssouveränität. Die Nation ist nach der französischen (*politischen*) Definition ein Nationalstaat, in dem nicht ethnische, sondern politische Kriterien ausschlaggebend sind. Abbé Sieyès beschreibt die Nation 1789 als »eine Gesamtheit von vereinigten Individuen, die unter einem gemeinsamen Gesetz stehen und durch dieselbe gesetzgebende Versammlung vertreten sind«.[104] Ernest Renan fügt fast ein Jahrhundert später seinen berühmten Satz hinzu, die Nation sei ein *plébiscite de tous les jours*. Die politische Nation vermittelt ihren Bürgern ein starkes Selbstbewußtsein. Dieses aber fehlte den Deutschen zur einer Zeit, in der sich die Franzosen ihrer Nation brüsteten.

Mögen die Franzosen auch die Staatsnation auf ihr Schild gehoben haben, so gehören zur Vorstellung ihrer Nation auch viele Elemente einer Kulturnation: die Bedeutung der vermeintlichen Herkunft von einem einzigen Stamm (die falsch ist), die Bedeutung der Sprache, das große Gewicht der Geschichte. Aber diese Elemente stehen für den Franzosen erst an zweiter Stelle. So beginnt Albert Camus den ersten seiner »Briefe an einen deutschen Freund« mit den Worten: »Sie sagten mir: ›Die Größe meines Landes hat keinen Preis. Alles ist gut, was es ausführt. Und in einer Welt, wo nichts mehr Sinn macht, müssen junge Deutsche wie wir, die das Glück haben, einen Sinn im Schicksal ihrer Nation zu finden, ihm alles opfern.‹ Ich liebte Sie damals, aber da schon begann ich mich von Ihnen zu trennen. ›Nein‹, sagte ich Ihnen, ›ich kann nicht glauben, daß man alles dem Ziel, das man verfolgt, unterordnen sollte. Es gibt Mittel, für die es keine Entschuldigung gibt. Und ich möchte mein Land genau so lieben können wie die Gerechtigkeit. Ich strebe für mein Land nicht irgendeine Größe an, sei es die des Blutes und der Lüge. Mein Land möchte ich aufleben lassen, indem ich die Gerechtigkeit leben lasse.‹ Sie haben mir gesagt: ›Ach, Sie lieben Ihr Land nicht.‹«[105] Die Werte, für die die Nation steht, sind für den Franzosen Camus wichtiger als die Verirrungen der Staatsräson.

Als die Deutschen vor knapp dreihundert Jahren begannen, sich mit der Frage der Nation zu beschäftigen, lebten sie – anders als die Franzosen – nicht in einem gemeinsamen Staat. Sie kannten keine Volkssouveränität und keinen gemeinsamen politischen Willen. Und die gebildeten Schichten, die zunächst die Träger des romantischen Nationalismus waren, befanden sich in einer Identitätskrise, weil ein großer Modernisierungsschub im 18. Jahrhundert zur Lockerung der traditionellen Bindungen des Menschen geführt hatte. Bisher hatten die Deutschen in kleinen lokalen, regionalen und ständischen Gruppen gelebt, die von Traditionen bestimmt waren. Doch jetzt lösten sich die kleinen Gemeinschaften auf. Wirtschaftliche, soziale und politische Bedingungen machten den Bürger zwar selbständiger, aber isolierten ihn gleichzeitig in einer größer gewordenen Gesellschaft.

Die Gedanken der Aufklärung veränderten das Selbstverständnis des einzelnen, der sich nun kritisch zur Tradition stellte und versuchte, aus seinem bisherigen Stand herauszutreten, um einen eigenen zu errichten. Doch da in den deutschsprachigen Ländern kein Nationalstaat, keine Volkssouveränität, keine universellen Werte dem einzelnen ein Gemeinschaftsgefühl vermittelten, suchten die Deutschen die Elemente ihrer kollektiven Identität zunächst in der deutschen Kultur, in Sprache, Tradition und Geschichte. Und es war kein Zufall, daß die Kultur als identitätsstiftendes Moment ausgesucht wurde, denn die Träger dieser Bewegung entstammten dem Bildungs- und Beamtenbürgertum. Das wirtschaftlich orientierte Bürgertum spielte in den deutschen Kleinstaaten keine Rolle, ganz im Gegensatz zu Frankreich, wo es zum Träger der Revolution wurde.

Wenn sich eine Nation durch die Souveränität des Volkes definiert, wie die USA oder Frankreich, dann kann sie offen sein für alle, die sich mit den Gesetzen identifizieren. Definiert sich eine Nation aber »romantisch«, also ausschließlich über die Sprache und Kultur eines Volkes, dann schließt sie all jene aus, die nicht dazugehören. Der romantische Nationalismus gab sich auch weltoffen und kosmopolitisch. Denn er ging – in der Form von *Patriotismus* – ursprünglich in der Theorie davon aus, daß alle nationalen Kulturen in gleicher Weise das Recht auf eine eigenen kulturelle Identität und Selbstbestimmung hätten. Und deshalb hat sich eingebürgert, vom »positiven« Patriotismus der Deutschen im achtzehnten Jahrhundert zu sprechen, der dann im neunzehnten Jahrhundert in machtbewußten Nationalismus umgeschlagen sei.

Weil Patriotismus als Wort nicht so negativ besetzt ist wie Nationalismus, dient es heute vielen als Ersatzbegriff bei der Suche nach dem rechten Umgang mit Staat und Nation. Doch auch bei der Benutzung dieses Begriffs gilt es, vorsichtig zu sein. Denn schon in der ersten Hälfte des achtzehnten Jahrhunderts haben »patriotische« Dichter deutscher Zunge Haß und Krieg gepredigt. In Johann Elias Schlegels »Hermann«-Drama wird 1740 das deutsche Volk zum absoluten Wert erhoben und der Haß auf die Feinde Deutschlands geschürt. Mehrere Hermann- oder Armini-us-Stücke werden im Jahrhundert der Aufklärung ge-schrieben, alle mit dem gleichen Pathos. Damit entsteht ein gefährlicher Mythos, der im neunzehnten Jahrhundert sei-ne Hochblüte erreicht und der sich auch heute noch unbe-wußt auf das deutsche Denken und Verhalten auswirkt. Im Zentrum des Hermann-Mythos steht der gute Deutsche im Kampf gegen den bösen Feind. Und der war in Wirk-lichkeit Frankreich[106] (siehe das Kapitel »Hermann-My-thos«, S. 255–270).

Gegen die Deutschtümelei gab es auch Widerstand. So schrieb der deutsche Aufklärer Georg Christoph Lichten-berg: »Es gibt heuer eine gewisse Art Leute, meistens junge Dichter, die das Wort deutsch fast immer mit offnen Nas-löchern aussprechen.«[107] Der Patriotismus und der roman-tische Nationalismus waren als Wegbereiter des deutschen Nationengedankens also keineswegs nur fortschrittlich, wie noch immer behauptet wird. Wer auf der Suche nach einem heute akzeptablen nationalen Bewußtsein ist, der wird den machtbesessenen Nationalismus ablehnen. Aber auch der Begriff einer deutschen »Kulturnation« kann nicht als Vorbild für einen friedlichen Patriotismus dienen,

obwohl das Wort Kultur für einen Deutschen mit Theater-
abonnement doch so gütig und gebildet klingt.

Die um ihr Selbstbewußtsein bemühten Deutschen sahen sich zu Beginn des 19. Jahrhunderts einem starken
Nachbarn Frankreich gegenüber, der nach der Revolution
seinen politischen Nationalgedanken nicht nur mit der
Gewalt des Geistes, sondern auch mit Waffen nach Europa
hineintrug. Die Auseinandersetzung mit Frankreich ließ
bei den Deutschen das Sendungsbewußtsein des eigenen
Volkes wachsen: Am deutschen Wesen sollte nun die Welt
genesen. (Übrigens haben sich in der Rolle des »Weltvolks«
nicht nur Deutsche oder Franzosen, sondern zu anderen
Zeiten auch Engländer, Italiener, Polen und Tschechen gesehen.)

Schon ab Mitte des 18. Jahrhunderts hatte der kulturelle
Wettstreit mit Frankreich begonnen: Den Galliern wurden
nun die Germanen entgegengestellt. Weil die Franzosen
eine Zentralmacht waren, die Deutschen aber ein über
dreihundert Kleinstaaten verteiltes Volk, wurde das alte
Hellas beschworen. Auch die alten Griechen seien eine
Kulturnation gewesen, die sich in viele kleine Staaten aufgeteilt hätten. Es begann der Streit um das germanische
oder das römische Recht. Mittelalterliche Epen wurden
national umgedeutet, eine nationale Vergangenheit geschaffen. Die Literatur, die Malerei, die Musik – ja sogar
die Architektur wurden nun in das Konzept der deutschen
Kulturnation gezwängt. Zwar stammt die Gotik aus
Frankreich, doch plötzlich entdeckten die Deutschen »den
germanischen Ursprung auch der französischen Gotik«[108],
und mit einer großen Kraftanstrengung wurde der Kölner
Dom als deutsches Nationaldenkmal fertiggebaut. Selbst
die Natur wurde nationalisiert, der *deutsche* Rhein und der
deutsche Wald werden dabei zu romantisch-nationalisti-

schen Träumereien, die bis heute noch ihre Wirkung tun. In diesem Geist steckt der Stoff für Haß und Abgrenzung, für Rassedenken und Antisemitismus, für Mythen und Krieg.

Krieg und Nation sind bis heute miteinander verbunden: Mit nationaler Begründung stürzten Slowenen, Kroaten, Serben und Bosnier noch in den neunziger Jahren des zwanzigsten Jahrhunderts das ehemalige Jugoslawien in einen jahrelangen Krieg. So ist es heute, so war es früher. Einst hatte mit überheblichem Sendungsbewußtsein die französische Nation unter Napoleon einen blutigen Feldzug durch Europa geführt. Nicht nur um die fortschrittlichen Gedanken der universellen Revolution zu verbreiten, sondern auch aus reinem Machtstreben.

Durch Krieg entstanden die italienische und die deutsche Nation. Und auch das ist eines der deutschen Probleme: Nicht die Kraft moderner Werte und der Wille eines um Souveränität kämpfenden Volkes haben die Nation begründet (und damit eine positive Gemeinsamkeit geschaffen), sondern der durch Otto von Bismarcks Lüge mit der Emser Depesche ausgelöste Krieg gegen Frankreich. Der Historiker Thomas Nipperdey gibt drei Gründe an, weshalb es nicht schon nach Ende der napoleonischen Kriege und dem Kongreß von Wien, der Europa neu ordnete, zu einer deutschen Nation kam.[109] Zum ersten wollten die neugebildeten deutschen Einzelstaaten ihre Souveränität nicht abgeben. Zum zweiten war der Dualismus zwischen Wien und Berlin nicht zu lösen, da keiner von beiden eine Mehrheit hinter sich versammeln konnte. Zum dritten wurde Deutschland 1815 durch die Fürsten und nicht die Völker neugeordnet, was schließlich eine gesamteuropäische Angelegenheit war.

Während in der französischen Revolution 1789 das
französische Bürgertum über den Adel siegte, triumphier-
te 1871 der deutsche Adel über das national-freiheitlich
gesinnte Bürgertum, das vom Gedanken des romantischen
Nationalismus und der Kulturnation geprägt war. Und da
die Bildung des nationalen Staates in Deutschland erst zu
einem Zeitpunkt geschah, in dem die Arbeiterschaft als
Klasse entstanden war und sich im Wettbewerb mit dem
Bürgertum befand, mußte sich das Bürgertum entscheiden, ob es seine liberalen Vorstellungen von einer demokratischen Nation mit der Arbeiterschaft gegen den Adel
erkämpfen wollte. Dazu war es nicht bereit.[110] So bestimmte die Obrigkeit, die Fürsten, Könige und nun der Kaiser,
wie die Staatsnation aussehen sollte. Dem Bürger blieb seine Kulturnation. Und darin liegt ein deutsches Verhängnis.
    Die Idee des französischen Nationalstaats ist demokra-
tisch: nach der Vorstellung von Jean-Jacques Rousseau
schließen die einzelnen Bürger einen Gesellschaftsvertrag
und konstituieren so ein Ganzes. Genau das Gegenteil
drückt die Kulturnation aus. Die Volksnation ist dem einzelnen vor- und übergeordnet. Die Träger der Staatsnation
sind alle Bürger. Die Träger der Kulturnation sind die Gebildeten, die – weil sie zunächst in keinem einheitlichen
Staatsgebilde und später im kriegerisch vereinten Kaiserreich keine politische Macht ausüben konnten – Politik
zum schmutzigen Geschäft erklärten. Und diese Tatsache
hat in Deutschland die fatale Folge gehabt, daß Macht und
Geist bis heute getrennt sind.
    Zwei Dinge sollte jeder, der sich mit dem Thema Nation
und Nationalismus befaßt, vor Augen haben: Zum einen
kann der Begriff Nation demokratisch, weltoffen und fortschrittlich definiert sein. Zum anderen gibt es aber in Europa keine ausschließlich gute oder ausschließlich schlech-

te Verwirklichung des Nationengedankens. Doch die schlechten Elemente haben häufig überwogen, weshalb es wichtig ist, das Thema äußerst kritisch zu betrachten. (Diese Aussage ist bewußt auf Europa beschränkt, denn die Nationwerdung der Vereinigten Staaten von Amerika könnte – mit wenigen Einschränkungen – als gelungen gelten.)

Nach dem Zweiten Weltkrieg begannen in der Bundesrepublik fortschrittliche Denker mit der Suche nach einer Antwort auf die Frage: Welchen Inhalt können wir unserem Staat geben, um nicht wieder dem größenwahnsinnigen Nationalismus zu verfallen? Die Gedanken des romantischen Nationalismus und der Kulturnation wurden von den Theoretikern fallengelassen. Statt dessen hielt die französische Definition von Nation Einzug, nach dem Motto: »Nationalstaat und Demokratie sind als Zwillinge aus der Französischen Revolution hervorgegangen.«[111] Dieser Gedanke hat sich in der breiten Öffentlichkeit allerdings noch nicht durchgesetzt.

Man spricht nun von der Staatsbürgernation, die ihre Identität nicht in ethnisch-kulturellen Gemeinsamkeiten findet, sondern in der Praxis von Bürgern, die ihre demokratischen Rechte aktiv ausüben.[112] Aus der Überlegung heraus, daß sich die Bürger in einem Staat zu einem gemeinsamen politischen Willen zusammenschließen, entwickelte Dolf Sternberger den Begriff des *Verfassungspatriotismus*.[113] Die Identifikation des Bürgers mit seinem Staat soll über den Bezug zur Verfassung geschehen, wie es etwa in den Vereinigten Staaten funktioniert. Damit meinte Sternberger nun nicht die einzelnen Artikel des Bonner Grundgesetzes, »eher schon könnte jene ›freiheitlich-demokratische Grundordnung‹ eine solche Anhänglichkeit oder Loyalität wecken und erwarten lassen«.[114] Patriotismus wird Nationalismus entgegengestellt, davon ausgehend, daß der Patriot sich gegenüber seiner Nation kritisch verhalte.

Doch der Verfassungspatriotismus ist eher eine gutgemeinte Krücke, die aus der Teilung des Landes zu erklären war, als eine wirkliche Lösung des deutschen Dilemmas. Denn eine Ansammlung von Verfassungsgrundsätzen ist zu abstrakt, um Loyalitäten bilden zu können. Und in den siebziger Jahren war der Begriff »freiheitlich-demokratische Grundordnung« (als Kürzel FDGO) sogar äußerst umstritten, als die sozialdemokratische Regierung unter Willy Brandt das Berufsverbot für Mitglieder der DKP beschloß und dies mit dem Schutz der FDGO begründete.

In dem Wort *Verfassungspatriotismus* selbst steckt ein Widerspruch. Die Verfassung beruft sich auf universelle Grundrechte. Der Patriotismus beschränkt sich auf die Loyalitäten eines Staatsvolks gegenüber seiner Nation.[115] Und Gefühle können den abstrakten Gedanken, der im Verfassungspatriotismus steckt, leicht ins Wanken bringen. Wolfgang Schäuble sagt dazu: »Ich habe darüber mit dem Freiburger Professor Dieter Oberndörfer, der auch diese Position vertritt, und mit dem ich seit langem befreundet bin, oft und so anspruchsvoll, wie man nur kann, diskutiert. Und irgendwann wird man müde und überzeugt sich doch nicht. Da habe ich gesagt: Oberndörfer, wenn Deutschland gegen Frankreich spielt – für wen sind Sie? Blöde Frage, hat er mir geantwortet. Doch, Sie müssen antworten. Denn wenn Sie sagen, sie seien für Deutschland, dann folgt die Anschlußfrage: Warum, ist die französische Verfassung schlechter?« Und dann fügt Schäuble hinzu: »Aber die ganze nationale Identität löst sich sofort auf, wenn der KSC gegen den VfB spielt.« Das Nationale bleibt eben eine Frage von abgestuften Zugehörigkeiten. Schäuble: »Ich würde mich wohl leichter von einem Schwarzwälder oder Badener in einen Hanseaten verwandeln als in einen Franzosen.« Heimatgefühle lassen sich selbst dann nicht unterdrücken, wenn eine Nation so an ihrer Geschichte leidet, daß den Bürgern vor lauter Unsicherheit das Denken an das Vaterland fremd wird.

Wie stark emotionale Bindungen an die eigene Heimat sein können, hat fast jeder schon selber erfahren, der die Heimat verlassen hat oder – besonders schmerzlich – aus der Heimat vertrieben wurde. »Wenn kein Land mehr in Sicht ist, gibt es dann noch dieses andere Wort ›Heimat‹?« fragt der Filmregisseur Wim Wenders und meint: »Wo anders erfährt man das Heimatland besser als in der Ferne, in der Form des ›Heim-Wehs‹?!« Und er schildert seine Gefühle, als er sieben Jahre in Amerika lebte, weil er dort »amerikanischer Regisseur« werden wollte. »Aber dann habe ich gelernt, daß es nicht reichte, in ›Amerika‹ zu leben, man mußte vielmehr auch ›wie ein Amerikaner‹ leben, wie ein Amerikaner handeln, denken und reden. Als es mir zum erstenmal passierte, daß ich nach einem deutschen Wort suchte, wo ich das englische kannte, wo ich also in dieser fürchterlichen Situation war, mitten in einem deutschen Satz sagen zu müssen: ›Wie sagt man noch?‹, um dann das englische Wort einfließen zu lassen, da war ich entsetzt, ›von den Socken‹. Das war das Moment des Heimwehs. Ich war dabei, mir etwas abhanden kommen zu lassen. Nicht nur ein Wort, und dann wohl langsam immer mehr Wörter, was ja schon schlimm genug war, nein, diese Wörter standen ja für etwas anderes, für meine *Sprache.* (…) Meine Sprache war auch meine *Haltung*, mein Verhältnis zur Welt. In meiner Sprache gab es kein ›It's nice to see you‹. (…) Wenn ich das auf amerikanisch sagte, sprach da nicht *ich*. (…) ›Ich‹ würde nie ›I‹ oder ›me‹ und auch nicht ›moi‹ werden können, zumindest nicht ohne einen Verlust.«[116]

Was die Sprache für die kulturelle Identität eines Menschen bedeuten kann, haben nicht nur die Gebrüder Grimm erkannt, sondern auch die Nationalsozialisten, die die Sprache bewußt zur Indoktrinierung einsetzen. Doch eine Sprache kann den Mißbrauch überleben. Als Freya von Moltke, deren Mann als Widerstandskämpfer von den Nazis ermordet wurde, 1947 in den USA einem dort lebenden, aus Deutschland stammenden Freund klagt, wie die deutsche Sprache durch das Dritte Reich zerstört worden sei, antwortet er: »Aber sie kann wieder zum Leben kommen.« Die Sprache, so erlebt Freya von Moltke in den folgenden Jahrzehnten, bleibt Teil ihrer nationalen Identität, als sie Deutschland für Jahrzehnte verläßt, um im Ausland zu leben: »Ich habe viel mitgenommen. Vor allem habe ich die deutsche Sprache mitgenommen. Es hat viele Jahre gegeben, in denen man nicht gerne deutsch war. Aber die wunderbare deutsche Sprache zu besitzen, war immer kostbar. Jetzt wird sehr viel darüber geredet, daß die Sprache sich zum Schlechten verändert hat, daß es viel Slang gibt und daß die Leute nicht mehr viel von der Sprache wissen. Aber die Sprache ist doch noch ganz da. Wir schwimmen alle in ihr.«[117]

Es sind weniger die durch Vernunft gesteuerten Erkenntnisse, wie etwa die Akzeptanz der »FDGO«, als tief verankerte Gefühle, die einen Menschen dazu veranlassen, sich mit einer Nation zu identifizieren. Und nur wenn diese Identifikation stattfindet, ist der Bürger bereit, die Nation auch durch eigenes Handeln zu unterstützen, etwa den Wehrdienst zu leisten. Nun zeigen die Zahlen der Wehrdienstverweigerer, wie wenig junge Deutsche sich mit ihrem Staat identifizieren. Zeitweise haben mehr Wehrpflichtige den Dienst verweigert als angetreten. Nüchtern betrachtet, kann der einzelne sich die Frage stellen: »Weshalb soll ich mich denn eigentlich mit der Nation identifizieren?« Nun, es gibt ein Motiv. Wer sich als Teil einer größeren Gruppe empfindet, der kann mit den Erfolgen, die diesem Kollektiv zugerechnet werden, auch sein persönliches Selbstwertgefühl aufrechterhalten oder gar steigern.

Im Sommer 1997 hat der Erfolg der Fußballmannschaften Schalke 04 und Borussia Dortmund dem Selbstbewußtsein der Menschen im von Arbeitslosigkeit stark betroffenen Ruhrgebiet Auftrieb gegeben. Der einzelne muß häufig gar nichts selber tun, um von dem Sieg einer Mannschaft im Namen des Kollektivs zu profitieren. Manchmal reicht sogar der Erfolg nur eines einzigen Deutschen, um über den Nationalstolz vielen Individuen ein Erfolgsgefühl zu vermitteln. Wenn Steffi Graf und Boris Becker, Jan Ullrich oder Michael Schumacher gewinnen, dann haben viele Deutsche das Gefühl, mitgewonnen zu haben (und vielen anderen wiederum ist es peinlich, daß es dieses Gefühl gibt). Dieser Wunsch nach Identifiktion ist sogar leicht meßbar: Wenn eine deutsche Fußballmannschaft spielt, wenn Jan Ullrich die Tour de France anführt, wenn deutsche Tennis-Weltstars antreten, dann schnellen die Einschaltquoten in die Höhe. Verabschieden sich Becker, Stich oder Graf von Wimbledon, dann will niemand die Fernsehrechte mehr kaufen – denn nur noch wenige deutsche Zuschauer werden einschalten.

Die Idee des *Verfassungspatriotismus* war ein untauglicher Versuch, dem Gedanken des Nationalstaates zu entkommen. Seine Entstehung lag zeitlich noch so nah am Nationalsozialismus, daß er abstrakt und vernunftbestimmt sein mußte. Gefühle in der Politik waren abgemeldet. Der Grundgedanke ist ja auch nicht falsch, universelle Werte der Menschheit an die erste Stelle des Staatsbewußtseins zu stellen. Doch er scheitert an zweierlei: Zum einen haben die um die Macht streitenden Parteien sich nicht auf nationale Gemeinsamkeiten einigen können, die einen positiven Einfluß auf den Nationalgedanken gehabt hätten. Zum andern ist es falsch, neben der politischen Komponente auf die zivilisatorische zu verzichten.

Nicht nur die Sprache, nicht nur die Zivilisation, die aus Märchen und Mythen, Gedichten und Geschichten, Erlebtem und Erzähltem besteht, prägen den Zusammenhalt. Nationale Gemeinsamkeiten, die aus einer Nationwerdung, aus einer längeren Geschichte, aus Erinnerungen und Erfahrungen herrühren, verbinden Individuen mit dem Ganzen. Der 1945 erfolgte Bruch in der deutschen Geschichte verhinderte die ungeprüfte Berufung auf diese prägenden Elemente einer Nation. Bis aber neue Gemeinsamkeiten und Mythen entstehen, muß geraume Zeit vergehen.

Nun hat sich die Weltpolitik Ende der achtziger Jahre in einer Weise geändert, wie sie kein Bundesrepublikaner zu erträumen wagte. Und mit der Vereinigung der beiden deutschen Staaten wurden Tabus aufgehoben, die bisher das Denken auch deutscher Staatsdenker beeinflußt hatten.

Spätestens mit der deutschen Einheit wird die Frage nach der deutschen Nation wieder gestellt, und die Berufung auf die freiheitlich demokratische Grundordnung reicht nicht mehr aus, auch dann nicht, wenn mit Verfassungspatriotismus nicht expressis verbis einzelne Artikel des Grundgesetzes gemeint sind. Der Begriff ist deshalb ungenügend, weil die Deutschen in der ehemaligen DDR das Grundgesetz von Westdeutschland annehmen mußten – ob sie wollten oder nicht. »Ich sage bewußt ›annehmen müssen‹, weil keine Zeit blieb, länger darüber nachzudenken«, sagt der ostdeutsche Dirigent Udo Zimmermann ein Jahr nach der Vereinigung. »Ich sage ›annehmen müssen‹, weil keine Zeit blieb, über eigene Biographien, über vierzigjährige Lebensläufe, über Vita, über Lachen, Tränen, Hoffnung, Zweifel und Angst nachzudenken. Man konnte nicht sorgfältig genug prüfen, inwiefern ein Stück eigene Identität – die Identität eines vierzigjährigen Lebens, für manchen ein ganzes Leben – hier und dort verlorengehen mußte. (…) Heute müssen wir das Fremde eines Staatsgesetzes der Bundesrepublik Deutschland zu unserem Eigenen machen, ohne in dem Fremden schon richtig gelebt zu haben. Heute müssen wir Rechte verteidigen, ohne sie schon richtig zu besitzen. Vielleicht sind wir zur Stunde auf der Suche nach einer neuen Identität.«[118]

Wie kein anderer Bundespräsident hat sich Richard von Weizsäcker mit der Frage der deutschen Nation, ihrer Geschichte und den Folgen befaßt. Er spricht nicht von Verfassungspatriotismus, sondern empfiehlt die Begriffe *Geschichtspatriotismus* und *Aufgabenpatriotismus*. In beiden Worten liegt sowohl das Verpflichtende wie das Verbindende. Denn in der gemeinsamen Geschichte einerseits und in den gemeinsamen Aufgaben andrerseits befinden sich, so von Weizsäcker, »die entscheidenden Merkmale, die uns als das charakterisieren, was wir sind, was wir verletzt haben, was wir aber auch bewältigen können. Natür-

lich: bei offenen Grenzen und fehlendem Gegensatz am
Ende des Kalten Krieges ist nun die Hauptfrage, ob wir in
unserem Heimatgefühl, in unserem Nationenverständnis,
in unserem Identitätsgefühl tangiert, verletzt oder gar zum
Verschwinden gebracht werden, weil wir eben multi-na-
tional, multi-kulturell, multi-emigriert und so weiter werden. Nach meinem Identitätsverständnis, also meinem
Aufgabenverständnis, welches sich nicht trennen läßt von
meinem Geschichtsverständnis, gehört zur Identität erst
recht die Fähigkeit, mit diesen offenen Grenzen und Mi-
grationen fertig zu werden.«[119]

Wer aus der Geschichte der Nationen Lehren zieht und
bedenkt, daß die Menschen nicht nur vernunftgelenkt,
sondern auch gemütsabhängig sind, der wird von mehreren Voraussetzungen ausgehen, um Nation (im Sinne von
Nationalstaat) heute angemessen zu definieren:

– Sie umfaßt eine Gesellschaft, die eine politische Willensgemeinschaft innerhalb eines bestimmten geographi-
schen Gebietes bildet; diese Willensgemeinschaft gründet auf dem Gedanken des Selbstbestimmungsrechts
und der Souveränität des Staatsvolks;

– alle Mitglieder der Gesellschaft sind vor dem Gesetz
gleich und verstehen sich als Solidargemeinschaft;

– aus der gemeinsamen geschichtlichen und kulturellen
Herkunft entwickelt sie einen Grundkonsens,

– aber die Gesellschaft kann auch mehrere Volks- und
Kulturgruppen umfassen.[120]

Theoretisch klingt dies gut, aber praktisch ist es sehr
schwierig, sich nach dieser Definition zu richten. Denn
wieviel Müll aus der Geschichte schleppen die Deutschen
noch mit sich, einmal als eine Last, die zu hypermoralischen politischen Reaktionen oder auch leicht zu Selbsthaß führt. Zum andern aber überleben noch immer Reste

aus Mythen, die Deutsche zum Glauben verleiten, sie seien »besser«, als sie selber merken. Da wird etwa der geschichtliche und kulturelle Grundkonsens angesprochen, aber gibt es den überhaupt in Deutschland? Hat die DDR nicht einen anderen Weg zur Nation gesucht – und bleiben solche Gedanken nicht in den Köpfen der ostdeutschen Bürger bestehen? Noch nicht einmal die Symbole, mit denen eine Nation sich selbst bestätigt, Denkmäler, Feiertage und Flagge, Hymne und Staatsname, führen wirklich zur Vereinigung des deutschen Staatsvolks unter der Idee ihrer Nation.

DDR – das deutschere Deutschland?

Als Andrzej Szczypiorski Anfang der sechziger Jahre zwischen Baden und Hamburg nach den Deutschen suchte, da sagte ihm ein Gesprächspartner, die echten Deutschen fände er in Ostdeutschland. Und so als habe sich seitdem nichts geändert, haben die Westdeutschen nach der Vereinigung mit einer gewissen Herablassung die Ostdeutschen als die »deutscheren« Deutschen bezeichnet.

Da fragten sich westdeutsche Meinungsforscher ganz besorgt, ob die Demokratie in Deutschland durch den Beitritt ostdeutscher Bürger mit »altdeutschem«, autoritärem Politikverständnis bedroht sei. Nun hatten die Ostdeutschen mit dem Aufstand vom Juni 1953 und der Revolution von 1989 bewiesen, zu welchem Widerstand sie fähig waren, doch das übersahen die Besser-Wessis. Tatsächlich machten Umfragen jetzt deutlich, daß ostdeutsche Jugendliche ein größeres Interesse an Politik haben als westdeutsche und auch stärker an der Politik teilnehmen wollten als die vermeintlich »anti-autoritären« Westdeutschen. Überhaupt werden ziviler Ungehorsam und unkonventionelle Politikformen im Osten stärker bejaht als im Westen.[121] Aber das Vorurteil gegenüber dem Osten ist tief verwurzelt. 1992 zog der Politologe Wolf Wagner von West-Berlin nach Erfurt und stellte die Hypothese auf, daß »die DDR deutscher geblieben sei als die amerikanisierte BRD«. Denn DDR-Kultur wurde erheblich weniger durch die Sowjetunion beeinflußt, als das bei der Amerikanisierung Westdeutschlands der Fall war. Für ihn schien es daher plausibel, »daß die DDR der ›deutschere‹ Teil Deutschlands ist«. Und mit dieser These stand er, weiß Gott, nicht allein. Er schrieb darüber also einen Artikel für eine große ostdeutsche Wochenzeitung und erhielt mehrere Wochen lang keine Antwort von dem Redakteur, der ihn um seine Stellungnahme gebeten hatte. Wagner griff schließlich zum Telephon. Aber statt des Redakteurs antwortete »eine Frau, die im ersten Moment gar nicht wußte, wovon ich redete. Als ich mich genauer erklärte, erwiderte sie: ›Ach ja, jetzt erinnere ich mich. Das mit den Amerikanern. Ja, wissen Sie, wir bekommen laufend solche Leserbriefe von irgendwelchen Hochschullehrern, die es zu uns verschlagen hat.‹ Ich antwortete ungehalten: ›Das ist kein Leserbrief. Ich bin aufgefordert worden, den Artikel zu schreiben, und will nun wissen, ob er so in Ordnung geht.‹ Darauf sie: ›Wissen Sie, ich gehöre zu denjenigen, die Sie da beobachten. Ich denke nicht, daß wir Artikel dieser Art drucken werden.‹« Die Ablehnung öffnete Wagner die Augen für seine eigenen westdeutschen Vorurteile.

Und es gibt viele Gründe für diese Vorurteile. Zum ersten blickten die Westdeutschen nach Westen und vergaßen den Osten: Nicht nur ihre demokratischen Vorstellungen bezogen sie aus Amerika und Westeuropa, sondern auch die westlichen kulturellen und zivilisatorischen Einflüsse, von der Kunst und der Musik über die Literatur und Architektur bis hin zu Mode und Eßgewohnheiten. Wenn sie einen ihrer seltenen Blicke nach Osten warfen, dann sahen sie dort ein Leben, »das sie aus den ersten Nachkriegsjahren kannten und das einen Zusammenhang mit dem verlorenen, dem zu Recht verlorenen Krieg zu besitzen schien«.[122]

Verglichen die Bundesdeutschen dann ihr eigenes Leben

in Glanz und Wohlstand mit dem trist erscheinenden Alltag im Osten Deutschlands, dann war für sie klar, wer den
Krieg verloren hatte – und warum sollte man denen nicht
auch gleich die Schuld für den Krieg zuweisen? Nur wenige Westdeutsche haben wahrgenommen, daß die DDR-
Bürger als Folge des Krieges vierzig Jahre lang die sehr viel
schwerere Last getragen haben.

Die Bürger der DDR haben viel westdeutsches Unverständnis und mangelnde Toleranz während des Einigungsprozesses erfahren müssen. Der ostdeutsche Sozialdemokrat und Theologe Richard Schröder lacht, wenn er die
These von den »deutscheren« Deutschen im Osten hört:
»Ich habe mit Herrn Habermas damals darüber geredet.
Der hielt für einen gefährlichen Ausbruch von Nationalismus, daß die Leute überall die schwarz-rot-goldenen Fahnen aufgehängt haben. Aber er war nicht in der Lage zu
begreifen, daß das bis dato verboten war. Er war nicht in
der Lage zu begreifen, daß diese Fahnen so gar nichts mit
Nationalismus, sondern etwas mit Protest zu tun hatten,
also etwas tun, was bisher verboten war. Das hat er gar
nicht verstanden. Es hat sich dann schnell die Meinung gebildet, Herr Habermas hat das damals auch in einem *Zeit*-
Artikel anklingen lassen, aus dem Osten käme jetzt ein
Rechtsruck.« Aber dieser Rechtsruck blieb aus: Im Osten
gibt es in keinen einzigen Republikaner in einem Stadt-
oder Gemeinderat. Sicherlich gibt es auch im Osten das
Problem der jungen Neonazis, doch die Ursachen dafür
liegen weniger in nationalistischen Tendenzen als vielmehr
in der Identitätssuche von Jugendlichen ohne sichtbare Zukunft in einer Gesellschaft, die sich in einer materiellen und
geistigen Krise befindet.

Wenn Ostdeutsche sich mehr als Westdeutsche mit der
Frage »Was ist Deutschland« beschäftigen, ja vielleicht

auch stärker zur deutschen Identität bekennen, dann hat dies vor allem zwei Ursachen: Erstens müssen sie lernen, was die jetzt geltende westdeutsche Identität ausmacht. Zweitens müssen sie korrigieren, was sie bisher als nationale Identität kennengelernt hatten. Denn die Führung der DDR unter Erich Honecker hat versucht, die deutsche Identität durch eine besondere DDR-Identität zu ersetzen. Dahinter steckte die politische Idee, die Ostdeutschen auch begrifflich von den Westdeutschen zu trennen. Der Begriff »deutsch« wurde aus allen öffentlichen Namen gestrichen und durch »DDR« ersetzt, übrig blieben nur die Deutsche Reichsbahn, der Freie Deutsche Gewerkschaftsbund und neben der SED, der Sozialistischen Deutschen Arbeiterpartei, die Parteizeitung »Neues Deutschland.« In den siebziger Jahren wurde sogar auch der Text der Nationalhymne der DDR aus den Schulbüchern gestrichen und offiziell nicht mehr gesungen. Denn das 1949 entstandene Lied des Dichters und Kulturministers Johannes R. Becher beschwört mit dem Satz »Deutschland, einig Vaterland!« ein gemeinsames Dach über den beiden deutschen Staaten. Das aber war nun passé.

Über den Unterschied zwischen ostdeutscher und westdeutscher Nation schreibt das in der DDR publizierte Philosophische Wörterbuch: »In der DDR entwickelt sich mit der sozialistischen Gesellschaft die *sozialistische deutsche Nation*. (…) Sie bewahrt alle progressiven Errungenschaften der kapitalistischen deutschen Nation, insbesondere der deutschen Nationalkultur, pflegt sie und entwickelt sie auf sozialistischer Grundlage weiter. Durch ihre weitere Konsolidierung grenzt sich die sozialistische deutsche Nation immer mehr von der kapitalistischen deutschen Nation ab, die in der BRD weiterbesteht. (…) Die einheitliche deutsche Nation gehört damit der geschichtlichen Vergangenheit an.«[123]

Als Gründungsmythos für die *sozialistische* deutsche Nation sollte die Tradition des Antifaschismus[124] dienen. Zusammen mit der Sowjetunion konnte sich die DDR so auf die Seite der Sieger stellen und später auch eine Wiedergutmachung für Israel ablehnen. In den ersten Jahren wirkte der Antifaschismus dort als Bindemittel, weil zum einen die Amerikaner den Westdeutschen die Entnazifizierung lediglich von außen auferlegt hatten, und zum andern in der politischen Führung der Bundesrepublik Persönlichkeiten des Dritten Reiches sich etablierten, wie etwa der Staatssekretär im Kanzleramt Hans Globke, der von 1932 bis 45 im Reichsinnenministerium tätig gewesen war und an der Kommentierung der Nürnberger Rassengesetze mitgewirkt hatte. Doch langfristig ließ sich der Antifaschismus nicht in der DDR-Gesellschaft verankern.

Joachim Gauck meint dazu: »Die antifaschistische Phase der DDR ist eine politische und historische Legende. Der wahre Kern dieser Legende ist, daß es eine ganze Reihe von kommunistischen Antifaschisten gab, die in diesem neuen Staat wichtige Positionen eingenommen haben. Aber dieser Staat ist eben nur auf seinem Aushängeschild ein antifaschistischer, demokratischer Staat gewesen, der von Anfang an ein totalitäres und fremdbestimmtes Gebilde war.«

Tatsächlich wurden Nazis in der DDR strenger verurteilt als in der Bundesrepublik, aber auch dort hing die Entscheidung, wer verfolgt wurde, von der Opportunität ab. Der ehemalige KZ-Aufseher von Sachsenhausen, Ernst Großmann, Mitglied des SS-Totenkopfverbands in Oranienburg, brachte es bis zum Mitglied im ZK der SED.[125] Der Generalmajor der Nationalen Volksarmee, Arno von

Lenski, war als Mitglied des Volksgerichtshofes im Dritten Reich an mindestens zwanzig Terrorurteilen beteiligt gewesen. In der Volkskammer saßen selbst 1986 – als zum letzten Mal unter SED-Herrschaft gewählt wurde – noch 21 ehemalige Mitglieder der NSDAP. In einer Reihe von Fällen wurden DDR-Bürger, die ihre Nazi-Vergangenheit verheimlicht hatten, erpreßt, um für die Stasi zu arbeiten. Der Antifaschismus wurde zum Element der politischen Moral und als Repressionsmittel eingesetzt – Gauck: »Also wehe, du warst ein Faschist!«

Die Reaktion aufmüpfiger junger Leute war entsprechend: In den siebziger Jahren tauchten Hakenkreuze auf den Schulhöfen auf. Denn das – so wußten die Schüler – traf die Diktatur ins Herz. »Wenn Hammer und Sichel verboten gewesen wären«, so Richard Schröder, »dann hätte man die dort erwarten müssen.« Karsten Laudien, Assistent an der Humboldt-Universität, schildert aus seiner Zeit als Schüler in der DDR eigene Erlebnisse aus der zweiten Hälfte der achtziger Jahre. »Wir mußten jedes halbe Jahr eine Wandzeitung machen. Unsere Schule lag neben der S-Bahn in Berlin. Man konnte von der Bahn aus durch die Scheiben in die Schule gucken, und wenn wir eine Veranstaltung über den Nationalsozialismus machten, haben wir ein Riesen-Hakenkreuz gemalt. Und von der S-Bahn sah man nur die Hakenkreuze, nichts anderes. Das war *kultig*. Das hat nicht zwei Stunden gedauert, dann war das Zeug wieder runter. Und so haben wir damit gespielt, uns darüber lustig gemacht.«[126]

Die ostdeutschen Schüler haben also das Hakenkreuz als ein Mittel der Kritik benutzt, das anzuwenden ein kritischer westdeutscher Schüler sich geschämt hätte. Doch der Antifaschismus als Propagandainstrument gegen die Bundesrepublik führte auch zur Verniedlichung der Nazi-vergangenheit. Wenn die Staatsführung behauptete, die Nazis herrschten heute im Westen und betrieben dort ihre Geschäfte, dann hat dies die junge Generation in der DDR nicht allzusehr erschüttert. Denn sie hatten Ahnung von dem, was im Westen ablief – und fanden vieles nachahmens- und begehrenswert.

Je mehr die Kraft der kommunistischen Ideologie, der Mythos von der Utopie einer gerechten Gesellschaft versagte, desto mehr besann sich die DDR-Führung auf deutsche Kultur und Geschichte, um den DDR-Bürgern eine Identifikation mit ihrem Staat zu ermöglichen. Große Persönlichkeiten der deutschen Geschichte, die früher in dem nun von der DDR beherrschten Gebiet gewirkt hatten, wurden positiv hervorgehoben – Luther, Friedrich der Große, schließlich auch Bismarck; das ging so weit, daß Erich Honecker sich 1987 sogar beim Chef des Hauses Hohenzollern darum bemühte, die Särge der Preußenkönige Friedrich Wilhelm I. und Friedrich II. wieder nach Potsdam zu überführen. Das wäre auch geschehen, hätte nicht Prinz Louis Ferdinand Honeckers Bitte im Einvernehmen mit dem Bundeskanzler abgelehnt. Zur Stärkung regionaler Identitäten wurden wieder Volks- und Dorffeste zugelassen und Heimatvereine gegründet, die allerdings die Traditionen der Arbeiter und Bauern hervorheben sollten.

Während die Identität der Menschen in der Bundesrepublik durch die Kulturen der westlichen Alliierten, besonders der amerikanischen, stark beeinflußt worden ist, fand ein Sowjetisierung der DDR-Bürger so gut wie nicht statt. Die sowjetischen Soldaten waren kaserniert, allein Offiziere oder Militärärzte lebten nicht in ummauerten Villenvierteln. »Auf der Straße konnte es passieren, daß sich die

Kinder anfreundeten«, erzählt Richard Schröder, »und da waren die russischen Kinder eines Militärarztes auch mal bei deutschen Kindern in der Wohnung. Dann hat sich ein Kontakt mit den Eltern ergeben. Sie haben sich einmal besucht, und beim zweitenmal kam der Russe und sagte, er sei wegen des Kontakts nach Rußland zurückversetzt worden. Es gab Null kulturellen Einfluß Rußlands auf die DDR-Bevölkerung.«

Man fragt sich, ob es dennoch eine besondere ostdeutsche Identität gibt. Denn einige Jahre nach der Vereinigung nimmt unter Ostdeutschen die Besinnung auf »die alten, die guten« Zeiten zu. Allerdings wird von einer ostdeutschen Identität um so lauter geredet, je mehr die DDR als eigenständiges Gebilde verblaßt. Die ostdeutsche Identität ist für viele eine Identität post festum. Erst nachdem die Diktatur auch in der Erinnerung weniger repressiv erscheint, bemerken Ostdeutsche, daß sie eine Gemeinschaft gebildet hatten, die sich von der westdeutschen unterschied. »Ich nehme an«, sagt Richard Schröder, »daß die meisten DDR-Bürger irgendwann einmal mit dem Gedanken gespielt haben: ›Jetzt schmeiße ich den Krempel hin und sehe zu, daß ich in den Westen gehe.‹ Nun, da aber alle nach Artikel 23 in den Westen gegangen sind, da erst hören wir, was alles in der DDR schön gewesen sei.« Heute wird die einst vorhandene »menschliche Wärme« in der DDR der westdeutschen Ellenbogengesellschaft entgegengehalten. Aber zu Zeiten der DDR war von dieser so gepriesenen »menschlichen Wärme« wohl weniger die Rede als zum Beispiel von der Klage über den giftigen Parteisekretär, oder es herrschte sogar eine gewisse Gehässigkeit im Umgang miteinander. Man klagte darüber, wer nicht mit einem sprach oder man übte auf andere Druck aus, nicht mit diesem oder jenem zu reden, weil »der von der Partei« war.

Auch wenn es keine thematisierte ostdeutsche Identität gab, so war die andere Wirklichkeit doch prägend. Und deshalb haben die Ostdeutschen jetzt die doppelte Last, sich nicht nur mit der neuen – und sehr schwierig zu bewältigenden – Lebenslage in einer freien Marktwirtschaft zu arrangieren, sondern sich auch an die von der DDR-Wirklichkeit abweichenden Elemente der westdeutschen Identität anzupassen. Denn die wird ihnen – ob sie wollen oder nicht – übergestülpt werden.

Symbole und Rituale

Ein Nationalstaat lebt nicht von der Vernunft allein. Der Mensch ist eben auch ein Gemütswesen. Gefühle können in der Erinnerung tiefere Wurzeln schlagen als die Vernunft. So erinnert sich jeder Mensch daran, was er in dem Augenblick tat, als ein einschneidendes geschichtliches Ereignis stattfand, das seine Gefühle aufwallen ließ: Fast jeder Erwachsene mittleren Alters erinnert sich an den Augenblick, als er die Nachricht von der Ermordung John F. Kennedys erhielt.

Wohl kaum ein Deutscher hat vergessen, was er an jenem Abend tat, als die Mauer in Berlin fiel. Die geschichtliche Erinnerung bleibt haften, weil die Gefühle so überwältigend waren. Es muß gegen zwanzig nach sieben am Abend gewesen sein, als mich ein Freund in Paris, wo ich damals wohnte, anrief. Er hatte gerade die Meldung im Deutschlandfunk gehört, die Mauer sei offen. Eine halbe Stunde später war ich mit einigen französischen Journalisten und Horst Ehmke, der unter Willy Brandt Minister im Kanzleramt war, verabredet. Seine Reaktion auf die Nachricht war: »Das ist der Erfolg von Willys Entspannungspolitik.« Das Abendessen fand in dem Restaurant La Gauloise statt. Und ich erinnere mich sogar noch, an welchem Tisch wir gegessen haben. Auch das ist in die Erinnerung an diesen Augenblick unauslöschbar eingebrannt.

Um politische und kulturelle Umbrüche mit Gefühlen zu begleiten, entstehen Dramen und Gedichte, Melodien und Lieder. Was wäre die Reformation ohne ihre neuen Gesänge, was die Arbeiterbewegung ohne die »Internationale«, was die französische Revolution ohne die »Marseillaise«! Stefan Zweig hat die Nacht vom 25. auf den 26. April 1792 als »Sternstunde der Menschheit« beschrieben. Es war jene Nacht, als der unbedeutende französischer Kapitänleutnant Rouget de Lisle im Taumel der Gefühle einen Text und die Melodie des Revolutionsliedes niederschrieb, sein einziges berühmtes Werk: die Marseillaise. Zu den Waffen ruft sie die Bürger. Und mit der Aufforderung, der deutschen Feinde Blut möge die Äcker düngen, zogen die französischen Revolutionäre zum Sieg und in den Tod. Der Text ist noch kriegerischer und blutrünstiger als der Anfang des Deutschlandliedes, doch die Marseillaise bleibt in der Welt unangefochten, denn sie gilt als Ausdruck der universellen Revolution, die für Freiheit, Gleichheit und Brüderlichkeit steht. Beeindruckt von dem emotionalen Erfolg dieses nationalistischen Liedes, begannen Nationalbewegungen überall in Europa, nach ihrer eigenen Hymne zu suchen.

Der Komponist Joseph Haydn erlebte bei Konzertreisen nach London die Wirkung des schon 1742, also noch vor dem französischen Nationallied entstandenen englischen »God save the King« und ließ sich dadurch zur österreichischen Hymne »Gott erhalte Franz den Kaiser« inspirieren, deren Melodie sich im Kaiserquartett wiederfindet – und später im Deutschlandlied. Weil Volkslieder, Kirchenlieder, politische Lieder auf die Seele wirken, spielen Symbole und Rituale, die Gefühle ansprechen, eine große Rolle bei der Ausformung der kollektiven Identität.

Zwar ist die Entwicklung eines ungebrochenen Wir-Gefühls für Deutsche auf lange Zeit nicht möglich, aber dennoch existieren Symbole und Rituale, die für Deutschland als Gemeinschaft der Deutschen und als Nationalstaat stehen oder stehen sollen. Der Staat selbst gibt sich einen Namen, eine Flagge, eine Hymne, einen Staatsfeiertag und beschließt über Traditionspflege und Denkmale. Er sucht nach Formeln, die das Volk hinter bestimmten Symbolen einigen sollen. Das gelingt allerdings nicht immer; denn gewisse Symbole werden von vielen Deutschen negativ bewertet. Sie trennen das Volk eher, als daß sie es einen.

Gerade die Symbole, die an erster Stelle genannt werden als Sinnbild für die Bundesrepublik, werden von Jugendlichen und jungen Erwachsenen (bis ca. 45 Jahre) häufig negativ beurteilt. Das zeigt eine Untersuchung, die sich in internationalem Rahmen mit dem Entstehen und der Veränderung des Bewußtseins nationaler Zugehörigkeit befaßt.[127] Auf die (im Juli 1990, also zur Amtszeit von Richard von Weizsäcker) gestellte Frage, was für sie ein *eindeutiges* Symbol Deutschlands sei, gaben an:

1.	Schwarz-Rot-Gold	69,3 %
2.	Nazi-Vergangenheit	53,3 %
3.	DM-Währung	50,7 %
4.	Bundespräsident Richard von Weizsäcker	45,3 %
5.	Nationalhymne	41,3 %
6.	Produkte made in Germany	32,0 %
7.	Tugenden wie Fleiß und Ordnungsliebe	29,3 %
8.	Dichtung und Sprache	26,7 %
9.	Freiheitliche Demokratie	26,7 %
10.	Wirtschaftskraft	24,0 %
11.	Wohlstand	22,7 %

12.	Freie Marktwirtschaft	14,7 %
13.	Bundeskanzler Helmut Kohl	17,3 %
14.	Westlicher Lebensstil	14,7 %
15.	Bundeswehr	13,3 %
16.	Kunst und Kultur	13,3 %
17.	High-Tech-Industrie	12,0 %
18.	Spitzensportler wie die Fußball-Nationalelf	12,0 %
19.	Politische Stabilität	10,7 %
20.	Orientierung nach Europa	4,0 %

Diese Reihenfolge veränderte sich, als die Befragten gebeten wurden, diese Symbole nach einer fünfstufigen Rangfolge zu bewerten (eins bedeutet Ablehnung, fünf Zustimmung):

1.	Politische Stabilität	4,5
1.	Freiheitliche Demokratie	4,5
3.	Bundespräsident R.v. Weizsäcker	4,4
4.	Dichtung und Sprache	4,3
5.	Kunst und Kultur	4,2
6.	Freie Marktwirtschaft	4,0
7.	Produkte made in Germany	3,8
8.	DM-Währung	3,7
8.	Orientierung nach Europa	3,7
10.	Wohlstand	3.6
10.	Nationalhymne	3,6
12.	Wirtschaftskraft	3,5
12.	Westlicher Lebensstil	3,5
12.	High-Tech-Industrie	3,5
15.	Schwarz-Rot-Gold	3,4
16.	Spitzensportler wie die Nationalelf	3,0
17.	Tugenden wie Fleiß und Orndungsliebe	2,8

Diejenigen Elemente, die die Gefühle der Bürger anrühren und damit die Gemeinsamkeit des Volkes im Nationalstaat herstellen sollen, befinden sich überwiegend in der unteren Hälfte der Werteskala. Die Nationalhymne erscheint erst auf Platz zehn, die Flagge sogar erst auf Rang fünfzehn. So ist es kein Wunder, wenn sich viele Bundesbürger unwohl fühlen, wenn das Deutschlandlied angestimmt wird. Schüler stehen aus Protest nicht auf, wenn die Hymne gesungen werden soll.

Nach Gründung der Bundesrepublik dauerte es Jahrzehnte, bis bei Tagesende die Nationalhymne im Radio gesendet wurde. Und Bundeskanzler Helmut Kohl mußte Berti Vogts, den Bundestrainer der deutschen Fußballmannschaft, dazu überreden, daß die Mannschaft bei Länderspielen nicht nur stumm das Abspielen der Hymne über sich ergehen läßt, sondern den Text mitsingt. Drum fragen sich ironische Zeitgenossen stets, ob Klinsmann nun singt oder nur den Mund bewegt. Selbst der ehemalige Bundespräsident Richard von Weizsäcker (auf der Werteskala zu Amtszeiten auf Platz drei), der wie kein anderer deutscher Politiker der Bundesrepublik sich mit der deutschen Identität auseinandergesetzt und prägend eingegriffen hat, verspürt dieses Unbehagen am Deutschlandlied. Denn, so sagt er, »wenn Sie Ihren ersten Staatsbesuch in Israel machen und sich eine wirklich große menschliche Freundschaft mit dem dortigen Präsidenten und auch dem Ministerpräsidenten bildet, hören Sie trotzdem in den ersten fünf Minuten: ›Es ist für uns wirklich unerträglich, Dich hier zu empfangen mit Deiner Hymne. Denn jeder von uns hört bei dieser Musik nur: Deutschland, Deutschland über alles.‹ Das kann einem doch nicht gleichgültig sein. Das hat mir Chaim Herzog als allererstes gesagt.«

Im Jahr 1990 hätte es die Chance gegeben, von der Hymne über den Staatsnamen bis hin zum Nationalfeiertag einen neuen Anfang zu machen. Damals fragte die *Zeit*[128] eine Reihe Prominenter, welche Symbole sie für das neue Land vorschlügen, welchen Namen, welche Hymne, welchen Feiertag. Der ehemalige DDR-Ministerpräsident Hans Modrow entschied sich für die von Johannes Robert Becher gedichtete und von Hanns Eisler vertonte Nationalhymne der DDR, schon allein wegen des darin enthaltenen Satzes »Deutschland, einig Vaterland« (der zu DDR-Zeiten nicht mehr gesungen werden durfte). Doch damit stand er ebenso allein wie Manfred Stolpe, der daran erinnerte, daß einst die aus Sportlern von DDR und BRD zusammengesetzte gesamtdeutsche Olympiamannschaft mit dem Schluß-Chor von Beethovens Neunter Symphonie angetreten war – »Seid umschlungen, Millionen«. Die Verwirklichung dieses Vorschlags hätte den zusätzlichen Vorteil gehabt, damit über dieselbe Hymne wie die Europäische Union zu verfügen. Doch das war nicht der Grund für Stolpes Vorschlag: »Zu viele meiner Landsleute werden künftig in die Versuchung geraten, die erste Strophe des Deutschlandliedes zu singen. Das fördert unnötig nationalistische Tendenzen und verführt manche Deutschen, sich und ihr Land zu wichtig zu nehmen. Wir bleiben ein mittelgroßes Land, das allerdings viel für die Welt tun kann. Das braucht Bewußtseinsbildung, und die wird durch falsche Texte behindert.«

Die meisten Befragten sprachen sich dafür aus, die dritte Strophe des Deutschlandliedes von Heinrich Hoffmann von Fallersleben beizubehalten (darunter der Politologe

Theodor Eschenburg, die Historiker Fritz Stern und Ernst Nolte, der Germanist Peter Wapnewski, der Politiker Kurt Biedenkopf, der Schriftsteller Rolf Hochhuth und der Wirtschaftsboß Edzard Reuter). Doch es ist äußerst fragwürdig, eine Hymne zu singen, deren dritte Strophe in die politische Landschaft paßt, während die erste Strophe ein Deutschland besingt, das es zwar als Kulturraum gab (und so war der Text ursprünglich gemeint), aber nie als Staat. Besonders ungeeignet sind die – wegen der sich daraus ergebenden Mißverständnisse – vier Worte: »Deutschland, Deutschland über alles«. Und schließlich gehört der zweite Vers mit seinem betulichen Spießbürgerglück von Wein, Weib und Gesang in die Gruft des 19. Jahrhunderts.

Fast ebenso viele von der *Zeit* Befragte plädierten statt dessen für ein vorhandenes, aber als Hymne unverbrauchtes Gedicht – mit einem versöhnlichen Inhalt: die »Kinderhymne«, die Bert Brecht 1949 geschrieben hat (der Dichter und Sänger Wolf Biermann, die Historiker Peter Brandt und Ernst Engelberg, die Politikerin Antje Vollmer und Wolf Geißler, Chefredakteur des in Ost-Berlin erscheinenden *Sonntag*):

Kinderhymne

Anmut sparet nicht noch Mühe
Leidenschaft nicht noch Verstand
Daß ein gutes Deutschland blühe
Wie ein andres gutes Land.

Daß die Völker nicht erbleichen
Wie vor einer Räuberin
Sondern ihre Hände reichen
Uns wie andern Völkern hin.

Und nicht über und nicht unter
Andern Völkern wolln wir sein
Von der See bis zu den Alpen
Von der Oder bis zum Rhein.

Und weil wir dieses Land verbessern
Lieben und beschirmen wir's
Und das liebste mag's uns scheinen
So wie andern Völkern ihrs.

Nationalhymnen halte ich zwar für überholt, doch wenn
die Mehrheit ein emotionales Bedürfnis danach verspürt,
so ist ein neuer Text, wie der von Brecht, gut geeignet.
Denn wie sehr selbst die dritte Strophe des Deutschlandliedes genau das Gegenteil dessen bewirkt, was sie eigentlich leisten sollte, zeigen Gefühle, die sie bei Deutschen wie
Michel Friedman erzeugten: »Wenn ich in einem Raum anwesend bin und stehe, und alle um mich herum singen die
Nationalhymne, geht in mir eine absolute Individualisie-
rung meines Blickes vor. Also genau das Gegenteil dessen,
was ein Hymne will, ein kollektives Gefühl zu produzie-
ren, führt bei mir zu einer ungeheuren Vereinsamung. Ich
schaue mir die Menschen an, die singen. Und ich frage
mich, theoretisch bei denen, die ich nicht kenne, praktisch
bei denen, die ich kenne, welch eine biographische Text-
stelle bei denen vorhanden ist, wenn sie singen. Und dann
guck ich mir meine eigene Biographie an und merke, daß
dieser kollektive Versuch einer Hymne bei so vielen unterschiedlichen, auch gebrochenen Biographien ein hilfloser
Versuch ist.
      Dann gibt es Momente, und das hat mit der Melodie zu
tun, nicht mit dem Text, wo ich auch ein Gefühl des Schau-
derns und des Trauerns empfinde, weil ich weiß, daß diese

Melodie zu einer anderen Zeit auch eine Melodie war. Ich kann mit solchen Hymnen nur ganz unterschiedliche, vielschichtige, widersprechende Emotionen in mir fühlen. Ich stehe dann jedesmal da, und wenn sie zu Ende ist, bin ich relativ erschöpft.«

Als Michel Friedman Anfang Dreißig war, fragte ihn der von ihm hochgeschätzte Ministerpräsident von Hessen, ob er für das Amt des Regierungssprechers zur Verfügung stehe. Noch bevor Friedman antworten konnte, fügte der Politiker hinzu. »Michel, eins müssen Sie wissen. Wenn Sie der Regierungssprecher einer Landesregierung sind, dann erwarte ich von Ihnen, daß Sie bei der Nationalhymne mitsingen.« Friedman fragte: »Warum? Es reicht doch, daß ich stehe und damit den Respekt ausdrücke.« Der Ministerpräsident: »Nein. Dies ist eine aktive Identifikation mit Deutschland.« Friedman antwortete. »Das kann ich niemandem versprechen. So viel Geduld muß ein nichtjüdischer Ministerpräsident haben, daß er versteht, daß dies vielleicht in meinem ganzen Leben nicht möglich sein wird und ich trotzdem ein guter Staatsbürger bin. Oder daß, wenn es eines Tages kommt, es nur aus mir heraus kommen kann, aber nicht aus einer Funktion heraus. Und daß die, die singen, dem Gemeinwohl historisch wie gegenwärtig manchmal furchtbar geschadet haben, und die, die nicht singen, bessere Deutsche und Staatsbürger sind. Bis heute fällt es mir schwer, und ich kann die Worte der Hymne nicht aussprechen, was nichts mit meinem Verhältnis zu Deutschland zu tun hat.« Friedman wurde nicht Regierungssprecher.

Die jetzige Nationalhymne ist nicht stark genug, um ein gemeinsames Gefühl zu schaffen, und ihre politische Belastung hinterläßt Zweifel. Im Gegenteil, die mißverständliche und eine Zeitlang sicher auch bewußt anders gemeinte erste Strophe »Deutschland, Deutschland über alles« führt heute zur Distanzierung. So kann jeder – entsprechend seiner Einstellung und Biographie – eine besondere, persönliche Beziehung zu ihr haben. Während von Weizsäcker und Friedman ihr kritisch gegenüberstehen, der eine wegen der Außenwirkung, der andere wegen der Innenwirkung, haben Ostdeutsche einen guten Grund für positive Gefühle. Viele hatten den Text im Kopf, weil er verboten war und man damit eine Antihaltung ausdrücken konnte. Richard Schröder meint, »selbst bei der dritten Strophe des Deutschlandliedes gibt die Tatsache, daß sie zu DDR-Zeiten etwas Verbotenes war, der Sache einen anderen Akzent als für jemand, der immer daran gewöhnt war. Ich komme mir zwar selber komisch vor, daß ich diesen Vers des Deutschlandliedes nun als ein nationales Symbol betrachten soll. Das erscheint einem dann auch als zuviel des Aufhebens. Aber zu DDR-Zeiten endete damit das Programm der westlichen Sender. So verband sich damit die Erinnerung ›Wir gehören nicht dazu‹.«

Der ostdeutsche Schriftsteller Günter de Bruyn schlug in der *Zeit* als einziger vor, sich von den vorhandenen Hymnen zu verabschieden und zu der »sehr schönen« Melodie Haydns einen neuen Text zu finden, der durch ein Preisausschreiben ermittelt werden sollte. So einleuchtend die Idee auch klingen mag, so schwer läßt sie sich umsetzen. Das hatte sich schon zu Beginn der Bundesrepublik Deutschland gezeigt, als die Politiker in den ersten Jahren nach ihrer Gründung damit haderten, welche Hymne nun die der (West-)Deutschen sein solle.

Wie Günter de Bruyn wollte zuvor auch Bundespräsident Theodor Heuss für den neu gegründeten demokratischen Staat eine völlig neu gedichtete Nationalhymne einführen. Im Volk war das Lied nicht vergessen. Aber der Alliierte Kontrollrat hatte 1945 das Deutschlandlied ebenso wie das gesamte nationalsozialistische Gesangsgut verboten. Das Deutschlandlied war während des Dritten Reichs nur zusammen mit dem Horst-Wessel-Lied, dem musikalischen Markenzeichen der Nationalsozialisten, gesungen worden.

Als der Parlamentarische Rat das Grundgesetz vorbereitete, wurde zwar in einer Denkschrift auf das Problem hingewiesen, wie schade es sei, daß die »wundervolle Haydn-Melodie« fast totgeschwiegen werde. Doch das Plenum des Rates mochte das heiße Eisen nicht anfassen. Zu stark war jetzt die Abneigung gegen Rituale und Symbole, von denen das Dritte Reich nur so gestrotzt hatte. So findet sich im Grundgesetz auch kein Hinweis auf eine Nationalhymne. Viele Deutsche machten sich dennoch Gedanken, und Hunderte von dichtenden Bürgern schickten eigene Texte an das Innenministerium oder schlugen vor, das alte Deutschlandlied leicht zu verändern und die erste Zeile in »Deutschland, Deutschland *unser* alles« umzuformulieren.

Die erste Strophe stört. Dabei war sie von Heinrich Hoffmann, der aus Fallersleben stammte, ganz anders gemeint. Hoffmann war Professor in Breslau, ein Freund der Gebrüder Grimm. Er hatte sein Studium zwar nicht abgeschlossen, aber wegen seiner wissenschaftlichen Leistungen gestand ihm Preußen doch einen ordentlichen Lehrstuhl zu. Gedichte flossen nur so aus seiner Feder, und seine 1840 bei Hoffmann und Campe erschienenen »Unpolitischen Lieder« hatten ihn zu einem bekannten Mann gemacht. Denn er besaß die Gabe, genau das zu erspüren, was beim Volk ankam. Allerdings verfaßte er auch zeitkritische Gedichte, und das sollte ihm zum Verhängnis werden, denn 1842 wurde er deswegen aus dem Staatsdienst unter Wegfall seiner Pension entlassen. Kurz zuvor hatte er sich im Sommer 1841 während einer Badereise auf die britische Insel Helgoland begeben. Dort feierte er mit einer munteren Gruppe von Gleichgesinnten aus Hannover ein lautes Fest. Doch als sie abreisten und ihn einsam zurückließen, fühlte er sich »sehr verwaist«. »Und doch tat mir bald die Einsamkeit recht wohl, ich freute mich, daß ich nach den unruhigen Tagen wieder einmal auch mir gehören durfte. Wenn ich dann so wandelte, einsam auf der Klippe, nichts als Meer und Himmel um mich sah, da wurde mir so eigen zumute, ich mußte dichten, und wenn ich es auch nicht gewollt hätte.« So entstand am 26. August das Lied: »Deutschland, Deutschland über alles«. Es war keineswegs als Hymne gedacht, sondern sollte Nationalgesinnten bei Feiern als Festlied dienen. Deshalb lautete das Ende auch ursprünglich:

> Einigkeit und Recht und Freiheit
> sind des Glückes Unterpfand –
> Stoßet an, rufet einstimmig:
> Hoch das deutsche Vaterland.

Drei Tage, nachdem der Dichter sein neues Werk vollendet hatte, besuchte ihn sein Verleger Julius Campe, und als sie am Strand spazierengingen, sagte Hoffmann: »Ich habe ein Lied gemacht, das kostet aber vier Louisdor.« Sie kehrten ein und Hoffmann las das Gedicht vor. Noch ehe er es beendet hatte, legte ihm Campe stillschweigend die vier Louisdor auf seine Brieftasche.

Doch blieb der erhoffte Erfolg für Dichter und Verleger aus. Hoffmann hatte es zur Melodie von Haydn gedichtet, doch bis 1870 wurde es noch achtundfünfzig Mal vertont – immer wieder ohne Erfolg. Im Krieg gegen Frankreich

begeisterten die »Wacht am Rhein« und »Heil dir im Sie-
gerkranz«. Erst als die Reichsgründer abgetreten waren
und sich der Fürstenbund zu einem Nationalstaat zusam-
menfügte, wurde das Deutschlandlied zur Nationalhymne
– Hoffmann war inzwischen längst verstorben. Dort, wo
es entstanden war, wurde das Lied zum ersten Mal offiziell
gesungen: als Helgoland am 9. August 1890 dem Deutschen Reich zugeschlagen wurde. Aber erst elf Jahre später
wurde es auch in Gegenwart des Kaisers intoniert. Das
Lied setzte sich langsam beim Volk durch. Doch die Verbindung mit der Politik tat ihm nicht gut. Im Ersten Weltkrieg marschierten im November 1914 Tausende junger
deutscher Freiwilliger bei der Schlacht von Langemarck
mit dem Lied auf den Lippen in den Tod. Der Befehl beim
Sturmangriff zu singen, war nicht aus Vaterlandsliebe erfolgt, sondern wegen des Nebels. Durch den Gesang
konnten sich die deutschen Soldaten vom Feind unterscheiden.

Während des Hungerjahrs 1916 entstanden Parodien
auf das Deutschlandlied. Ein Soldat, der – am Dialekt un-
schwer zu erkennen – aus Mainz stammte, dichtete:

> Deutschland, Deutschland schwer im Dalles,
> Schwer im Dalles in der Welt,
> Wenn die Marmelade nit alles
> Brüderlich zusammenhält.
> Eier, Butter, Wurscht und Schinken
> Sin nur für die Reichen da,
> Nur mir arme, arme Schlucker
> Gucke zu und kreische: hurra!

Als das Hurrageschrei ein Ende hatte, war Hoffmann von
Fallerslebens Lied geschichtlich so beladen, daß es einige

Jahre dauerte, bis es doch wieder seinen Platz als National-hymne fand – um mit dem Dritten Reich erneut unterzu-gehen.

Für Theodor Heuss, den ersten Bundespräsidenten, kam deshalb auch nicht in Betracht, dieses Lied nun wieder zur Nationalhymne zu erheben. Gleichgültig, was sich seiner-zeit der Dichter dabei gedacht hatte: Das Lied war von den Nazis politisch benutzt und seiner Harmlosigkeit beraubt worden. Aber was sollte statt dessen – etwa bei sportli-chen Siegerehrungen – gespielt werden? Das wollte der Automobilclub von Deutschland wissen, als er den Gro-ßen Preis von Deutschland veranstaltete. Darüber sei noch nicht entschieden, wurde den Herren mitgeteilt. Und als der erste Bundestag zu seiner konstituierenden Sitzung zusammentreten sollte, wurde wieder vorgeschlagen, das alte Lied zu singen. Doch da drohte die sozialdemokrati-sche Fraktion mit Auszug, falls jenes Lied gespielt werde, »das zwölf Jahre lang erste Strophe des Horst-Wessel-Liedes« gewesen sei. So kamen Bach und Beethoven zu Ehren.

Kaum tagte das Parlament, stellte eine Gruppe von Ab-geordneten den Antrag, das Deutschlandlied »in seiner ur-sprünglichen Form als Bundeshymne für die Bundesrepu-blik Deutschland« einzuführen. Das Bundeskabinett war peinlich berührt und verschob die Entscheidung.

In der Zwischenzeit hatte Theodor Heuss bei einem befreundeten Staatsrechtler ein Gutachten angefordert, um herauszufinden, ob er als Bundespräsident das Recht besäße, über die Hymne zu entscheiden. Das Ergebnis entsprach nicht ganz seinen Hoffnungen. Zwar könne er entscheiden, seine Entscheidung bedürfe aber der Gegen-zeichnung der Regierung.

Während das Kabinett einen Beschluß immer weiter hinauszögerte, traf sich Heuss Anfang 1950 mit dem Dichter Rudolf Alexander Schröder, Mitbegründer des Insel Verlages, um mit ihm, einem traditionsbewußten protestantischen Humanisten, die Frage einer »Hymne an Deutschland« zu besprechen. Im Mai lag der erste Entwurf vor und der literarisch begabte Heuss prüfte jedes Wort und kümmerte sich um Verbesserungen.[129] Dann ging er daran, eine passende Melodie zu finden. Dichter Schröder hatte eine mitgeliefert, doch die fand – ebenso wie die des Komponisten Lahusen – keine Gnade. Theodor Heuss bat Carl Orff um Hilfe, doch der lehnte ab und schlug Hermann Reutter vor. Dessen Komposition entsprach schließlich den Vorstellungen von Heuss.

Während der Bundespräsident in aller Heimlichkeit an seinem Projekt werkelte, war auch Bundeskanzler Konrad Adenauer nicht untätig geblieben. Er hatte das Ohr am Volk und bereitete seinerseits eine Lösung der Frage vor. Dabei ging er weniger intellektuell als populistisch vor, aber ebenso verdeckt wie Heuss. Als Adenauer im Berliner Titania-Palast im April 1950 das Publikum scheinbar spontan aufforderte, mit ihm die dritte Strophe des Deutschlandliedes anzustimmen, erhoben sich die Vertreter der Alliierten zwar demonstrativ nicht von ihren Sitzen, und einige Sozialdemokraten verließen den Saal, doch der Berliner Bürgermeister Ernst Reuter, Louise Schroeder und Otto Suhr blieben. In Wirklichkeit hatte Adenauer seinen Vorstoß genau überlegt und geplant. Noch am Tag zuvor hatte er sich beim Berliner Abgeordnetenhaus erkundigt, ob etwas dagegen spräche, diese Strophe zu singen. Die Abgeordneten sagten eine Prüfung der Anfrage zu und hüllten sich in Schweigen. Adenauer interpretierte dieses Verhalten als Zustimmung. Hinterher überhäuften sich die Jubelbriefe aus der Bevölkerung, aber es hagelte offizielle Proteste.

Theodor Heuss erkannte, welche Gefahr dieses Vorpreschen Adenauers für seine verborgenen Umtriebe bedeutete und schrieb deshalb an den Bundeskanzler, die Bestimmung der Nationalhymne falle in seinen Bereich. Und er sei der Meinung, die Zeit sei »politisch noch nicht reif, um in dieser Frage eine Entscheidung zu treffen«.[130] Heuss befürchtete plötzlich, sein Plan würde von der Zeit ein-, wenn nicht gar überholt werden. Denn er hatte sich vorgenommen, die fertige »Hymne an Deutschland« im Anschluß an seine Silvesteransprache 1950/51 im Rundfunk ertönen zu lassen. Selbst die Chorproben für die neue Hymne fanden im geheimen statt, doch als das Lied dann am Silvesterabend verklungen war, blieb der Jubel aus. Die SPD machte den »schwäbisch-protestantischen Nationalchoral« nieder, und der Volksmund sprach bald von »Theos Nachtlied«:

Hymne an Deutschland

Land des Glaubens, deutsches Land,
Land der Väter und der Erben,
uns im Leben und im Sterben
Haus und Herberg, Trost und Pfand,
sei den Toten zum Gedächtnis,
den Lebend'gen zum Vermächtnis
freudig vor der Welt bekannt,
Land des Glaubens, deutsches Land.

Land der Hoffnung, Heimatland,
ob die Wetter, ob die Wogen
über dich hinweggezogen,

ob die Feuer dich verbrannt,
du hast Hände, die dich bauen,
du hast Herzen, die vertrauen,
Lieb und Treue halten stand.
Land der Hoffnung, Heimatland.

Land der Liebe, Vaterland,
heil'ger Grund, auf den sich gründet,
was in Lieb und Leid verbündet
Herz mit Herzen, Hand mit Hand.
Fest, wie wir dir angehören
und uns dir zu eigen schwören,
schling um uns dein Friedensband,
Land der Liebe, Vaterland.

Im Laufe des Jahres 1951 mußte Theodor Heuss erkennen, daß er mit seinem Versuch, eine neue Hymne einzuführen, gescheitert war. Der rheinland-pfälzische Kultusminister Finck ließ an den Schulen die dritte Strophe des Deutschlandliedes lernen, und auch die Landtage in Niedersachsen und Schleswig-Holstein plädierten für die traditionelle Hymne. Und der Deutsche Leichtathletikverband beschwerte sich sogar bei dem störrischen Bundespräsidenten, die Deutschen hätten durch den Krieg so viel verloren, daß man sie nicht von einem unveräußerlichen Besitz der Nation trennen dürfe. Eine Meinungsumfrage im Oktober 1951 bestätigte den Weg des Bundeskanzlers: 73 Prozent der Bundesbürger erklärten sich für und nur 9 Prozent gegen die Wiedereinführung des Deutschlandliedes. Nun drängte Adenauer seinen Widersacher, doch der zögerte. Erst im April 1952 gab Heuss sich geschlagen.

Das Deutschlandlied wurde als *Ganzes* zur Bundeshymne ernannt, »jedoch aus staatspolitischen Gründen bei staatlichen Anlässen« sollte nur die dritte Strophe gesungen werden. Die Beklemmung über das Lied ließ nie nach, so daß bei offiziellen Festlichkeiten lange Zeit nur das Kaiserquartett musiziert wurde. Wenn es erklang, brauchte das Publikum nicht aufzustehen, aber jeder wußte, was gemeint war.

Erst fünfundzwanzig Jahre später – 1979 – forderte der für seine Sangesfreude bekannte Bundespräsident Walter Scheel die Bundesbürger auf, die Nationalhymne nicht nur in Schulen wieder zu singen. Und als im Herbst 1989 den Bundestag die Meldung erreichte, die Mauer sei gefallen, standen spontan Abgeordnete fast aller Fraktionen auf und stimmten die dritte Strophe an. Es war für viele ein bewegender Augenblick, dem sich allerdings nicht alle hingeben konnten oder wollten. Und manch einer hielt seine Kritik nicht zurück. Dem Deutschlandlied gelingt es selbst in solch einem einmaligen historischen Augenblick nicht, Gemeinsamkeit herzustellen, und so scheitert die Nationalhymne als Symbol.

Wieviel staatliche Symbole braucht ein Land? Diese Frage hängt von der Geschichte jedes Staates ab. Deutschland sollte mit einem Minimum auskommen. Offenbar kann es nicht ohne Nationalhymne leben. Und das hängt gar nicht so sehr an staatspolitischen Bedürfnissen. Ein fremdes Staatsoberhaupt muß nicht mit Musik empfangen werden, schon gar nicht mit dem völlig unsinnigen Aufmarsch einer militärischen Einheit! Wer hat schon nach dem Zusammenbruch des Dritten Reiches die Nationalhymne vermißt? Die Politiker nicht, sondern die Sportverbände, die bei internationalen Wettbewerben eine Hymne spielen wollten. Dazu bedarf es aber nicht des Deutschlandliedes. Eine Musik reicht dazu aus, man benötigt keinen Text. Und um zu zeigen, daß Deutschland nicht an einem unseligen Teil seiner Geschichte hängt, sondern daß zu seiner neuen Identität unverzichtbar auch die Einbindung in Europa gehört, bietet sich eine andere Musik an. Nicht die, zu der »Gott erhalte Franz den Kaiser« oder »Deutschland, Deutschland über alles« gedichtet wurden, sondern die, die heute im Namen Europas gespielt wird: der Schluß der Neunten Symphonie (ohne das Lied von Friedrich Schiller) von Ludwig van Beethoven, der in Bonn als Sohn einer aus Brabant eingewanderten Familie geboren wurde – und in Wien starb.

Kritik an staatlichen Symbolen wird in Deutschland nur bis zu einem gewissen Grad geduldet. Denn der Staat verlangt – ganz in der alten Tradition des obrigkeitlichen Denkens – vom Bürger Verehrung und vielleicht auch ein wenig Furcht vor der Macht. Deshalb wird die »Verunglimpfung des Staates und seiner Symbole« anders als etwa in den Vereinigten Staaten mit Gefängnis bis zu drei Jahren bestraft. In den USA wurde das Sternenbanner als Protest gegen den Vietnamkrieg häufig verbrannt. Wenn Bürger ihr Mißfallen auf diese Art äußern, dann gehört dies nach einem Urteil des Obersten Bundesgerichts der Vereinigten Staaten zum Recht der freien Meinungsäußerung. Anders reagiert der Staat in Deutschland. In den achtziger Jahren wurden in erster Instanz drei Urteile gegen Autoren und deren Verleger wegen Verunglimpfung des Staates gefällt. Ein Fall betraf die folgende Parodie der Nationalhymne:

> Deutsche Türken, deutsche Pershings
> Deutscher Bigmäc, deutscher Punk
> Sollen in der Welt behalten
> Ihren deutschen Klang
> Deutsche Cola, deutsche Peepshow

Deutsche Mark und deutsche Samenbank
Solln zu edler Tat begeistern
Uns das ganze Leben lang.

In einem anderen Fall stellte eine Fotomontage das öffentliche Gelöbnis junger Wehrpflichtiger dar, bei dem jemand
auf die Bundesfahne uriniert. Die Bundesflagge werde verächtlich gemacht, so das Strafgericht, und damit werde
»Ehre und Ansehen des von ihr symbolisierten Staates und
seiner Ordnung erheblich verletzt«.[131] Und wenn die Bundesrepublik mit ihrer Staatsordnung gezielt verunglimpft
und lächerlich gemacht werde, dann gerate die freiheitliche
Grundordnung in Gefahr. Ein Lichtblick war allerdings
die Entscheidung des Bundesverfassungsgerichts in Karls-
ruhe, das die drei Entscheidungen mit der Begründung
wieder aufhob, die Urteile seien nicht mit dem Geist des
Grundgesetzes vereinbar. So hätte das Strafgericht erwä-
gen sollen, ob mit der Parodie des Deutschlandliedes und
der drastischen Darstellung der Lebenswirklichkeit »nicht
im Gegenteil den durch Hymne und Verfassungsordnung
vertretenen Idealen höhere Geltung verschafft werde«.

Deutsche, denen das Deutschlandlied Kopfzerbrechen bereitet, haben meist ähnliche Probleme, wenn sie mit den
»deutschen« Farben – Schwarz, Rot, Gold – konfrontiert
werden. Das hat sicher mit der Grundeinstellung gegen
jedes nationale Pathos zu tun, aber auch mit der Unkennt-
nis, wo die Wurzeln dieser Tradition liegen. Schwarz, Rot
und Gold werden zwar häufig als die Farben des Heiligen
Römischen Reiches deutscher Nation bezeichnet, aber das
ist eine Fehldeutung.
    Wie so viele Menschen der Nachkriegsgeneration, emp-
fand auch ich zu Schwarz-Rot-Gold kaum eine positive

Bindung. Als Deutscher, der sich kritisch mit seiner nationalen Identität beschäftigt, nehme ich eine gewisse Distanz zu allem ein, was diesen Staat symbolisiert. Doch als ich Anfang der achtziger Jahre durch Asien reiste, fiel mir zu meiner Verwunderung in Hongkong ein riesiges Werbeplakat auf, das über mindestens sechs Stockwerke an einer Hauswand angebracht war: Darauf war eine grüne Militärjacke dargestellt, wie sie von Bundeswehrsoldaten getragen wird, auf der die deutschen Farben am oberen Ärmel aufgenäht waren. Wenn ein Textilhersteller solch eine große und teure Werbung anbringen läßt, dann trifft er wohl einen Bedarf. Was aber kann junge Leute in Asien bewegen, so fragte sich der verwunderte Deutsche, speziell diese Jacke mit dem deutschen Emblem zu kaufen? Nun, sie dachten sich nicht allzu viel dabei, außer daß sie sich positiv mit dem wirtschaftlich so erfolgreichen Land identifizierten. In Hongkong war man weit weg von der deutschen Geschichte.

Mit der Begründung, daß die Farben Schwarz-Rot-Gold schon im alten Reichsschild geführt wurden und Symbol der Freiheits- und Einheitsbewegung waren, wurden sie vom Parlamentarischen Rat 1948 angenommen. Die CDU/CSU hatte sich mit ihrem Vorschlag nicht durchsetzen können, die Farben zwar beizuhalten, aber auf rotem Grund ein liegendes schwarzes Kreuz und ein darauf liegendes goldenes abzubilden. Das Kreuz war als Symbol des Abendlandes gedacht.

Wann es die erste schwarz-rot-goldene Fahne gab, ist ungewiß. Die Farben des Reiches waren es auf jeden Fall nicht gewesen.[132] Dreifarbige Fahnen wurden in Europa erst nach der französischen Revolution und der neuen Fahne Frankreichs modern. *Bleu*, *blanc*, *rouge* (Blau, Weiß,

Rot) verkörperten *liberté*, *égalité*, *fraternité* (Freiheit, Gleichheit, Brüderlichkeit). Dem Beispiel des neuen Nationalstaats wollten auch andere folgen und mit ihrer Farbkombination ihre Besonderheit ausdrücken. Als Napoleon Europa unterwarf, schlug Freiherr vom Stein dem preußischen König vor, zur Befreiung von Deutschland durch die Deutschen die Farben der Österreicher und der Preußen – Schwarz, Weiß und Gelb – zusammenzufassen. Dem König gefiel die Idee nicht. Dennoch stammt aus den Befreiungskriegen die Farbverbindung, die bald als Fahne der Patrioten in Deutschland galt.

Beseelt von den Ideen der Freiheit, die sie in einem Nationalstaat verwirklichen wollten, zogen viele junge Deutsche in den Kampf gegen Napoleon. So wie das französische Volk bei Valmy in die Schlacht gestürmt war, um die Werte der Revolution gegen den europäischen Adel zu verteidigen, so wollten die jungen Deutschen für ihre Ideale kämpfen, allerdings nicht in den herkömmlichen militärischen Ordnungen. Also ermächtigte der preußische König seinen Kavalleriemajor Ludwig Freiherr von Lützow, ein unabhängiges Freikorps aufzustellen. Es sollte Freiwillige aus allen deutschen Ländern aufnehmen. »Lützows wilde, verwegene Jagd« – wie das Freikorps später besungen wurde – kam zwar über dreitausend Mann nicht hinaus, aber in der »Schwarzen Schar« sammelten sich die großen Namen der Nationalbewegung wie der spätere »Turnvater« Friedrich Ludwig Jahn oder der Nationaldichter Karl Theodor Körner, der in Lützows Freikorps kämpfte und 1813 in Meckenburg fiel – noch nicht einmal zweiundzwanzig Jahre alt. Lützows Truppe wurde »Schwarze Schar« genannt, da die Soldaten ihre Uniform selbst wählen konnten. Allerdings mußten sie auch ihre Kleidung selber stellen. Da die meisten über kein Geld verfügten, um sich einen Rock zu kaufen, ließ sich Lützow vom König Schwarz als Farbe genehmigen. So konnte jeder seine bisherige Kleidung einfach einfärben. Rot wurden die Beschläge und dazu acht gelbe Knöpfe angenäht. Wenige Jahre später setzte sich der »Dreifarb« als Kokarde beim Wartburgfest durch, und der vierundzwanzigjährige Student August von Binzer steuerte ein Lied bei: »Stoßt an! Schwarz-Rot-Gold leben! Hurra hoch!«

Als sich die Burschenschaften ein Jahr später vereinigten, suchten sie nach einem einheitlichen Banner. Da soll ein Student aus Jena berichtet haben, die Farben des Reiches seien auch Schwarz-Rot-Gold gewesen. Und schon war die Frage entschieden. Schwarz-Rot-Gold wurde zum Symbol der Freiheit, gleichwohl noch lange nicht staatliches Symbol für Deutschland. Zwar waren 1848 die Straßen von Frankfurt mit diesen Farben geschmückt, als die Abgeordneten zur Paulskirche schritten. Doch das Schicksal des Parlaments besiegelte für lange Zeit auch das der Freiheitsfahne. Der Kaiser zog Schwarz-Weiß-Rot vor.

Als im November 1918 die Monarchie gestürzt war, begann ein Streit über die Flagge, der sogar den Sturz einer Regierung auslösen sollte. Der junge Liberale Theodor Heuss hatte sich schon im November 1918 in einem Artikel für Schwarz-Rot-Gold als die Farben des Bürgertums eingesetzt, da die Kommunisten die rote Fahne wünschten. Die aber wurde von den Sozialdemokraten abgelehnt. Andere wiederum wollten Schwarz-Weiß-Rot beibehalten, denn schließlich seien dies die deutschen Traditionsfarben: unter ihnen sei die Einheit vollzogen worden. Aber gerade die Farben des Kaiserreichs lehnten wiederum andere ab, sie seien nur das Symbol eines Obrigkeitsstaates. Nach heftigen Debatten begingen die Abgeordneten ihren wohl größten Fehler, nämlich zwei Fahnen anzuerkennen. Schwarz-Rot-Gold sollten die Reichsfarben sein, Schwarz-Weiß-Rot die Handelsflagge, deren Farben von den Nazis wiederum zu den Reichsfarben erklärt wurden.

Die Farben Schwarz-Rot-Gold bleiben im Gegensatz zum Deutschlandlied ein geschichtlich unbelastetes Symbol. Doch heute besteht das Problem der Bundesfarben darin, daß sie für all diejenigen Westdeutschen, die ihre Geschichte nicht kennen, keinen Inhalt besitzen, also nicht mehr den Freiheitsgedanken von einst verkörpern, sondern nur die Macht des Staates. Deshalb spricht Oskar Lafontaine sicher für viele, wenn er auf die Frage, ob Deutschland die richtige Fahne habe, antwortet: »Ich stand Fahnen immer sehr kritisch gegenüber. Schon in meiner Jugendzeit flatterte mir die Fahne immer zu sehr. Ich konnte sie nie an ihrem Inhalt ausmachen.«

Ostdeutsche denken da anders, zumindest wenn es nur um die Farben geht und nicht um das Emblem in der Mitte der ehemaligen DDR-Flagge: Hammer und Zirkel im Ährenkranz. »Die Fahne hat für mich durchaus einen emotionalen Hintergrund«, meint Richard Schröder, »weil dieses blöde Emblem oder ›Plemplem‹, wie wir sagten, wieder runter ist«. Es war die Fahne von 1848, die in der DDR bei den Montagsdemonstrationen mitgetragen wurde und Berlin nach der Öffnung der Mauer überschwemmte. Sie war im Verständnis der ostdeutschen Demonstranten das Symbol der Freiheit, aber auch die Fahne der Bundesrepublik. Dieses Symbol hat seinen Gehalt für die Ostdeutschen bewahrt.

Im Zeichen einer als Neuanfang verstandenen Einheit hätte sich die Bundesrepublik Deutschland 1990 neue Symbole geben können, doch bei der Hymne hat sie darauf verzichtet, bei den Bundesfarben war es nicht notwendig. Auch ein neuer Staatsname mußte nicht festgelegt werden. Denn die Länder der ehemaligen DDR traten der Bundesrepublik bei. Dennoch fragte die *Zeit* danach und erhielt zahlreiche Vorschläge für den Staatsnamen: von *Deutscher Bund* (Peter Wapnewski) über *Deutsche Republik* (Antje Vollmer), *Demokratische Republik Deutschland* (Hans Modrow) bis hin zu *Deutschland* (Rolf Hochhuth, Theodor Eschenburg, Martin Walser, Manfred von Ardenne); die Mehrheit der Befragten zog das schon Bestehende vor – *Bundesrepublik Deutschland* (Rainer Barzel, Kurt Biedenkopf, Ralf Dahrendorf, Alfred Grosser, Ernst Nolte, Fritz Stern, Manfred Stolpe u. a.).

Eine selbstbewußte Republik hätte sich ganz schlicht Deutschland nennen können. »Deutschland, Deutschland« rufen zwar die Rechtsradikalen, aber soll man sich von dieser extremistischen Minderheit, in der Umgangssprache »Dumpfdeutsche« genannt, den Namen des Landes verderben lassen? So selbstbewußt sind die Bürger Deutschlands noch nicht. Viele verwenden heute noch lieber den Begriff Bundesrepublik, wenn sie von Deutschland sprechen. Gegen Deutschland sträubt sich ihr Gefühl, Deutschland kommt ihnen wegen seiner Vergangenheit immer noch schwer über die Lippen. Zu einer Republik, zu einem Bund können sie sich leichter bekennen: Unter »Republik« versteht man eine demokratische Staatsform, hinter dem Wort »Bund« verbirgt sich das föderale System im Gegensatz zum allmächtigen Zentralstaat. Dagegen steht »Deutschland« noch nicht für gute Errungenschaften. Für eine positive Tradition sind fünfzig Jahre zu kurz.

Über ein bestimmtes Symbol mußte die Bundesregierung allerdings entscheiden: Auf welches Datum sollte das vereinte Deutschland seinen Nationalfeiertag legen? Bisher galt im Westen der 17. Juni als »Badetag«. Als Feiertag war er verkommen. Selbst die deutschen Botschaften luden Ende der achtziger Jahre in ihrem Gastländern nicht mehr zum »Tag der Einheit«, zum offiziellen Staatsfeiertag ein, sondern zum angeblichen Verfassungstag am 23. Mai – dem Datum, an dem das Grundgesetz 1949 in Kraft getreten war. Kein Wunder, daß der Tag der Einheit abgeschafft wurde, als die Einheit kam. Diese Unsicherheit im Umgang mit sich selbst entspricht der deutschen Wirklichkeit.

Feiertage haben ihren Sinn. Allerdings müssen sie richtig ausgewählt sein. Wie bei all den staatlichen Symbolen und Ritualen liegt die Bedeutung solch einen Tages darin, an ein historisches Ereignis zu erinnern. Die Erinnerung soll dazu beitragen, die Gemeinschaft zusammenzuführen. Das gelingt aber nur in selten.

Zur Kaiserzeit feierte Deutschland den 2. September, denn an diesem Tag »hat die Hand des lebendigen Gottes so sichtbar und kräftig in die Geschichte eingegriffen, daß es dem Volke gerade bei diesem Gedenktage am leichtesten in Erinnerung zu bringen sein wird, wie Großes der Herr an uns getan hat«,[133] verkündeten die Protestanten, die nach 1870 den zögernden Kaiser dazu drängten, einen deutschen Nationalfeiertag zu verordnen. Das liberale deutsche Bürgertum fühlte sich nach der Reichsgründung so siegreich, daß es sein Selbstbewußtsein feiern wollte. Am 2. September 1870 war der französische Kaiser Napoleon III. bei Sedan in deutsche Kriegsgefangenschaft geraten. Das schien ein geeignetes Datum zu sein.

Der »Sedantag« wurde eingeführt, aber er einte das Volk nicht, sondern er trennte. Unter Katholiken hieß er bald »Sankt Sedanstag« oder gar »Satanstag«. Und der Großherzog Friedrich von Baden bat den Kaiser, lieber den Tag, an dem das Reich gegründet worden war, zu begehen. Aus

Anlaß des fünfundzwanzigsten Sedantages 1895 erhob Kaiser Wilhelm II. beim Festmahl im königlichen Schloß das Glas und wetterte gegen »jene Rotte von Menschen«, die »nicht wert sind, den Namen Deutscher zu tragen«. Er meinte die Sozialdemokraten. Die hatten am Tag zuvor ein Verbrüderungstelegramm an die Genossen in Frankreich geschickt. Zu Beginn des zwanzigsten Jahrhundert begann die Begeisterung für diesen Tag zu erlöschen. Die Erinnerung an die Schlacht war nur ein Strohfeuer gewesen.

Wie ungeheuer gefährlich ein an geschichtliche Ereignisse erinnernder Feiertag wirken kann, zeigt die Symbolkraft des 12. Juli in Nordirland. Er ist für die Protestanten sehr wichtig. An einem 12. Juli hat König Wilhelm im Jahr 1690 am Fluß Boyne die entscheidende Schlacht gegen die Katholiken gewonnen. Seitdem begehen Zehntausende von Mitgliedern des Oranierordens dieses Ereignis mit Märschen in den Wochen vor und an diesem Feiertag. Besonders umstritten ist der Marsch von Portadown, da er durch ein katholisches Viertel führt und es dadurch zu heftigen Auseinandersetzungen kommt. Der irisch-katholische Schriftsteller Colm Tóibín beschreibt seine Bedeutung so: »Der 12. Juli ist ein Festtag für Familien und Nachbarschaft. Am Abend, manchmal schon am Vorabend, gibt es überall in kleinen Sälen Tanzveranstaltungen. Es ist der Tag, an dem protestantische Liebesgeschichten beginnen. Aber in bestimmten Gegenden haben diese Märsche auch eine häßliche, verlogene Seite. Dann geht es um Macht, dann soll klargestellt werden, wem Nordirland wirklich gehört …«[134]

Wenige Länder haben mit ihren Nationalfeiertagen solchen Erfolg wie die Vereinigten Staaten. Der 4. Juli erinnert an einen gelungenen Krieg für die Unabhängigkeit und heißt deshalb auch heute noch im ganzen Volk »Independence Day« – Unabhängigkeitstag. Zweimal war dieser Tag als Symbol nationaler Einheit in Frage gestellt: Während der 1860er Jahre tobte der Bürgerkrieg zwischen Nord und Süd, und hundert Jahre später veranstalteten die Gegner des Vietnamkrieges große Demonstrationen, um die öffentlichen Feierlichkeiten am 4. Juli zu stören. Doch beide Ereignisse haben diesem Feiertag nicht seinen einenden Charakter genommen. Ähnlich wirkt der Thanksgiving Day im November, der eine weitaus größere Bedeutung hat als das europäische Erntedankfest. Wenn der gefüllte Truthahn auf den Tisch kommt, dann drücken alle »Boat People« – vom ersten Puritaner bis zum eben gelandeten Vietnamesen – ihren Dank dafür aus, daß sie eine neue Heimat gefunden haben.

Auch der Nationalfeiertag der Franzosen, der 14. Juli, an dem die Bastille, das verhaßte Gefängnis, 1789 gestürmt worden war, wirkt nach außen als Festtag der ganzen Nation. Da wird der Revolution und ihrer Werte gedacht. Wer jemals an diesen Tagen in Frankreich war, der erlebte ein großes Freudenfest. Von der Nacht des 13. wird in den Feiertag hineingetanzt, es wird gegessen, getrunken und ein Feuerwerk abgebrannt. Doch ein wirklich einendes Fest ist auch der 14. Juli nicht. Denn die Revolution und ihre Folgen sind in Frankreich immer noch umstritten. Deshalb dauerte es fast hundert Jahre, bevor dieser Tag zum Nationalfest erhoben werden konnte: Das geschah erst 1880. Und selbst mehr als zweihundert Jahre nach dem Sturz des Königreichs können die Revolution und ihre Folgen im Volk Gräben aufreißen.

Das Beispiel der Nachfahren eines der Erstürmer der Bastille zeigt, wie weit die Ablehnung der Revolution in französischen Familien über Generationen weitergetragen werden kann. Xavier Hindermeyer war ein junger Kunst-schreiner, der seinen Betrieb in der Nähe der Festung Bastille betrieb. Und so kam es, daß er zu denen gehörte, die am 14. Juli 1789 die Bastille erstürmten. Später ernannte Napoleon all jene, die bei diesem revolutionären Akt teilgenommen hatten, zu Rittern der Ehrenlegion. Doch Xavier, ein gläubiger Katholik, hatte inzwischen Gewissensbisse und sagte dem Kaiser ab: »Nicht nur ich verzichte auf die Ehrenlegion, sondern die sieben mir nachfolgenden Generationen werden keine französischen Orden annehmen, sondern nur die des Papstes, um wiedergutzumachen, was die Revolution der Kirche angetan hat.« Und bis zum sechsten direkten Nachfahren haben alle Hindermeyers standgehalten, obwohl manche von ihnen hohe Positionen erreichten. Der siebte Nachfahr? Er ist erst Anfang Zwanzig.

Welchen Feiertag also für die vereinte Bundesrepublik? Es ist der 3. Oktober geworden, aber in diesem Datum steckt wenig Kraft. Oskar Lafontaine meint, die Entscheidung für den 3. Oktober sei zwar als Ausfluß der jüngeren Geschichte gerechtfertigt, aber jeder könne da eine andere Auffassung haben: »Für mich ist der Inhalt wichtig, der sich mit solch einem Tag verbindet. Mit dem französischen Nationalfeiertag verbinde ich die Ziele der Aufklärung, Freiheit, Gleichheit, Brüderlichkeit. Ein deutscher Tag, an dem wir uns zu den Werten der Demokratie bekennen – zur Freiheit, zur Gleichheit, zur Brüderlichkeit –, das ist ein wichtiger Tag. Aber wenn da noch etwas anderes dazwischen ist, wie ›nun sind wir endlich wieder eine Nation geworden im aufkommenden Europa‹, dann sehe ich das nicht als vorrangig an.«

Der 3. Oktober ist der Tag, an dem die Vereinigung der

ostdeutschen Länder mit der Bundesrepublik rechtlich vollzogen worden ist. Aber für den einzelnen ist die Einheit zu jeweils anderen Daten zustande gekommen. Die heutige Bedeutung des 3. Oktober liegt sicher auch darin, daß er jedes Jahr in einem anderen Bundesland gefeiert wird, und damit der Gedanke des Föderalismus mehr gepflegt wird als der des Einheitsstaates.

An der »Erfindung« des 3. Oktober ist auch Wolfgang Schäuble, damals Innenminister in Bonn, beteiligt gewesen, deshalb ist er befangen, wenn ihm die Frage gestellt wird, ob Deutschland den richtigen Nationalfeiertag besitze: »Er ist ein neuer Nationalfeiertag, an den man sich lange gewöhnen muß. Er ist gut im Hinblick darauf, daß er ein Konstrukt ist, und uns der 9. November, der sich eigentlich aufgedrängt hätte, nicht zur Verfügung stand, weil er so kompliziert ist. Das Witterungsargument des Bundeskanzlers, daß die Leute am Nationalfeiertag auch spazierengehen können, ist sicherlich auch ein Grund, aber nicht so zentral. Wenn wir gesagt hätten, wir halten am 17. Juni fest, hätte es sofort Streit mit den Sozialdemokraten gegeben. Aber ein Nationalfeiertag ohne Konsens geht nicht.« Die Wahl des bisher als »Tag der deutschen Einheit« gefeierten 17. Juni belegt, wie sehr sich die Politiker bei der Bestimmung eines Feiertags irren können, wenn sie damit eine zu aktuelle politische Frage verbinden. Am 17. Juni 1953 kam es in der DDR zu einem Volksaufstand, wie später in Ungarn oder in Prag, nur mit dem Unterschied, daß die Aufständischen neben der Freiheit auch die Einheit des geteilten Landes forderten. Die Revolte wurde von den Sowjets und der Volkspolizei niedergeschlagen. Etwa fünfzig Menschen kamen bei den Straßenkämpfen ums Leben, vielleicht zwanzig Aufständische wurden von russischen Soldaten an Ort und Stelle exekutiert – wie übrigens auch vierzig Sowjetsoldaten, die sich weigerten, in die Menge zu schießen.

Im Bundestag in Bonn stellte die SPD unmittelbar nach der Gedenkfeier für die Toten des Aufstands den Antrag, den 17. Juni zum »Nationalfeiertag des deutschen Volkes« zu erheben. Einen solchen gab es noch nicht, da sich die Politiker damit genauso schwer taten wie zuvor mit der Nationalhymne. Die SPD dachte bei ihrem Gesetzentwurf nicht so sehr an die Nation, sondern an den wenige Wochen später anstehenden Wahlkampf. Die Sozialdemokraten waren stolz auf die Arbeiter, die den Mut zum Aufstand für Einheit und Freiheit aufgebracht hatten. Bundeskanzler Konrad Adenauer zögerte, doch der SPD-Abgeordnete Herbert Wehner kämpfte in der ihm eigenen hartnäckigen Art und setzte sich durch. Schon am 3. Juli, knapp drei Wochen nach dem Volksaufstand, beschloß der Bundestag, den 17. Juni als »Tag der deutschen Einheit« einzuführen, ohne aber den Begriff »Nationalfeiertag« zu verwenden.

Für die Bevölkerung lag das Datum gerade richtig: »Jeder benutzt den freien Tag, nimmt seinen PKW oder sein Motorrad und rattert in die freie Natur; aber an die Menschen in der Ostzone wird in keiner Weise gedacht. Wir sind satt geworden, und Sattsein macht stumpf und träge«, klagte nur zwei Jahre später der FDP-Abgeordnete Becker.[135] Der Bundestag trat nun jährlich zu einer Feierstunde zusammen. Doch während der Großen Koalition von Union und SPD waren sich die beiden großen Parteien einig, daß dieser Tag überflüssig sei. Er wäre auch abgeschafft worden, hätten nicht die Gewerkschaften protestiert: aber nicht der Freiheit oder Einheit wegen. Dies war schließlich ein bezahlter freier Tag. Und solchen sozialen Besitzstand wollten die Arbeitnehmer nicht mehr hergeben. So schaffte der christdemokratische Kanzler Kurt

Kiesinger 1968 wenigstens die Feierstunde im Bundestag
ab. In Politik und Wissenschaft war die Bedeutung des 17.
Juni in den sechziger Jahren umgedeutet und zum Symbol
für die Forderung nach einem »besseren« Sozialismus stilisiert worden. Auch hier wurde die Geschichte zugunsten
der politischen Lage umgeschrieben. »Ereignisse und Ansprüche, die auf das Verlangen nach Wiedervereinigung hin-
weisen könnten, wurden systematisch ausgeblendet (...)«,
so Klaus Schroeder vom Forschungsverbund SED-Staat
der FU Berlin: »Gerade zeitgeschichtliche Forschung trug
damit zur Legitimierung einer fortbestehenden deutschen
Zweistaatlichkeit bei.«[136] Die Umdeutung der Geschichte
fand rasch Anklang in der westdeutschen Bevölkerung, die
gern das Argument aufgriff, die Arbeiter in der DDR hätten am 17. Juni nur für höhere Löhne gestreikt, und unter
diesen Umständen sei es gerechtfertigt, auf das Motorrad
zu steigen und baden zu fahren.

Als der Sozialdemokrat Willy Brandt Kanzler wurde,
störte der 17. Juni seine Politik des Dialogs. Der Feiertag
sei absurder Krampf. Aber jetzt lag die Union wieder im
Machtkampf mit der SPD, und sie verhinderte die Abschaffung dieses Feiertages.

Im Osten hat die Niederschlagung des Aufstands am 17.
Juni für lange Zeit den Mut zur Kritik gedämpft. Doch
1953 steht in direktem Zusammenhang mit den Jahren
1848, 1918 und 1989. Aus diesem Grund, meint Joachim
Gauck, hätten die Deutschen »die Geduld haben müssen,
den Tag noch stehen zu lassen und ihn mit neuem Leben
zu erfüllen. Denn heute wissen wir, nachdem die Quellen
der SED und der Staatssicherheit zugänglich sind, daß der
17. Juni nicht nur ein Kampf um Normen war, wie vielfach
behauptet wurde, sondern grundsätzliche Forderungen
nach Demokratie und Freiheit zum Ausdruck gebracht

wurden. Nur ist der 17. Juni irgendwann nach rechts ge-
rückt, in den westlichen Antikommunismus. Der hat die
Deutschen dann ein bißchen getrennt.«

Als Nationalfeiertag sind einige besondere geschichtliche
Daten vorgeschlagen worden. Der 8. Mai als Tag des
Kriegsendes: Für die einen bedeutet er die Befreiung, für
die meisten aber die Niederlage und für Millionen die Vertreibung aus der Heimat. Am 8. Mai 1949 wurde allerdings
auch das Grundgesetz vom Parlamentarischen Rat beschlossen. Doch gilt der 23. Mai als Verfassungstag; an diesem Tag trat das Grundgesetz in Kraft – allerdings nur für
den westlichen Teil der Republik. Am 20. Juli könnten die
Deutschen den Widerstand gegen die Diktatur feiern,
wenn damit auch alle anderen Widerstandsleistungen,
etwa der einfachen Frau, die eine jüdische Freundin versteckte, bis hin zur Weißen Rose, gemeint wären. Aber da
die Deutschen immer noch darüber streiten, wie sie die
Widerständler des 20. Juli einstufen sollen: als Helden, die
einen Diktator töten wollten, oder als Hochverräter, die
den Eid auf den Führer brachen, läßt sich mit diesem Datum keine vereinende Idee verbinden.

So bleibt der 9. November. Wie kein anderer Tag ist er
geeignet, an die deutsche Geschichte zu erinnern. Er wäre
kein Jubeltag wie der 4. Juli für die Vereinigten Staaten von
Amerika oder der 14. Juli für Frankreich. Aber am Tag, an
dem die Deutschen sich auf ihren Nationalstaat besinnen,
gilt es zu feiern und zu trauern. Die deutsche Geschichte
besitzt keinen eindeutigen Unabhängigkeitstag und auch
keinen Tag, an dem große aufklärerische Gedanken und
Werte festzumachen wären. Die deutsche Geschichte ist
anders verlaufen. Damit müssen die Deutschen fertig werden. Der 9. November paßt zur deutschen Geschichte mit

all ihren Höhen und Tiefen. Er beinhaltet Jubel und Scham, Freude und Nachdenklichkeit:

– Jubel bei der Öffnung der Mauer am 9. November 1989. Stolze Erinnerung daran, daß es dem Volk gelungen ist, eine Diktatur zu stürzen, und daß es deutschen Politikern gelang, die Einheit der Nation im Einklang mit den Weltmächten und ohne Waffengewalt herbeizuführen;

– Scham in der Erinnerung an die Reichsprogromnacht vom 9. November 1938. Scham, daß das deutsche Volk weitgehend schweigend hingenommen hat, wie die Nazis ihre brutale Gewalt an deutschen Bürgern jüdischen Glaubens ausließen; überdies wurde am 9. November 1918 die erste deutsche Republik ausgerufen und zwei Tage später die Kapitulation Deutschlands im Ersten Weltkrieg unterzeichnet. Dieses Datum markiert den Umbruch vom Kaiserreich, das zur Weltmacht aufsteigen wollte, in eine Demokratie, die zu schwach war, um zu überleben.

Diese Vermischung positiver wie negativer Ereignisse mache den 9. November so kompliziert, meint Wolfgang Schäuble. Und Joachim Gauck fürchtet, »daß die Deutschen sich dann wieder an diesem Tag in Fraktionen aufteilen. Die Linken nehmen den 9. November als Gedenken an die sogenannte Reichskristallnacht und schlagen gerade an diesem Tag verschärft auf das konservative Deutschland ein, das immer noch nicht richtig bekannt und benannt hat, ›was für Schweine‹ wir sind. Und die anderen sagen dann, das war doch so toll, als die Mauer fiel. Und das ist auch toll, denn wir Deutschen können stolz darauf sein, daß wir eine eigene Freiheitstradition erhalten und die Unterdrückten endlich ›Wir‹ gesagt haben.«

Im 9. November liegt eine große Chance. Die Deutschen könnten durch die Erinnerung an die verschiedenen

Ereignisse, die an diesem Datum zu verschiedenen Zeiten stattfanden, lernen, sich mit den Brüchen in der Vergangenheit auseinanderzusetzen, sie als geschehen zu akzeptieren, daraus die Lehren für die Zukunft zu ziehen und damit zu leben.

Im 3. Oktober und der an diesem Tag erfolgten deutschen Vereinigung sieht mancher das Datum, das die Nachkriegszeit beendet. Im Blick nach außen mag das so sein. Im Inneren sieht es anders aus. Das hat nicht nur die Aufregung um Goldhagens Thesen im Jahr 1996 und um die Wehrmachtsausstellung 1997 gezeigt. Es wird noch Jahrzehnte dauern, bis die jüngste Vergangenheit nur noch ein Teil unserer Geschichte ist – falls dies überhaupt gelingt. Das wird erst möglich sein, wenn sich die kollektive Identität durch die Lehren aus dieser Vergangenheit verändert hat. Jetzt, selbst mehr als ein halbes Jahrhundert nach der Befreiung der Überlebenden aus den Konzentrationslagern und dem Ende des Krieges, streiten sich sogar engagierte deutsche Demokraten untereinander darum, wie das Gedenken an die Opfer öffentlich behandelt werden soll.

Seit Jahren läuft in Deutschland ein Streit um eine zentrale Gedenkstelle in Berlin für die ermordeten Juden. Und auch der Gedenktag »für die Opfer des Nationalsozialismus«, den Bundespräsident Roman Herzog nach Rücksprache mit Bundeskanzler, Parlament und Ministerpräsidenten, einundfünfzig Jahre nach der Befreiung des Konzentrationslagers Auschwitz durch die Rote Armee auf den 27. Januar legte, hat gleich im ersten Jahr seines Bestehens leise Kritik ausgelöst. Zunächst war der Gedenktag kaum wahrgenommen worden, weil Roman Herzog seiner Entscheidung keine öffentliche Aussprache vorausgehen ließ, sondern die politische Vorbereitung dafür fast hinter verschlossenen Türen führte. Deshalb zeigte der

Gedenktag auch keine große Wirkung. Zwar halten fast zwei Drittel der Deutschen einen »Holocaust«-Gedenktag für sinnvoll; aber weshalb er gerade am 27. Januar stattfindet, ist 78 Prozent der Deutschen schleierhaft.[137] Und weil der Bundespräsident beim ersten Begehen dieses Tages reden sollte, mußte die Feier auf den 19. Januar vorverlegt werden. Roman Herzog hatte für den 27. einen Staatsbesuch in Afrika geplant.

Die Verbindung dieses Datums mit dem Gedenken an alle Opfer des Nationalsozialismus verlangt großzügiges Denken. Denn es bietet sich an, die Befreiung von Auschwitz auf das Gedenken an den Holocaust zu beschränken. Und das tun all jene, die vom Holocaust-Gedenktag sprechen. Das allein aber ist er nicht. Der 27. Januar steht als Symbol für viele andere Tage, Auschwitz für viele andere Orte des Leidens. So schreibt Renate Lasker-Harpprecht, die Auschwitz überlebte: »Mein Befreiungstag war der 27. Januar nicht. Meine Schwester, die Mitglied des Lagerorchesters war, und ich – dank vieler Wunder am Leben – wurden mit einem der ersten Transporte von Auschwitz-Birkenau nach Westen verfrachtet. Wir überstanden den Hunger, den Durst, die Typhusepidemien von Bergen-Belsen. Am 15. April rollten britische Panzer vors Lagertor. Wir waren frei.«[138] Und dennoch hält sie die Entscheidung für den 27. Januar für richtig – »und allemal besser als ein monströses Monument, mit dem das Entsetzen unter Tonnen von Stahl oder Stein begraben wird«.

Die Opfer des Nationalsozialismus waren in erste Linie Juden, aber auch politisch Verfolgte, Roma und Sinti, Homosexuelle und Deportierte, Flüchtlinge und Vertriebene, Bombenopfer und ausländische Kriegsgefangene, Soldaten und Widerständler. Auch ihrer wird an diesem Tag gedacht. Das aber heißt, daß derjenige, der etwa der Leidenserfahrung der Vertriebenen gedenkt, das Leiden der Juden nicht ausschließen darf. Wer der Morde an den Juden gedenkt, der darf seine Trauer nicht nur auf den Holocaust beschränken. Doch es fällt vielen Deutschen schwer, sich anderen zu öffnen. Sie lieben es, ihr jeweils eigenes Anliegen als das einzig richtige hochzuhalten. Sie parzellieren und grenzen Leidenserfahrungen aus, ohne zu bemerken, daß ihr Denken blockiert ist. »Die Folge dieser Blockade – die einer Verweigerung des erinnernden Mitempfindens gleichkommt – ist eine ganz bewußt vorgenommene Verengung des Gedenkens, die nicht mehr tröstet, sondern verletzt und nicht selten als eine Form ›fanatischen Gedenkens‹ ausschließlich für die ›eigenen Opfer‹ wahrgenommen wird«, meint Peter Steinbach, wissenschaftlicher Leiter der Gedenkstätte Deutscher Widerstand Berlin.[139]

Es ist erstaunlich, daß es den Deutschen nicht gelingt, das richtige Maß zu finden. Wie in keinem anderen Land der Welt haben sich die Bürger mittlerweile so mit ihrer belastenden Geschichte befaßt. Daher könnte man fünfzig Jahre nach dem Krieg erwarten, daß sich im Bewußtsein eines jeden die Maßstäbe dafür festgesetzt haben, wer zu den Opfern, wer zu den Tätern gehört, und daß es keinen Zweifel darüber gibt, wessen am 27. Januar gedacht wird.

Doch schon im zweiten Jahr des Gedenkens kam es zum Eklat, als der Präsident des Berliner Abgeordnetenhauses Haase dazu aufrief, auch jene Opfer zu würdigen, »die zuvor Täter waren oder später zu Tätern wurden«. Der Vorsitzende des Zentralrats der Juden in Deutschland Ignatz Bubis distanzierte sich von diesen Worten; er wolle am Tag der Opfer nicht auch jener gedenken müssen, die seinen Vater getötet hätten – selbst wenn diese Täter vielleicht selbst Opfer des Bombenkriegs geworden seien. Sämtliche

Fraktionen des Berliner Abgeordnetenhauses stellten sich hinter Bubis, auch die Union, der Haase angehört. Haase entschuldigte sich. Seine Worte beruhten auf einem »Mißverständnis«. Mit Opfern, die vorher oder nachher Täter waren, habe er nicht etwa SS-Soldaten, sondern zum Beispiel Soldaten aus Strafbataillonen oder verfolgte Kommunisten im Sinn gehabt. Ebenso habe er an Täter gedacht, die später in den Widerstand gegangen sind. Weil CDU und SPD in Berlin eine große Koalition bilden, versuchte die SPD nicht, den CDU-Mann Haase von seinem Amt zu stürzen. Hätten die Machtverhältnisse anders ausgesehen, wäre Haases Umgang mit der Vergangenheit ein Fall für die aktuelle Machtpolitik gewesen.

Die neunziger Jahre werden zum Jahrzehnt der Gedenktage und Denkmale, so wie die achtziger das Jahrzehnt der Grundsatzreden zur Geschichte waren. Die Deutschen sind sich darin einig, daß Erinnern notwendig ist. Aber wie das geschehen soll, darüber herrscht Streit. In Deutschland haben nachdenkliche Künstler in den vergangenen Jahren Anti-Denkmäler errichtet und damit gezeigt, daß auch die bildende Kunst an dem Erinnern nicht vorbeigehen kann. Damit bewirken sie eine geistige Auseinandersetzung der Bürger mit der Geschichte, denn nicht nur die Form ihrer Projekte fordert Nachdenken. Schon allein die Tatsache, daß solche Anti-Denkmäler errichtet werden sollen, führt zu heftigem Streit zwischen Befürwortern und Gegnern in der jeweiligen Gemeinde.

In Kassel baute 1987 Horst Hoheisel einen 1908 von einem jüdischen Bürger gestifteten, 1939 von den Nazis zerstörten Brunnen nach und versenkte ihn umgekehrt im Boden. Das Kasseler »Denkloch« soll die Erinnerung an das Geschehen in der Öffentlichkeit wachhalten. Und Jochen und Esther Gerz errichteten in Harburg eine zwölf

Meter hohe Bleisäule, ein »Mahnmal gegen den Faschismus«. Die Betrachter wurden aufgefordert, ihren Namen in das Blei zu ritzen und sich so gegen den Faschismus zu bekennen. Bis zu den jeweils eingetragenen Namen verschwand das Mahnmal langsam im Boden, bis die Säule schließlich nach sieben Jahren völlig versenkt war.

Im Mai des Jahres 1999 wird in Berlin wieder einmal ein Bundespräsident gewählt. Und zu diesem Zeitpunkt wollen Bundestag und Bundesregierung ihre Arbeit von Bonn in die Bundeshauptstadt verlegen. Dort hat Bundeskanzler Helmut Kohl schon die Neue Wache mit einer großen Statue von Käthe Kollwitz zur Nationalen Gedenkstätte auserwählt. Sie erinnert an alle Opfer des Krieges. Um aber besonders auch der Opfer des Holocaust zu gedenken, soll ein Mahnmal für die ermordeten Juden Europas in der Nähe des Reichstags auf einem großen, vom Staat zur Verfügung gestellten Gelände errichtet werden. Der Streit darum hält schon zehn Jahre an. Das Ausland sieht es mit Verwunderung und Unverständnis.

Es ist notwendig, ein solches Mahnmal zu errichten. Denn nicht jeder wird es über sich bringen, seinen Kranz an der Neuen Wache niederzulegen. Dennoch meint Ignatz Bubis ganz gelassen: »Das Berliner Mahnmal wird vielleicht die gleiche Rolle spielen wie die Beethoven-Büste oder wie das Kaiserdenkmal oder was auch immer. Am Kaiserdenkmal, am Beethoven geht man täglich vorbei, an diesem Mahnmal kann man ebenfalls täglich vorbeigehen, (…) für künftiges Gedenken werden die Orte des Geschehens eine Rolle spielen.«[140] Da trifft Bubis einen wunden Punkt: Für den Erhalt der Orte des Geschehens, der Konzentrationslager, wird nämlich wenig getan. Doch gerade dort erfahren die nachfolgenden Generationen, an welche

Greueltaten es sich zu erinnern gilt. Und dem Ort des Geschehens wird es besser als einem Mahnmal gelingen, die hier gesammelten Erfahrungen durch die gleichzeitig empfundenen Gefühle unvergeßlich zu machen. Orte des Geschehens – und damit der Erinnerung – sind aber nicht nur die Konzentrationslager. In jeder deutschen Gemeinde, in der es jüdische Schulen, Synagogen und Kulturstätten gab, kann ganz sachlich an den einstigen Alltag erinnert werden. Michel Friedman: »So daß jeder, der auch in fünfzig Jahren durch Hamburg läuft, durch Frankfurt läuft, auf solch eine Plakette stößt und sagt, stell dir mal vor, hier war 'ne jüdische Schule.«

Vielleicht hat das Berliner Mahnmal doch eine größere Bedeutung als das Kaiserdenkmal oder die Beethoven-Büste. Das sieht selbst Bubis ein, wenn er sein persönliches Schicksal betrachtet: »Ich hatte lange nur eine Annahme, die inzwischen zur Gewißheit geworden ist, daß mein Vater in Treblinka umgebracht wurde. Ich war zehnmal in Polen, ohne daß ich nach Treblinka gegangen bin. Ich war sechsmal in Auschwitz, ich war sechsmal in Majdanek, nur der Weg nach Treblinka, der fiel mir schwer. Sicher, es gab immer einen objektiven Grund, warum ich nicht hingegangen bin, bis ich einmal doch da war. Das liegt mittlerweile sechs Jahre zurück. Ich war seitdem nicht wieder dort. Und ich weiß nicht, ob ich dort wieder hingehen werde. Ich kann es nicht. Da kann dieses Holocaust-Mahnmal helfen, das an alle Holocaust-Toten erinnert, an meinen Bruder, meine Schwester und meinen Vater und viele andere Verwandte.« Und um sich an ihre toten Angehörigen zu erinnern, so Bubis, werden seine Nachfahren leichter zum Berliner Mahnmal fahren, als nach Treblinka gehen, »wo ihr Großvater umgebracht wurde, (…) das kann man nicht«.

In der Unfähigkeit der Deutschen, sich auf dieses Mahnmal zu einigen (Böswillige nennen es, wegen des anhaltenden Streits auch unter den Befürwortern, ironisch »Betroffenheitsinsel«), steckt, so meint Salomon Korn, der Gedenkstättenbeauftragte des Zentralrats der Juden in Deutschland, das deutsche Dilemma: »Errichten sie – aus welchen redlichen Gründen auch immer – kein Holocaust-Mahnmal, wird man ihnen vorhalten, sie wichen dem notwendigen öffentlichen Erinnern und Mahnen an die Verbrechen der Nationalsozialisten aus. Bauen sie ein ›opferzentriertes‹ Holocaust-Mahnmal, wird man ihnen vorwerfen, sie identifizierten sich mit den Opfern und gingen der notwendigen Auseinandersetzung mit den Tätern und den Taten aus dem Wege.«[141] Diesen Vorwurf machen sich die Deutschen selbst. Für das Mahnmal soll am 27. Januar 1999 der Grundstein gelegt werden, am Tag der Befreiung von Auschwitz. Doch schon den Tag des Gedenkens hält Eva-Elisabeth Fischer in der *Süddeutschen Zeitung* für verräterisch, denn die Wahl dieses Datums »belebt die Lüge, ganz Deutschland sei ein Opfer des Nationalsozialismus gewesen und dürfe sich, zumal nun demokratisch gewandelt und gereift, an die Seite der Opfer stellen«.[142] Aber, so stellt man sich verwundert die Frage: Kann ein Kollektiv wie Deutschland Opfer sein – oder Täter? Wir sprechen zwar von einer kollektiven Identität. Aber sie steht nicht allein, sondern im Zusammenhang mit einer individuellen Identität. Es sei daran erinnert, daß eine Person aus Notwendigkeit Mensch ist und erst in zweiter Linie Deutscher. Opfer oder Täter kann er nur als Mensch sein, nicht aber als jemand, der von einer nationalen Identität geprägt ist. Der Hintergrund der »Lüge« ist offensichtlich eine Flucht: Wer sich selbst zu den Opfern zählt, der entflieht aller Schuld.

Nun klingt die Behauptung absurd, Deutschland sei ein Opfer des Nationalsozialismus. Kann sich denn ein ganzes Land ohne weiteres zum Opfer erklären, ohne es zu sein? Dies geschieht höchstens spontan aus einem immensen Gefühl der Unsicherheit heraus, wenn man nicht weiß oder wissen will, was wirklich war.

Erinnern heißt wissen

Als er Verteidigungsminister war, hat sich Helmut Schmidt gesagt, wer Berufsoffizier in der Bundeswehr, der Armee einer demokratischen Republik, werden will, dem muß entsprechendes Wissen vermittelt werden, damit die Offiziere im Fall einer politischen Krise sich für die Demokratie einsetzen und geistig besser gerüstet sind als die Offiziere der Reichswehr. Denn viele Offiziere und Generäle im Dritten Reich haben mit der Diktatur paktiert und am Völkermord mitgewirkt. Helmut Schmidt beschloß, jeder Offiziersanwärter müsse einen Hochschulabschluß vorlegen. Deshalb wurden Bundeswehrhochschulen gegründet. Und so war es logisch, Schmidt zum fünfundzwanzigsten Jubiläum der ersten Bundeswehrhochschule in Hamburg einzuladen. Schmidt erzählt: »Ich war erst kurz vor der Veranstaltung von einer langen Amerikareise zurückgekehrt und entsprechend erschöpft. Deshalb bat ich, mir keine Rede abzuverlangen; die Offiziersanwärter sollten mir Fragen stellen.«[143] Das Publikum aber schwieg. Vielleicht hatten die jungen Soldaten zu großen Respekt vor dem ehemaligen Verteidigungsminister und Bundeskanzler. Also sagte Schmidt: »Dann will ich ihnen mal eine Frage stellen. Wer von ihnen kennt Pausanias?« Keine Antwort. Schmidt stellte eine zweite Frage mit klassischem Hintergrund. Stille. Schmidt: »Ja, was haben sie denn im Geschichtunterricht in der Schule gelernt?« Da meldet sich ein Soldat, steht auf und berichtet: »Unterstufe: Nazis, Mittelstufe: Nazis, Oberstufe: Nazis.«

Viel Unterricht über das Thema Nationalsozialismus bedeutet nicht, daß Schüler hinterher auch wirklich verstehen, was geschehen ist. Denn dem Unterrichtsfach Geschichte begegnen die deutschen Schüler mit einer »Mentalität der Gleichgültigkeit«. Eine Studie, die in fünfundzwanzig Ländern das historische und politische Bewußtsein fünfzehnjähriger Schüler untersuchte, kam zu dem erstaunlichen Ergebnis, daß kein anderes Land – außer Belgien und Holland – bei seinen Jugendlichen ein solches Desinteresse gegenüber dem Fach Geschichte aufweist.[144] Geschichte bedeutet ihnen wenig für die Gegenwart, wenig als Orientierung für die Zukunft. Wenn man sich allerdings diese Untersuchung etwas genauer betrachtet, dann zeigen sich die deutschen Schüler an den historischen Abläufen zwar weniger interessiert als der Durchschnitt ihrer Altersgefährten in anderen Ländern – aber es gibt doch eine Ausnahme: die Zeit von der Französischen Revolution bis zum Ende des Zweiten Weltkriegs. Die Studie berichtet von einer spezifisch deutschen Faszination für die Rolle von Krieg und Diktatur in der Geschichte, die aus der Erfahrung des Dritten Reiches entspringt. Die Lehrer hierzulande scheinen jedoch nicht den pädagogisch wirksamen Weg der Vermittlung gefunden zu haben. Sie erhalten von ihren Schülern die schlechtesten Bewertungen im europäischen Vergleich. Es gelingt ihnen offenbar nicht, den jungen Zöglingen verständlich zu machen, daß Geschichte ein Hilfsmittel ist, um die Gegenwart besser zu verstehen. »Der Standard der deutschen Theorie scheint die deutschen Schüler nicht beeindruckt zu haben« – so stellt die Untersuchung lapidar fest.

Geschichtsbewußtsein hängt von der Kenntnis der Geschichte ab. Auf die Bevölkerung der Bundesrepublik hat die Kenntnis des Völkermords an den Juden und seine Einstufung als einmaliges Verbrechen in der Geschichte der Menschheit einen großen politischen Einfluß. Und es ist hochinteressant zu verfolgen, wie in den ersten fünfzehn Jahren nach der Befreiung von Auschwitz der Massenmord so weit wie möglich verschwiegen wurde. Wenn aber die Kenntnis der Geschichte ihre volle Wirkung entfaltet, erschwert sie außen- und verteidigungspolitische Entscheidungen, so daß die Regierenden versuchen, die Geschichte wieder umzuschreiben. Denn geschichtliche Ereignisse können vor der Bevölkerung versteckt werden, wenn die Politik es will, und die Gesellschaft, besonders die Geschichtsforscher, ihr darin folgen.

Es ist immer wieder gelungen, die Geschichte aus politischen oder kulturellen Motiven zu verfälschen. Ein besonders drastisches Beispiel dafür bietet ein anderes europäisches Land: Während im Westen der Aufstand von 1956 in Ungarn jedem geläufig ist, litt das Land selbst unter nationalem Gedächtnisschwund. Als 1989 der 23. Oktober von der neuen Regierung zum Nationalfeiertag erklärt wurde, wußte der größte Teil der Bevölkerung nicht, was damals geschehen war. Und das hatten die bisherigen kommunistischen Regierungen so gewollt.

Am 23. Oktober 1956 hatten antistalinistische Demonstranten den Rücktritt der ungarischen Regierung erzwungen und erreicht, daß der Reformsozialist Imre Nagy zum Ministerpräsidenten ernannt wurde. Im Zentrum von Budapest rissen die Revolutionäre die große Stalin-Statue von ihrem Sockel. Schon glaubten sie, gesiegt zu haben, da rollten am 4. November sowjetische Panzer in Ungarns Hauptstadt ein. Die schlechtbewaffneten Revolutionäre hatten keine Chance gegen diese Übermacht. Moskau stellte eine neue Regierung in Budapest zusammen. Imre

Nagy und seine Mitstreiter wurden gehenkt und in einem Massengrab verscharrt. Zweitausendfünfhundert Menschen kamen bei diesem Aufstand ums Leben, zweihunderttausend flohen ins Ausland, sechzigtausend wurden ins Gefängnis gesperrt.

Der Aufstand war ein solch großes historisches Ereignis, betraf so viele Menschen im Land, daß er unvergeßbar sein müßte. Dennoch wußten vier Jahrzehnte später nur noch drei Prozent der Ungarn, welche Rolle Imre Nagy bei dem Aufstand gespielt hatte. Den nachgewachsenen Generationen sagte das Datum vom 23. Oktober 1956 nichts mehr. Was hatte zu dieser nationalen Amnesie geführt? In den Schulbüchern wurde die gescheiterte Revolte bis 1989 in nur zwei Sätzen streng im kommunistischen Sprachstil abgehandelt. Es hieß, der »proletarische Internationalismus« habe den »Terror von antisozialistischen Organisationen besiegt, die am 23. Oktober zu einer konterrevolutionären Armee ausgeartet waren«. Ein großes geschichtliches Ereignis war tabuisiert und wirkungsvoll verschwiegen worden.

Dieses Beispiel soll belegen, daß selbst ein Aufstand von diesen geschichtlichen Dimensionen in einer Zeitspanne, die kürzer ist als der Abstand zum Dritten Reich, fast völlig aus dem kollektiven Gedächtnis eines Staates gestrichen werden kann. Wie ist es denn in Deutschland um die Aufklärung der Nazizeit bestellt? Zwei Begriffe begegnen den Deutschen immer wieder: Bewältigung und Verdrängung der Vergangenheit. Bewältigen kann man die Vergangenheit nicht, aber verdrängen. Wer heute untersucht, was die Historiker geleistet haben, der wird feststellen, daß wohl kein Land der Erde ähnlich intensiv in eine belastende Epoche seiner Vergangenheit eingetaucht ist. Den Deutschen wird ironisch vorgehalten, sie produzierten Historiker so wie die Italiener Rechtsanwälte – die Deutschen glaubten auch noch, Geschichte sei eine Wissenschaft. Und dennoch wurden selbst kritische deutsche Wissenschaftler von dem Phänomen Goldhagen überrascht. Da kommt plötzlich ein junger amerikanischer Professor daher und spielt sie mit einem einzigen provozierenden Werk an die Wand.

Die Aufregung über Daniel Goldhagens Buch ist so groß, als habe bisher noch nie jemand die grausamen Massenerschießungen während des Feldzugs im Osten erforscht. Das ist nicht der Fall, denn was er beschreibt, war schon zu weiten Teilen veröffentlicht worden. Gewürzt ist seine Untersuchung mit einer These, die in der amerikanischen Ausgabe härter formuliert wird als in der deutschen: »Der eliminatorische Antisemitismus war für die deutsche Führung und für die ganz gewöhnlichen Deutschen das Motiv, die Juden umzubringen.«[145] Französische, amerikanische oder italienische Historiker haben das Buch Goldhagens noch heftiger kritisiert als deutsche. Doch was auch immer der wissenschaftliche Wert dieses Buches sein mag, es bewegt besonders junge Menschen, die sich zu Tausenden in die Säle zwängten, wenn Goldhagen auftrat. Und sie applaudierten ihm. Die deutschen Professoren dagegen nahmen Anstoß. Die Auflage des Buches erreichte für ein wissenschaftliches Werk ungeahnte Höhen. Da spielten mehrere Gründe eine Rolle. Zunächst stellt seine Biographie den Autor über seinen Vater in den Zusammenhang des Holocaust. So wirkt seine Arbeit wie die eines Betroffenen. Und er stellt eine These auf, die jeden einzelnen Deutschen deshalb erschrecken muß, weil sie – etwas zugespitzt – davon ausgeht, daß der auf Vernichtung ausgerichtete Antisemitismus in den Genen des deutschen Volkes angelegt sei. Hinzu kommen die starken Gefühle, die er durch seine im Vergleich zu deutschen Geschichtswerken leicht lesbare Arbeit weckt.

Der deutsche Historiker Michael Wolffsohn, 1947 in Israel geboren, hat sich anläßlich des Phänomens Goldhagen nicht nur darüber Gedanken gemacht, wie es in Deutschland um das Wissen über den Holocaust (Wolffsohn: »äußerliche Vergangenheitsbewältigung«) steht, sondern auch dazu, weshalb die zahlreichen Werke deutscher Geschichtswissenschaftler über die Nazizeit nicht die breite Masse erreichten.[146] Empirisch belegbar ist, daß die Deutschen sehr viel über den Völkermord wissen, und dies ist ein Verdienst der deutschen Historiker. Doch schränkt Wolffsohn zugleich ein: »Es ist nur wenigen deutschen Historikern gelungen, ein tiefgehendes, ebenso weitverbreitetes emotionales Interesse in der deutschen Öffentlichkeit zu wecken« – wie Goldhagen. Das zu erreichen ist allerdings zunächst nicht die Aufgabe der Wissenschaft.

Eines der ersten Bücher, das nach dem Krieg die Gefühle der Deutschen berührte, war das *Tagebuch der Anne Frank*. Vorangegangen war Eugen Kogons Sachbuch *Der SS-Staat*, in dem er nach seiner eigenen Befreiung aus dem Konzentrationslager Buchenwald das System der Konzentrationslager beschrieb. 1959 erschien *Die Blechtrommel* von Günter Grass, ein literarischer Welterfolg, der sich mit der deutschen Vergangenheit auseinandersetzte und seine Leser sehr berührte. In ihren Gefühlen erschüttert wurde die deutsche Bevölkerung aber erst 1979, als die amerikanische Fernsehserie *Holocaust* ausgestrahlt wurde. Damals kam es zu einer Auseinandersetzung, die das deutsche Denken und Verhalten auch heute noch charakterisiert: Darf eine »Seifenoper« sich mit einem so einmaligen Verbrechen wider die Menschlichkeit auseinandersetzen? Nein, antwortet da, wer sich als »ernstzunehmender« Deutscher empfindet. Der »Ernstzunehmende« leidet an einer Denkblockade. Natürlich darf die Unterhaltungsindustrie dies tun. Es kommt nur darauf an, ob mit dem Thema sensibel umgegangen wird. Die Wirkung der Fernsehserie war gerade wegen der Personalisierung des Grauens so groß und hatte zur Folge, daß die Erinnerung an den Judenmord in einer Welle weiterer Fernsehproduktionen und Bücher behandelt wurde.

Fünfzehn Jahre später wiederholte sich dieses Phänomen, als der bis dahin für seine inhaltlich banalen Großprojekte berühmte Filmregisseur Steven Spielberg die Geschichte des Nazis Oskar Schindler, der Hunderten von Juden das Leben rettete, verfilmte und den Erfolg der Fernsehserie *Holocaust* fast noch übertraf. Allein in Deutschland sahen mehr als fünf Millionen Menschen *Schindlers Liste* im Kino und wenige Jahre später noch einmal sieben Millionen in Fernsehen. Der emotionale Erfolg dieses Films hat dem Buch von Daniel Goldhagen *Hitlers willige Vollstrecker* das Terrain geebnet. Einige Jahre vor dem Film von Spielberg hatte der sozial engagierte Publizist Ernst Klee gemeinsam mit anderen ein Buch[147] herausgebracht, dessen Dokumente über deutsche Greueltaten den Leser mindestens genauso erschüttern wie die Schilderungen Goldhagens. Das Buch erreichte zwar mehrere Auflagen, aber führte längst nicht zu einer vergleichbaren öffentlichen Aufregung wie Goldhagen.

Der Historiker Michael Wolffsohn wirft deshalb seinen Fachkollegen wie auch den Publizisten in Deutschland vor, sie müßten sich fragen, weshalb es ihnen nicht gelinge, auch nur annähernd so »erfolgreich« zu sein wie ein Goldhagen. Wolffsohn fügt gleich die Antwort hinzu: In vielen deutschen Büchern würden »zwar Kenntnisse vermittelt, nicht aber Empfindungen, Emotionen, die zu diesem Thema dazugehören«. Nur wenn die äußerlichen Fachkenntnisse mit inneren Gefühlen verflochten würden, könnte ein tieferes Verständnis erreicht werden. Für Wolffsohn ist es »unverständlich, daß manche Historiker diese Dimension des Erinnerns während der Goldhagen-Debatte mißachteten. Hans Mommsen z. B. meinte, daß ›Betroffenheit und Anschauung des Grausamen nicht auf den Grund des Holocaust führen‹. Das aber kann nur bedeuten, daß ›Vergangenheitsbewältigung‹ letztlich äußerlich bleibt: ›wissenschaftlich‹ und ›strukturalistisch‹.«

Der Vorwurf Wolffsohns geht sicherlich zu weit. Mommsen hat sich als Historiker auch im Historikerstreit auf die Seite derjenigen gestellt, die sich dagegen wehrten, den Massenmord an die Juden nur als eine Folge der Massenmorde Stalins einzuordnen. Und außerdem geht es bei Geschichtsforschung in erster Linie um Erkenntnis der Fakten und nicht die Vermittlung von Gefühlen. Dennoch hat der Erfolg Goldhagens in der Zunft der Geschichtswissenschaft zu selbstkritischem Nachdenken geführt. Als Hans-Ulrich Wehler, einer der herausragenden Historiker der Nachkriegszeit, im Jahr 1996 emeritiert wurde, machte er sich in einem Abschiedsvortrag Gedanken darüber, ob die deutsche Geschichtsforschung vom richtigen theoretischen Unterbau ausgegangen sei: »Die meisten von uns waren in der hermeneutischen Tradition des deutschen Historismus ausgebildet worden, dem die Heiligkeit des ›Historischen Individuums‹ ein wahres Lebenselixier war. Im Gegenzug ging es daher um überindividuelle Strukturen und Prozesse, die auch den einzelnen, seine Weltorientierung, sein Denken und Handeln prägen.«[148] In dieser Ausgangslage erkennt Wehler heute Defizite. Denn Strukturen allein erklärten nicht geschichtliche Abläufe, sondern Handlungen würden häufig durch kulturelle Prägungen bestimmt. Und die Kühle und Abstraktheit von Struktur- und Prozeßanalysen stehe zunächst im Widerspruch zu den Bedürfnissen einer Gesellschaft, in der »Betroffenheit« und »Befindlichkeit« zu Modeworten erhoben seien. Zum anderen vernachlässige diese Art der Geschichtsforschung die Schilderung individueller Lebensschicksale und -welten.

Doch gerade diese Darstellung führt zu der emotionalen Wirkung von Goldhagens Buch. Denn die Schilderung eines persönlichen Schicksals macht politische Strukturen und Vorgänge erst sichtbar und in ihrer Wirkung verständlich.

Die Kluft zwischen Erkenntnissen der Forschung und dem Wissen der Bevölkerung ist nicht nur deshalb entstanden, weil es an gefühlsbetonter Vermittlung mangelt. Es kommen noch weitere Faktoren hinzu. So hat im Frühjahr 1997 eine Ausstellung über die Kriegsverbrechen der Wehrmacht im Osten plötzlich zu großer Aufregung geführt, obwohl sie schon zwei Jahre von Stadt zu Stadt gezogen war. Die Hauptaussage dieser Ausstellung lautet, die Wehrmacht sei an den Massenerschießungen von Juden beteiligt gewesen, habe Tausende von unschuldigen Menschen ermordet und mehr als drei Millionen russische Kriegsgefangene verhungern lassen.

Empört hatte sich die CSU dagegen verwehrt, daß die von Jan Philipp Reemtsma initiierte und von Hannes Heer durchgeführte Aufklärung über den Vernichtungskrieg dem Publikum im Rathaus von München zugänglich gemacht würde. Das CSU-Blatt *Bayernkurier* sah in der Ausstellung sogar einen »Vernichtungsfeldzug gegen das deutsche Volk«, obwohl hier für Historiker ja nichts Neues vorgestellt wurde. In der öffentlichen Auseinandersetzung ging es jedoch hoch her. Es wurde behauptet, nun falle endlich die Legende, daß die eigentlich ehrenwerte Wehrmacht mit den Verbrechen der Nationalsozialisten nichts zu tun hatte. Erst achtzehn Jahre nach Kriegsende, doch von heute aus gesehen »schon« 1963, hatte Ernst Nolte den antibolschewistischen Kreuzzug des Dritten Reiches und seiner Wehrmacht gegen die Sowjetunion als den »ungeheuerlichsten Eroberungs-, Versklavungs- und Vernichtungskrieg« der Moderne dargestellt. Und für den Frankfurter Auschwitz-Prozeß 1964 wurden wissenschaftliche Gutachten über die Rolle der Armee in diesem Vernichtungskrieg vorgelegt. Schließlich haben eine Reihe von Wissenschaftlern in den achtziger Jahren Bücher veröffentlicht, die den Mythos der unschuldigen Wehrmacht zerstörten.

Die militärische Führung der Wehrmacht war an der Planung und Durchführung des Vernichtungskrieges beteiligt und setzte Hitlers Befehle um. So befahl am 10. Oktober 1941 Generalfeldmarschall Walter von Reichenau, Hauptziel des Krieges sei die Ausrottung des asiatischen Einflusses im europäischen Kulturkreis, weshalb die Soldaten Aufgaben zu übernehmen hätten, die über das hergebrachte Soldatentum hinausgingen. Deshalb müsse der Soldat für die Notwendigkeit der »harten aber gerechten Sühne am jüdischen Untermenschentum« volles Verständnis haben. Es sind Proteste von Kommandeuren bekannt, die versuchten, ihre Soldaten von solchen Ausschreitungen fernzuhalten, doch es waren nur wenige Stimmen.

Wer sich also wie die CSU der Diktion des Dritten Reiches bemächtigt und jetzt von einem »Vernichtungsfeldzug gegen das deutsche Volk« spricht, der will nicht wissen und setzt darauf, daß auch seine Wähler nicht wissen wollen. Schließlich war fast jede deutsche Familie betroffen. Im Laufe des Zweiten Weltkriegs hatte die Wehrmacht zwanzig Millionen Soldaten eingezogen, so daß fast jeder Deutsche einen Vorfahren oder Verwandten kennen dürfte, der im Krieg gekämpft hat – wenn auch nicht unbedingt an der Ostfront. Die CSU setzte nun darauf, daß die Taten der Angehörigen während des Krieges heute auch zwischen den Familienmitgliedern immer noch als Tabu betrachtet würden. Wer Greuel begangen hat, der schweigt darüber. Eine öffentliche Ausstellung könnte deshalb Unfrieden schaffen, indem sie junge Menschen anstiftet, die Älteren nach ihrer Beteiligung oder auch nur nach ihrem Wissen zu befragen. Gedruckte Bücher von Historikern stören da weniger; heißt es nicht, Papier sei geduldig? Wer nicht wissen will, der liest entsprechende Werke nicht – oder hält sie für »Feindpropaganda«.

Doch die Wehrmachtsausstellung stört, denn sie zeigt nicht nur Texte, sondern stellt auch öffentlich Bilder vor, die Soldaten der Wehrmacht bei Exekutionen zeigen. Natürlich kam der Vorwurf auf, die Aufnahmen könnten gefälscht sein – doch der war nicht glaubhaft. Denn ein Fotograf lebte noch und konnte die Geschichte, die zu den Bildern gehört, den Zeitungen und dem Fernsehen erzählen. Gerhard Gronefeld war 1941 Wehrmachtsfotograf. So fotografierte er eine Szene, wie ein Soldat mit Stahlhelm einem am Boden Liegenden mit seiner Pistole in den Kopf schießt, während ein Offizier seines Regiments »Großdeutschland« daneben steht. Achtzehn Tote liegen vor ihnen. Im Hintergrund schauen einige hundert deutsche Soldaten zu. Gronefeld hat die Aufnahmen heimlich bis nach dem Krieg behalten und so vor der Vernichtung durch die Militärzensur bewahrt. Das Wochenmagazin *Der Spiegel* nahm es als Vorlage für sein Titelblatt zu Rudolf Augsteins

Artikel über die Verbrechen der Wehrmacht. So hat der Protest der CSU das Gegenteil der erwünschten Verschleierung bewirkt.

Auch hier haben sich deutsche Historiker nach Verebben der öffentlichen Aufregung die Frage gestellt, weshalb es solch eine auffällige Diskrepanz zwischen den Erkenntnissen der Wissenschaft und der Wahrnehmung im öffentlichen Bewußtsein gibt. Hans-Ulrich Thamer, Historiker in Münster, führt zwei Gründe an:[149] Zum einen sei der *Haltbarkeitswert* von öffentlichen Informationen recht gering. Wenn also 1963 oder 1964 schon einmal über die Verbrechen der Wehrmacht geredet wurde, so hat sich diese Tatsache im Gedächtnis der Bevölkerung nicht »gehalten«. Das fordert allerdings die Frage heraus, weshalb die Haltbarkeit von wissenschaftlich bekannten Tatsachen so kurz ist. Es mag daran liegen, daß sie nicht emotional ins Gedächtnis eingetragen worden sind – über »seichte« Bücher, Fernsehserien oder Filme wie *Holocaust* oder *Schindlers Liste*. Zweitens neige die Wissenschaft zu einer starken Differenzierung bei der Behandlung von geschichtlichen Vorgängen, während die öffentliche Information sich auf einfachere Bilder ausrichte.

Dieses Argument unterstützt Lothar Gall, Vorsitzender des Verbands der Historiker Deutschlands.[150] Gall beklagt den Mangel an zusammenhängenden Darstellungen. Die Fülle der historischen Literatur sei selbst in kleinsten Fachgebieten schon so unüberschaubar, daß Studenten nach drei oder vier Semestern in eine Krise geraten, weil es ihnen nicht gelingt, das gesamte Gebiet zu überblicken. Hinzu kommt eine schlechte Eigenschaft deutscher Wissenschaftler (und Fachpublizisten): Eine Arbeit muß möglichst nach innen gewandt geschrieben werden. Sie setzt bei dem Leser so viel voraus, als sei er ein gebildeter Fachkollege. Wer kompliziert schreibt, der schützt sich damit vor Kritik. Wenn aber ein Historiker wie Lothar Gall mit seiner berühmten Bismarck-Biographie großen Erfolg hat, weil er verständlich und so flüssig schreibt, daß auch das nicht historisch gebildete Bürgertum sein Werk lesen kann, dann setzt er sich in seiner Zunft der Kritik aus, Erzählen sei unwissenschaftlich. Dazu Gall: »Das ist eine schlichte Dummheit. Als ob nicht große Geschichtsschreibung immer auch große Erzählung gewesen wäre. Aber die Belohnung für ein hochspezialisiertes Werk ist in der Zunft weitaus größer als für ein populäres.« Ein deutscher Historiker muß also Mut aufbringen, so zu schreiben, daß er auch außerhalb seines Fachs gelesen werden kann.

Es gibt noch einen weiteren Grund, weshalb das Wissen über die Nazizeit sich so lange hat schwer vermitteln lassen: Jahrzehnte nach dem Krieg hat die deutsche Geschichtswissenschaft mehr dazu beigetragen, die Erkenntnis über das Dritte Reich zu verschleiern als aufzuhellen.[151] Einige rühmliche Ausnahmen wurden heftig bekämpft. Das Verhalten der Historiker unterschied sich nicht von dem der übrigen Gesellschaft. Diejenigen, die nach 1945 wieder an den Universitäten lehrten, waren – bis auf wenige nicht mehr tragbare Ausnahmen – die gleichen Personen wie vor dem Krieg. Selbst wenn sie keine überzeugten Nationalsozialisten waren und sogar dem konservativen Widerstand nahegestanden hatten, wie der Nestor der deutschen Geschichtswissenschaft, Friedrich Meinecke, oder auch Gerhard Ritter, so waren sie während des Dritten Reiches auch deshalb im Amt geblieben, weil ihr Geschichtsbild nicht den Interessen der Nationalsozialisten widersprach. Viele standen der Demokratie kritisch gegenüber und waren von tiefsitzenden Abneigungen geprägt gegenüber den in Westeuropa verankerten Ideen der Französischen Revolution von Freiheit, Gleichheit, Brüderlichkeit. Statt dessen unterstützen sie Hitlers Großmachtgedanken. Zwar kritisierte Friedrich Meinecke die Innenpolitik der Nazis, er lehnte aber den Anschluß Österreichs und den Einmarsch in das Sudetenland genausowenig ab wie den Krieg gegen Frankreich und gegen Rußland.

Das deutsche Volk empfand den 8. Mai 1945 als Tag der Niederlage und nicht als eine Befreiung, und so dachte auch die Mehrheit der deutschen Geschichtswissenschaftler. Wie würden die deutschen Historiker nun erklären, daß es zum Dritten Reich, der Herrschaft der Nationalsozialisten, zum Krieg und der Ermordung der Juden kommen konnte? Gab es etwa in der deutschen Geschichte und Gedankenwelt Strukturen und Denkweisen, die darauf zuführten? Nein! Zunächst einmal war da eine Katastrophe geschehen, die nicht begreiflich zu machen war. *Die deutsche Katastrophe* lautete passenderweise der Titel von Meineckes 1946 publizierten und damals vielbeachtetem Buch. Zwar stellte Meinecke die unpolitische Haltung des deutschen Bürgertums und den preußischen Militarismus in einen Zusammenhang mit der Machtübernahme der Nazis, aber dennoch war das deutsche Volk für ihn ein von Hitler verführtes Opfer. Und in der Analyse des Geschehens sprach aus Meinecke weniger der große Historiker als das Empfinden eines unbedarften, aber gepeinigten Deutschen: »Wird man die ungeheuerlichen Erlebnisse, die uns in den zwölf Jahren des Dritten Reichs beschieden wurden, je vollkommen verstehen? Erlebt haben wir sie, aber verstanden haben wir sie, keiner von uns ausgenommen, bisher nur unvollkommen. (…) Die deutsche Geschichte ist reich an schwer lösbaren Rätseln und an unglücklichen Wendungen. Aber dies uns heute gestellte Rätsel und die von uns heute erlebte Katastrophe übersteigt für unser

Empfinden alle früheren Schicksale dieser Art.«[152] Zwar hatten die im Exil lebenden Sozialwissenschaftler Ernst Fraenkel und Franz Neumann noch während des Krieges das polizeistaatliche System und die Machtstrukturen im Dritten Reich untersucht, doch ihre Arbeiten wurden von der Geschichtswissenschaft in Deutschland nicht wahrgenommen – denn sie waren »nur« Sozialwissenschaftler, den Sozialdemokraten nahestehend, und überdies noch Exilanten.

In der Bundesrepublik fehlten in der Nachkriegszeit die Stimmen der liberalen Historiker, die sich fast alle im Exil befanden. Hundertvierunddreißig von ihnen waren geflohen, doch nach Kriegsende kehrten nur einundzwanzig zurück. Das von Konservativen regierte Fach hatte an ihnen kein Interesse. Die Universitäten kümmerten sich eher darum, Lehrstühle für belastete Professoren freizuhalten, die noch nicht entnazifiziert waren. Manch ein Emigrant erhielt zwar ein Angebot, lehnte es jedoch ab, weil er nicht mit alten Nazis in einer Fakultät zusammensitzen wollte. Wer in Amerika gut untergekommen war, für den war eine Rückkehr nach Deutschland nicht gerade reizvoll.

Ende der vierziger und Anfang der fünfziger Jahre entstand die These, daß das Dritte Reich ein »Betriebsunfall« der Geschichte war. Der damals in Deutschland führende und einflußreiche konservative Historiker Gerhard Ritter gab den Ton an: »Im Kern seines Wesens ist der Nationalsozialismus gar kein original deutsches Gewächs, sondern die deutsche Form einer Erscheinung des Einparteien- und Führerstaates. Diese aber läßt sich nicht aus älteren Traditionen erklären, sondern nur aus einer spezifisch modernen Krisis, aus der Krisis der liberalen Gesellschaft und Staatsform.«[153] So sollte eine neue Geschichtslüge entstehen. Die Schuld für all das grausige Geschehen lag demnach in einer europäischen Schwäche und nicht, wie die Alliierten meinten, in der Folge der deutschen Geschichte von Luther über Bismarck zu Wilhelm II.

So wie in Politik und Verwaltung, Wirtschaft und Gesellschaft Anfang der fünfziger Jahre der größte Teil der ehemaligen Nationalsozialisten wieder in das Leben der Bundesrepublik unter der Maxime eingegliedert worden war, der nette Nachbar von nebenan könne doch nichts Böses getan haben, schuld waren die Verbrecher an der Macht, so versuchte die konservative Geschichtswissenschaft in Westdeutschland die Bevölkerung von der Last des Dritten Reiches zu befreien. In ihren kritischen Untersuchungen über den Umgang deutscher Historiker mit dem Nationalsozialismus stellen Frank Möller und Joachim Weiner fest, es habe zwei Eckpfeiler in der historischen Auseinandersetzung mit der NS-Zeit gegeben:[154] Die Heroisierung des militärischen Widerstands gegen Hitler als Alibi für ein vorhandenes »besseres« Deutschland und das Herauslösen des Dritten Reiches aus der deutschen Geschichte.

Demnach waren die Verbrechen allein von Hitler, der SS, der Gestapo oder dem Sicherheitsdienst begangen worden. SS, Gestapo und Sicherheitsdienst waren anonyme Strukturen, hinter denen sich all jene verstecken konnten, denen es gelang, ihre eigene Vergangenheit zu leugnen. Die Bevölkerung war entschuldigt. Aber nicht nur in Westdeutschland wurden die Taten der Nazis einer Gruppe von Verbrechern an der Macht zugeschrieben, sondern auch in Ostdeutschland. Die Geschichtsschreibung in der DDR berief sich auf die Theorie von Georgi Dimitroff von 1935, derzufolge der Faschismus eine offene terroristische Diktatur der reaktionären Elemente des Finanzkapitals sei. Demnach hatte das Finanzkapital (das es jetzt zu enteignen galt) Hitler an die Macht gebracht. Mit dieser Begründung wurde auch unter den Sozialisten die Rolle von Bevölkerung und Arbeiterschaft bei der Machtübernahme Hitlers ausgeklammert und versteckt. Diese Geschichtslüge war für die Definition des neuen sozialistischen Staates notwendig, und ihre Einhaltung wurde so streng überwacht, daß kein ostdeutscher Historiker bis zum Zusammenbruch der DDR es wagte, von dieser Linie öffentlich abzurücken.

Auch die Ermordung von Millionen von Juden wird in der DDR zunächst nach dieser Faschismustheorie abgehandelt: Es ging dem Finanzkapital darum, die Juden zu »berauben«, ihnen ihren Besitz und ihre Industriegüter zu stehlen. Erst die 1975 vorgelegte Habilitationsschrift von Kurt Pätzold mit dem Titel *Faschismus – Rassenwahn – Judenverfolgung* nimmt von der ideologischen Geschichtsinterpretation Abschied und beschreibt die geschichtlichen Hintergründe der brutalen Verfolgung und Ermordung der Juden. Nur zehn Jahre früher als in Ostdeutschland begannen Geschichtsforscher in der Bundesrepublik, sich ausführlicher mit der *Vernichtung der Juden* zu befassen. In der Bevölkerung wuchs das Unbehagen über das Nicht-Wissen zunächst bei den Studenten, die dafür sorgten, daß dieses Thema an den Universitäten behandelt wurde. Nur wenn man weiß, daß die Kenntnis des Holocaust und seine Einschätzung als einzigartiges Verbrechen erst in den sechziger und siebziger Jahren das westdeutsche Geschichtsbewußtsein erreichte, erst dann versteht man, weshalb die Ausstrahlung der amerikanischen Fernsehserie *Holocaust* im Jahr 1979 solch eine große Wirkung hatte. Der Effekt wurde noch verstärkt durch die vernünftige Maßnahme der Programm-Verantwortlichen, diese Seifenoper nicht unkommentiert stehen zu lassen, sondern Gesprächssendungen mit Historikern und Betroffenen anzuschließen, die den historischen Hintergrund beleuchteten.

Erst in den sechziger Jahren war die Verteidigungshaltung der westdeutschen Historiker zusammengebrochen. Dafür gibt es mehrere Gründe. Der Prozeß gegen Adolf Eichmann in Israel und der Auschwitz-Prozeß in Deutschland verbanden plötzlich den Völkermord mit sichtbaren Tätern. Die erschütternden Zeugnisse aus diesen beiden Verfahren motivierten die junge Generation, an den Universitäten Fragen zu stellen. Gleichzeitig wuchs eine neue kritische Generation von Wissenschaftlern heran. Um ihre Geschichtsauslegung zu schützen, war die herrschende Kaste der Historiker bisher heftig gegen jene vorgegangen, die an Tabus rüttelten.

Mitte der fünfziger Jahre hatte Karl-Dietrich Bracher sein Werk über *Die Auflösung der Weimarer Republik* veröffentlicht und darin aufgedeckt, daß die Machtübernahme der Nationalsozialisten in den politischen, wirtschaftlichen und sozialen Zuständen der Weimarer Republik wurzelte. Diese These zerbrach nun zum ersten Mal die so kommode Geschichtslüge vom »Betriebsunfall«, dessen Ursachen nicht in der deutschen Vergangenheit zu suchen seien, und von der Machtübernahme eines Verbrecherclans, der das unschuldige Volk unterjochte. Brachers Buch wurde zunächst totgeschwiegen. Erst zwei Jahre nach dessen Erscheinen veröffentlichte die Historische Zeitschrift eine Besprechung, die allerdings grob manipuliert war. Die Kritik stammte von dem als aufgeschlossen geltenden Historiker Werner Conze, von dem man heute weiß, daß er eine NS-Vergangenheit hatte. Conze behauptete, so Bracher, »ich hätte die ganze deutsche Geschichte entstellt. (...) Er hat dann ein paar Jahre später zugegeben, daß das unsachlich war. Er hat z. B. Zitate erfunden, die gar nicht da waren. Ich bekam auch keine Gelegenheit, in der Historischen Zeitung zu antworten. Das wurde formal abgelehnt.« Conze warf den ersten Stein und andere folgten seinem Beispiel. Dennoch setzte sich das Werk von Bracher, der später der führende deutsche Zeitgeschichtler wurde, schließlich durch. Mehrere Auflagen wurden gedruckt, denn die Leser in Deutschland und das Ausland reagierten mit großem Interesse. Bracher: »Vor allem Amerika, England, Frankreich, auch Italien und Skandinavien, überall bekam ich positive Rezensionen, wo natürlich die Deutschen sagten, ja, der bekommt positive Rezensionen, weil er so kritisch mit der deutschen Geschichte umgeht. Aber es waren auch durchaus Rezensionen, die sehr gut sachlich begründet waren. Die Leute haben mein Buch sehr gut gelesen. (…) Sehr viele deutsche Kollegen haben es nicht gelesen, sondern haben sich einfach darauf eingestellt: das ist ein sogenanntes revisionistisches Buch, damit brauch' ich mich gar nicht zu beschäftigen.«[155]

Selbst 1961 ist die Historikerschaft noch kräftig bemüht, ihre apologetischen Grundsätze zu verteidigen. So wird der Hamburger Historiker Fritz Fischer heftig angegriffen, als er sein Buch *Griff nach der Weltmacht* veröffentlicht. Seine Forschungsergebnisse unterstützen die These Brachers und führen sie fort. Fischer findet in bisher bewußt beiseite gelassenen Quellenmaterialien die Belege dafür, daß die Reichsregierung 1914 auf den Krieg zugearbeitet hatte und dies auch von gemäßigten Politikern und weiten Teilen der Bevölkerung getragen wurde. So widerspricht auch er der bisher noch gültigen These von der aus dem Nichts hereingebrochenen Katastrophe. Fischer zeigt auf, daß die Machtübernahme der Nazis durch Fehlentwicklungen und -einschätzungen im Kaiserreich erleichtert wurde. Die lange Auseinandersetzung um Fritz Fischers Buch trug schließlich dazu bei, daß in der deutschen Geschichtswissenschaft umgedacht wurde.

Im Rahmen der Bildungsexplosion wurden ab Ende der sechziger Jahre an den alten Universitäten neue Stellen geschaffen, neue Universitäten wurden gegründet, und junge Wissenschaftler erhielten Professuren. Die Kulturrevolution der 68er, die sich auch aus den Fragen nach der Nazivergangenheit herleitete, schuf ein neues Klima. So gewannen die Verantwortung der Deutschen für den Ausbruch des Zweiten Weltkriegs und die Einzigartigkeit des Holocaust Ende der sechziger Jahre an Bedeutung und wirken hinein bis in die aktuellen politischen Diskussion – und das über die junge Generation hinaus. Nicht nur die Verteilung des materiellen Wohlstands wurde jetzt moralischen Kriterien unterworfen, sondern auch die politische Ordnung. Selbst wirtschaftliche und technische Entwicklungen wurden mit Blick auf die Vergangenheit überprüft.

In der Auseinandersetzung über die bis dahin von allen als Segen betrachtete friedliche Nutzung der Atomenergie kommen neben den ökologischen Bedenken auch zwei politische Argumente auf: Die friedliche Nutzung kann zum Bau von Atombomben mißbraucht werden (und wer kann da den Deutschen trauen?), und, um diesen riesigen und gefährlichen Industriezweig zu schützen, wird ein »Atomstaat« entstehen müssen. Dieser Atomstaat wird als Polizeistaat geschildert, und der Staat liefert dazu die passenden Beispiele, wie das illegale Abhören des kritischen Atomforschers Klaus Traube und den Einsatz von ungeheuren Polizeikräften.

Das Ausland versteht die Angst der Deutschen vor der Atomenergie nicht, da ihm die Verbindung im deutschen Bewußtsein zwischen heutiger Vorsicht und den Schrekken von damals nicht klar ist. In den achtziger Jahren beschloß die französische Regierung, neue Kurzstreckenraketen mit Atomsprengköpfen unter der Bezeichnung *Hades* zu bauen. Der militärische Nutzen dieser vierhundert Kilometer weit fliegenden Waffen war den Deutschen nicht geheuer. Denn von Frankreichs Ostgrenze aus abgeschossen, würden sie auf deutschem Boden explodieren – und sei es auf ostdeutschem. Um deutsche Ängste zu beschwichtigen, wollte Staatspräsident François Mitterrand der deutschen Regierung unter Bundeskanzler Helmut Kohl ein Mitbestimmungsrecht über den Einsatz der *Hades* einräumen. Der im geheimen überbrachte französische Vorschlag löste bei deutschen Verteidigungspolitikern Entsetzen aus. Sie verwiesen auf die deutsche Öffentlichkeit, die – geprägt von der Kenntnis der Vergangenheit – eine Mitentscheidung einer deutschen Regierung über den Einsatz einer Atomwaffe nie hinnehmen würde. Der französische Verteidigungsminister versuchte, die deutschen Bedenken abzuwiegeln. So schlimm könne das doch nicht sein. Er kenne diese Art von Protesten. Nach sechs Wochen sei die Aufregung in der Bevölkerung vorbei, und man habe politisch erreicht, was man wollte. Die deutsche Regierung kennt ihr Volk besser. Sie verzichtete.

Immer wieder erlebte die Regierung in Bonn, daß politische Entscheidungen etwa im atlantischen Bündnis, die in den USA, Großbritannien oder Frankreich ohne weiteres gefällt werden konnten, große Teile der deutschen Bevölkerung zu Gegendemonstrationen mobilisierten, die es Bonn entweder gar nicht erlaubten oder zumindest erschwerten, den Alliierten zu folgen. Die Pershing-Debatte ist ein Beispiel, der Irak-Krieg ein weiteres. In der Pershing-Debatte griff der französische Staatspräsident François Mitterrand zum ungewöhnlichen Mittel, anläßlich eines Besuchs in Bonn im Bundestag zu dieser innenpolitisch heiklen Frage zugunsten der Aufstellung der Pershing in Deutschland zu sprechen und damit – kurz vor der Bundestagswahl – gegen die Besorgnisse aus der Friedensbewegung und der SPD zugunsten der CDU und Helmut Kohl Stellung zu beziehen. Im Fall des Irak-Kriegs faßte der amerikanische Senat einen deklamatorischen Beschluß, die Bundesrepublik solle sich ihrer Rolle in der Welt bewußt werden und entsprechende Verantwortung übernehmen. Im Klartext heißt das: Denkt nicht immer an eure Vergangenheit. Wir brauchen euch jetzt als ganz normale Partner (um Krieg zu führen).

Das Wissen um den Holocaust und die Schwierigkeit, damit umzugehen, sind inzwischen Bestandteil der kollektiven Identität der Westdeutschen geworden. Dies mag einen Kanzler stören, der von seinen Verbündeten immer wieder darauf angesprochen wird, weshalb er nicht so handle, wie sie es tun und es von den Deutschen erwarten. Und das mag einem Kanzler zu denken geben, ob er nicht in Deutschland darauf hinwirken soll, daß sich etwas im Bewußtsein des Volkes ändert. Nun entwickelte sich Anfang der achtziger Jahre eine Gegenbewegung derer, die unter dem ständigen Schuldvorwurf litten, der aus der kritischen Betrachtung der eigenen Geschichte hergeleitet wurde. Das Interesse für Geschichte, die nicht nur das Dritte Reich umfaßt, nahm unversehens zu. Historische Ausstellungen etwa über die Staufer oder die Hohenzollern verzeichneten Rekord-Besucherzahlen, Literatur zur Geschichte wurde wieder gedruckt und gelesen. Es entstand neues Interesse an großen deutschen Figuren, nicht nur an Luther oder Bismarck, auch an Friedrich dem Großen oder Kaiser Friedrich II. – »dem Antichrist«.

Und auch konservative Wissenschaftler, Politiker und

andere Kräfte in der Gesellschaft begannen über eine Wende nachzudenken: Wie ließe sich eine neue nationale Identität prägen? Der dem Bundeskanzler Helmut Kohl nahestehende Historiker Michael Stürmer hatte erkannt: »Wer aber meint, daß alles dies auf Politik und Zukunft keine Wirkung habe, der ignoriert, daß in geschichtslosem Land die Zukunft gewinnt, wer die Erinnerung füllt, die Begriffe prägt und die Vergangenheit deutet.«[156] Für die Regierung könnte eine neue, weniger belastete nationale Identität die angenehme Folge haben, in Zukunft politische Entscheidungen fast so *normal* fällen zu können, wie es bei den Bündnispartnern geschieht.

Eine der Folgen dieses Umdenkens war der »Historikerstreit«, den der Geschichtsprofessor Ernst Nolte auslöste. Nolte hatte besorgt wahrgenommen, daß die radikal kritische Auseinandersetzung mit der deutschen Vergangenheit und die Wirkung der Definition von der Einzigartigkeit des Holocaust auf die nationale Identität kritische Potentiale freisetzte, die sich auch gegen die gesellschaftliche Ordnung in der Bundesrepublik richteten. Der Kern der Belastung für die Deutschen lautet Auschwitz. Dieser Kern sollte nun relativiert und die deutsche Identität von Auschwitz befreit werden. Nolte sprach dem deutschen Völkermord an den Juden die »Einzigartigkeit« ab. Der Philosoph Jürgen Habermas widersprach heftig, und wer Rang und Namen in der Bundesrepublik besaß, nahm Stellung. Der Streit soll hier nicht nachgeholt werden, er ist bestens dokumentiert. Aber ein Hinweis ist aus heutiger Sicht wichtig: Die Debatte fand zu einer Zeit statt, als noch nicht der geringste Gedanke an das Ende der deutschen Teilung, wie es nur vier Jahre später schon kam, verschwendet wurde. Die deutsche Teilung galt aber bei den meisten Deutschen als die Strafe für den Krieg und das einzigartige Verbrechen an dem jüdischen Volk. Die Teilung Deutschlands in Frage zu stellen bedeutete deshalb gleichzeitig, die Einzigartigkeit zu leugnen. Dieses Tabu durfte aber nicht angefaßt werden.

Das Fazit des Historikerstreits lautet: Die Umschreibung der nationalen Identität gelang nicht, die konservativen Historiker konnten sich zunächst nicht durchsetzen. Die »Einzigartigkeit« des Völkermords bleibt Teil der deutschen Identität, das haben die Publikumserfolge von Spielbergs Film *Schindlers Liste* und Goldhagens Buch *Hitlers willige Vollstrecker* bewiesen. Aber dennoch ist der Keim für Zweifel gelegt, denn das Tabu, das die geschichtliche Einordnung des Judenmords bislang umgab, ist zum ersten Mal gebrochen worden. Geschichte wirkt langsam.

Ein Jahr vor dem Historikerstreit lag der vierzigste Jahrestag des Kriegsendes. Zwei konservative Politiker hatten sich Gedanken darüber gemacht, wie dieser Tag in Deutschland begangen werden sollte – Bundeskanzler Helmut Kohl und Bundespräsident Richard von Weizsäcker. Helmut Kohl wollte den 8. Mai 1985 zu einem Feiertag der glanzvollen Gegenwart Deutschlands machen, und um dies zu unterstreichen, sollte der amerikanische Präsident Ronald Reagan im Bundestag sprechen. Dem widersprach Richard von Weizsäcker heftig: »Ich habe gesagt, es kommt überhaupt nicht in Frage. Der 8. Mai ist eine Sache, die wir unter uns und mit uns zu behandeln haben. Ich hatte das Gefühl, daß wir mit den Aufgaben, vor denen wir jetzt stehen oder in vermehrter Weise stehen werden, um so besser zurecht kommen, je weniger wir uns von den Lehren der Vergangenheit trennen, sondern je mehr wir es darauf beziehen.«

Indes ließ der Bundeskanzler für den amerikanischen

Präsidenten ein anderes Programm zusammenstellen, das auf das nationale Verständnis eines anderen Teils der Bevölkerung Rücksicht nahm und prägend wirken sollte. Vormittags Besuch im Konzentrationslager Bergen-Belsen, nachmittags – in Gegenwart von Reagan – Händedruck mit Veteranengenerälen auf dem Soldatenfriedhof Bitburg, auf dem auch SS-Männer beigesetzt sind. Wenige Monate vorher hatte Kohl beschlossen, in Bonn solle ein »Haus der Geschichte der Bundesrepublik« und in Berlin (nach einem Vorschlag des Historikers Michael Stürmer) das »Deutsche Historische Museum« gebaut werden. Vor dem Bundestag erklärte er am 27. Februar 1985 in seinem Bericht zur Lage der Nation: »Es geht um die Schaffung einer Stätte der Selbstbesinnung und Selbsterkenntnis, wo nicht zuletzt junge Bürger unseres Landes etwas davon spüren können – und sei es zunächst auch nur unbewußt –, woher wir kommen, wer wir als Deutsche sind, wo wir stehen und wohin wir gehen werden.« Die Geschichte der Bundesrepublik sollte nach den Vorstellungen der Planer ohne Blick auf die Vergangenheit stattfinden. Erst öffentliche Proteste führten dazu, daß der Planungsstab für das »Haus der Geschichte« auch »Die Last der Vergangenheit« und den »Schatten der Katastrophe« unter die 23 Schwerpunktthemen des Programms aufnahm und so die Geschichte der Weimarer Republik und des Nationalsozialismus berücksichtigte. Der SPD-Bundestagsabgeordnete Freimut Duve lud zahlreiche Experten zu einem Bundestags-Hearing ein, und die meisten der geladenen Geschichtswissenschaftler und Fachleute erklärten, die Entstehung der Bundesrepublik und die Entwicklung der deutschen Teilung könne nur verstanden werden, wenn die Geschichte des Dritten Reiches entsprechend dargestellt würde. Diese Bedenken fanden keinen Anklang.

Das Echo auf das Gedenken des Kriegsendes am 8. Mai 1985 in Deutschland war im In- und Ausland gespalten. Der Besuch von Kohl und Reagan auf dem Soldatenfriedhof hatte eine verheerende Wirkung bei all jenen, die sich kritisch mit der deutschen Geschichte auseinandersetzten. Der Streit um den Besuch war so heftig, daß er die von Kohl erhoffte positive Ausstrahlung auf die deutsche Identität zunichte machte. Statt dessen hat die Rede des Bundespräsidenten eine große Wirkung auf die Identität der Deutschen entfaltet. Was er an diesem 8. Mai sagte, verbleibt mehr als ein Jahrzehnt später noch im Gedächtnis. Und wie stark solche Stellungnahmen wirken können, zeigt die Reaktion von Renate Lasker-Harpprecht, die Auschwitz und Bergen-Belsen überlebte: »Man hat mir einst, wie allen Juden, die deutsche Staatsbürgerschaft aberkannt. Ich bin französische Staatsbürgerin, aber ich besitze durch die Ehe mit einem Deutschen auch einen deutschen Paß. Ich hätte ihn nicht angenommen, und ich würde ihn niemals benutzen, gäbe es das deutsche Erinnern nicht. Menschen wie Willy Brandt und Richard von Weizsäcker vermittelten mir das Gefühl, daß ich mich meiner partiellen Zugehörigkeit zu dieser zweiten deutschen Republik nicht zu schämen brauche.«[157]

Weizsäcker hatte es sich zur Aufgabe gemacht, ohne politische Rücksichtnahme all das anzusprechen, was seines Erachtens mit dem 8. Mai 1945 zusammenhängt. Keine Untat wurde beschönigt, kein Täter entschuldigt, aber auch kein Opfer beim Gedenken ausgelassen. Kein Staat in seiner Geschichte, so Weizsäcker, sei frei geblieben von schuldhafter Verstrickung in Krieg und Gewalt, aber: »Der Völkermord an den Juden jedoch ist beispiellos in der Geschichte.« Damit betonte er die Einzigartigkeit des Holocaust. Im In- und Ausland war die Zustimmung auf Weizsäckers Rede groß, dennoch wurde ein Gedanke von vielen älteren Menschen in Deutschland heftig kritisiert. Weizsäcker hatte gesagt: »Wer konnte arglos bleiben nach den Bränden der Synagogen, den Plünderungen, der Stigmatisierung mit dem Judenstern, dem Rechtsentzug, den unaufhörlichen Schändungen der menschlichen Würde? Wer seine Ohren und Augen aufmachte, wer sich informieren wollte, dem konnte nicht entgehen, daß Deportationszüge rollten. Die Phantasie der Menschen mochte für Art und Ausmaß der Vernichtung nicht ausreichen. Aber in Wirklichkeit trat zu den Verbrechen selbst der Versuch allzu vieler, auch in meiner Generation, die wir jung und an der Planung und Ausführung der Ereignisse unbeteiligt waren, nicht zur Kenntnis zu nehmen, was geschah. (…) Als dann am Ende des Krieges die ganze unsagbare Wahrheit des Holocaust herauskam, beriefen sich allzu viele von uns darauf, nichts gewußt oder auch nur geahnt zu haben.«

Unter den Protestbriefen lagen auch zwei fast gleichlautende der beiden eng miteinander verbundenen Fraktionsvorsitzenden aus der Zeit der großen Koalition, Helmut Schmidt und Rainer Barzel. Schmidt, der als junger Leutnant gekämpft hatte, war bei Kriegsende sechsundzwanzig Jahre alt gewesen, Barzel fast einundzwanzig. Sie hätten Augen gehabt, und sie hätten ihre Augen aufgemacht, aber sie hätten nicht sehen können, daß Deportationszüge rollten. Dazu meint Weizsäcker heute: »Was ich gesagt habe, ist teils falsch und teils richtig. Man konnte in einer urdeutschen Stadt wie Breslau sehen, daß Deportationszüge rollten. Man konnte in Berlin und überall hören, welche Reden Hitler im Reichstag hielt über die Notwendigkeit, die Juden umzubringen. Und man konnte lauter Sachen mit eigenen Augen wahrnehmen, die Victor Klemperer ganz genau beschrieben hat. Sein Widerstand, wie er so schön sagt, bestand darin aufzuschreiben, weiter nichts. Barzel und Schmidt haben mir ja nicht nur geschrieben. Sie besuchten mich auch in der Villa Hammerschmidt und sagten: ›Wir kennen uns doch alle gut und nah und sind vertraut miteinander.‹ Aber was ich gesagt hätte, das ginge einfach nicht. Da mußte ich antworten, natürlich, wenn einer in Daubelshausen in der Eifel an der deutsch-luxemburgischen Grenze lebte, dann hat er auch keine Deportationszüge rollen seien. Das ist wahr.« Es ist ein erbärmliches Zeugnis für Deutschland, daß mehr als fünfzig Jahre nach Kriegsende in der Öffentlichkeit die Frage »Wer hat was gewußt« immer noch nicht beantwortet ist. Immer noch können sich Leute, die damals aktiv waren, damit entschuldigen, sie hätten gar nichts geahnt.

Die Franzosen feiern jedes Jahr am 24. August *la libération*, den Tag der Befreiung – als 1944 General Leclerc mit französischen Soldaten in Paris einmarschierte und die Deutschen vertrieb. Auch die Befreiung der Menschen in den Konzentrationslagern kann man feiern. Aber wie steht es um Deutschland: Ist es am 8. Mai befreit oder besiegt worden?

Vierzig Jahre nach Kriegsende sagte Richard von Weizsäcker: »Der 8. Mai war ein Tag der Befreiung. Er hat uns alle befreit von dem menschenverachtenden System der nationalsozialistischen Gewaltherrschaft.« Die Nazis waren besiegt, die Menschen in Deutschland waren von den Zwängen der Diktatur erlöst. Objektiv gesehen war Deutschland befreit. Aber die Alliierten hatten nicht vor, die Deutschen zu befreien, sondern sie bis zur völligen Niederlage zu besiegen. Kann man da auch subjektiv von Befreiung sprechen? Auf diesen Einwand antwortet Richard von Weizsäcker: »Wir waren besiegt und besetzt. Aber das, was man zu fürchten hatte, war, daß man nach der Sperrstunde noch auf der Straße rumlief und erwischt wurde. Oder daß es nichts zu heizen gab und man, wie mein Freund Hartmut von Hentig, einen Kanonenofen stahl und dafür dann zwei Tage in ein alliiertes Gefängnis kam. Oder es ging einem wie mir, der keine Entlassungspapiere hatte und infolgedessen zu Fuß über die Zonengrenze laufen mußte. Trotzdem konnte jeder in jedem Brief wieder alles schreiben, was er dachte. Das konnte er vorher nicht. Man litt materielle Not. Für ungezählte Menschen gab es schreckliche Schicksale, weil sie nicht wußten, wo ihre Angehörigen waren oder weil sie nirgends wohnen konnten. Und man war natürlich der Gewalt der Besatzungsmächte unterworfen. Und dennoch stand Denken, Sprechen, Schreiben nicht mehr unter Zwang.«

Diese Einschätzung entspricht individuellen Gefühlen. Der einzelne war tatsächlich von den schrecklichen Zwängen der Nazidiktatur befreit worden, gegen die er sich vielleicht gar nicht gewehrt hatte. Aber das kollektive Gefühl war nicht das einer Befreiung, sondern das einer totalen Niederlage. Die Sieger führten die Entnazifizierung durch. Die Sieger stülpten den Deutschen neue politische Systeme über – wenn auch im Osten anders als im Westen. Die Nürnberger und noch mehr die Dachauer Prozesse wurden als Siegerjustiz bezeichnet. Neue, demokratisch gesinnte Publikationen wie *Die Zeit* griffen die Besatzungsmächte an, weil sie für die Deutschen Sonderrechte erfanden. Marion Gräfin Dönhoff, die spätere Chefredakteurin der *Zeit*, erinnert sich: »Zeitweise hatten die Redakteure das Gefühl, das Unrecht der Alliierten sei größer als das, was die Nazis verübt hatten. Ein Übermaß an Anklagen durch die Alliierten führte dazu, daß uns die Nazis schon gar nicht mehr interessierten.«[158] Hätte sich das deutsche Volk am 8. Mai 1945 tatsächlich befreit gefühlt, wäre es in diesen Jahren politisch anders mit seiner Vergangenheit umgegangen. Doch weil die Deutschen sich als Besiegte fühlten, hielten sie in der »Volksgemeinschaft« zusammen und gliederten den größten Teil der nationalsozialistischen Täter wieder in die bundesrepublikanische Gesellschaft ein. In seinem Buch *Vergangenheitspolitik* schreibt Norbert Frei, daß sich Politik und Öffentlichkeit nach Gründung der Bundesrepublik wie selbstverständlich pauschal »für die von den Alliierten verurteilten Kriegsverbrecher und NS-Täter einsetzten, deren Freilassung forderten und deren soziale Reintegration betrieben«.[159]

Die meisten Deutschen, die politisch belastet waren, wurden bis zum Sommer 1954 durch Amnestiegesetze des Bundestages entlastet. Das ging sogar so weit, daß es der Beamtenlobby mit allerhand Tricks gelang, die Mehrzahl der Gestapoleute wieder in ihre alten Beamtenrechte einzusetzen. Bis Sommer 1954 hatte der Bundestag – meist mit den Stimmen aller Parteien – Amnestien beschlossen, mit der die meisten politisch belasteten Deutschen wieder entlastet wurden. Um die Öffentlichkeit im unklaren darüber zu lassen, was die Amnestiegesetze bewirkten, wurde nicht über die Taten und Täter diskutiert: »Statt dessen war in den Debatten höchst allgemein von den ›Wirrnissen‹ der letzten Jahre die Rede, die es zu beenden gelte, und von der Notwendigkeit, ›Vergessen über die Vergangenheit zu decken‹.«[160]

Die Frage von Verurteilungen durch die Alliierten geriet bald zum »vergangenheitspolitischen« Hauptthema. Die Kirchen hatten sich schon 1946/47 um Begnadigungen der zum Tode verurteilten Kriegs- und NS-Verbrecher bemüht. Dabei wurden sie nicht etwa von der Überzeugung getrieben, die Todesstrafe sei abzuschaffen, sondern von einem kaum zu verhehlenden nationalen Ressentiment gegenüber jener »Siegerjustiz« der Alliierten.

Die Tagespolitik kam den Verurteilten zu Hilfe. Der Kalte Krieg war mit aller Heftigkeit ausgebrochen, in Korea fand der erste Stellvertreterkrieg statt. Die westlichen Alliierten hatten ein eigenes Interesse daran, die Bundesrepublik wiederzubewaffnen, um sie in das Verteidigungsbündnis gegen die Sowjetunion einzubinden. Das gab den deutschen Militärs die Gelegenheit, die Bedingung zu stellen: Ohne Freilassung der »Kriegsverurteilten« gibt es keine neue deutsche Armee. Millionen von ehemaligen Soldaten sorgten in der Bevölkerung für eine Stimmung, die zu immer neuen Begnadigungen führte, so daß schließlich selbst zum Tode verurteilte Führer von Einsatzgruppen freigelassen wurden. So handeln keine Befreiten, sondern nur Besiegte. Wirklich befreit wurde ein kleiner Teil von Menschen, doch die große Mehrheit der Deutschen fühlte sich besiegt. Wenn man nun bei einer umfassenden Betrachtung, wie es die Rede von Weizsäckers vom 8. Mai 1985 war, das Volk in seiner Gesamtheit charakterisieren will, dann entspricht es der geschichtlichen Wirklichkeit, eher von Besiegten denn von Befreiten sprechen, also eher von Tätern und Mitläufern als von Opfern. Doch der Gedanke, auch zu den Opfern zu gehören, ist verführerisch. Denn er entlastet von einem Schuldgefühl.

Fünfzig Jahre nach Kriegsende, zehn Jahre nach von Weizsäckers Rede, macht der Historiker Jörg Fisch folgende Beobachtung: »Rechtzeitig zum 8. Mai 1995 ist das Werk vollbracht. Die Deutschen sind zu einem Volk von Opfern geworden. Sie streiten sich nur noch darüber, wessen Opfer sie gewesen sind.« Die Aufteilung nur in Opfer und Täter ist zu grob, um der Geschichte gerecht zu werden. In diesem großen Krieg wurden auch aus Opfern Täter, etwa wenn die Russen, Polen oder Tschechen genauso handelten, wie die Nazis es ihnen vorgemacht hatten und Deutsche erbarmungslos und mit allen damit verbundenen Grausamkeiten wie Mord und Vergewaltigung unerbittlich aus ihren Siedlungsgebieten vertrieben. Aber, so bemerkt Fisch: »Wenn sich die Deutschen unter Berufung auf eine generelle Opferrolle aus der Verantwortung zu stehlen versuchen, dann sollten sie daran erinnert werden, daß sie unter der damit vorgegebenen Alternative Täter und nicht Opfer sind.«[161]

Zehn Jahre nach dem Historikerstreit war die deutsche Einheit schon sechs Jahre alt. Im Ende der Teilung sahen viele die *Normalisierung*. Deutschland ist endlich ein völlig souveräner Staat. Doch was wurde aus dem Argument: die deutsche Teilung sei die Strafe für Auschwitz? Es wurde ganz einfach umdefiniert. Auschwitz bleibt auf ewig die deutsche Last. Diese Aussage ist richtig. Und dennoch birgt sie eine Gefahr. Denn nur wenn die Einzigartigkeit des Menschheitsverbrechens in der Erinnerung lebendig bleibt, wirkt sie im Bewußtsein des Menschen. Die Gefahr besteht darin, daß diese These zum Dogma erhoben wird – mit zwei gefährlichen Folgen. Dann wird aus Auschwitz ein Mythos und die Einzigartigkeit des Verbrechens schafft ein Tabu.

Zum Mythos wird Auschwitz, wenn – wie Michael Wolffsohn beklagt – »die ›seelenlose‹, objektivierte Analyse von Zahlen, Daten, Fakten und vor allem Strukturen«[162] zu einer Art Abfederung und wissenschaftlicher Wattierung des Grauens wird und wenn das Übergewicht der Analyse von Strukturen Distanz und seelische Barrieren errichtet. Von der Gesellschaft angenommene Mythen können eine große politische Wirkung erzeugen, aber sie sind gefährlich, da sie kritisches Denken ausschalten. Als

Mythos zu vagen Gesinnungsbekenntnissen benutzt, verliert Auschwitz seine moralische Kraft.

Zum Tabu wird Auschwitz, wenn versucht wird, heute die Entscheidung anstehender politischer oder gesellschaftlicher Fragen mit dem Argument »Auschwitz« totzuschlagen. Die Wirkung von Tabus ist gefährlich. Sie verengt das Denken – ohne daß es der Denkende merkt.

Im Historikerstreit hat sich auch Heinrich August Winkler gegen Ernst Noltes Versuch gewandt, die Bundesrepublik und das deutsche Bürgertum historisch zu entlasten. Damals schrieb Winkler: »Angesichts der Rolle, die Deutschland bei der Entstehung der beiden Weltkriege gespielt hat, kann Europa und sollten auch die Deutschen ein neues Deutsches Reich, einen souveränen Nationalstaat, nicht mehr wollen. Das ist die Logik der Geschichte, und die ist nach Bismarcks Wort genauer als die preußische Oberrechenkammer.«[163]

Winkler sprach sich gegen den Nationalstaat aus, da der Begriff *Nation* durch den Nationalsozialismus tabuisiert ist. Doch zehn Jahre später ist Deutschland vereint. Und Deutschland wird wieder als Nationalstaat angesehen. Heute stößt sich Winkler an seiner damaligen Selbstgewißheit. Es ist immer richtig, dem Nationalismus entgegenzutreten, es war notwendig, darauf hinzuweisen, daß die Teilung Deutschlands eine Folge deutscher Politik und deutscher Schuld war. »Aber woher konnte ich wissen«, fragt sich Winkler, »daß es einen deutschen Nationalstaat nicht mehr geben würde? Der Historiker ist, wie Friedrich Schlegel bemerkt hat, ein rückwärts gewandter Prophet. Wenn er hingegen die Zukunft zu kennen vorgibt, ist das nicht mehr Geschichtswissenschaft, sondern säkularisierte Geschichtstheologie.«

Das Tabu hat zeitweise das Denken des kritischen Wissenschaftlers eingeengt, aber er hat es – im Gegensatz zu vielen anderen – sehr wohl bemerkt. Winkler kommt zu der Feststellung, die These von der Einzigartigkeit des Judenmordes erweise sich als zweischneidig. Auf der einen Seite verhindert sie die Gleichsetzung mit anderen Massenmorden und damit die Relativierung, die zur Entschuldigung dienen könnte. Das ist wichtig. Andererseits aber wirkt diese These als Tabu: denn Völkermorde, wie in Kambodscha, wie in Ruanda, Zaire oder Bosnien werden nicht in ihrer vollen Grausamkeit akzeptiert, denn sie sind – und das klingt schrecklich – ja nur »zweite Kategorie«. Und das erlaubt uns dann, politisch wegzuschauen.

Während der französische Staatspräsident François Mitterrand als erster Politiker die These vertrat, der Bruch der Menschenrechte erlaube die Intervention in einen fremden Staat, sagt das Tabu: Die Deutschen haben einen einzigartigen Völkermord in ihrer Geschichte zu verantworten, deshalb dürfen sie nie mehr zu Waffen greifen. So wurde noch – ganz absolut – argumentiert, als die Deutschen sich an der Seite ihrer Bündnispartner in Bosnien engagieren sollten, als dort der Bürgerkrieg tobte.

Das Tabu ist zählebig und funktioniert nicht nur bei jenen, die manchmal verächtlich als »Gutdenkende« bezeichnet und auf der linken Seite vermutet werden. Es wirkt hinein bis in die Bundesregierung – denn, wie gesagt, wer einem Tabu unterliegt, der akzeptiert, daß sein Denken beschränkt wird. Nach dem Motto »Deutschland soll sich in kritischen Situationen zurückhalten, wenn es darum geht, politische Verantwortung zu übernehmen«, hat das Auswärtige Amt im Frühjahr 1997 den amerikanischen Vorschlag zurückgewiesen, den in Bosnien hoch angesehenen deutschen Diplomaten Michael Steiner zum Chefkoordinator für die internationale Wiederaufbauhilfe für Bosnien-Herzegowina zu ernennen. Steiner bot sich für diesen Posten wie kein anderer an. Er hatte als Stellvertreter des bisherigen Amtsinhabers Carl Bildt Hervorragendes geleistet und wurde von allen drei bosnischen Parteien, auch den Serben, anerkannt. Doch an der Regierungsspitze in Bonn hatte man Angst vor der internationalen Verantwortung und redete sich damit heraus, der Friede von Dayton sei so brüchig, daß die Deutschen mit möglichen Fehlschlägen rechnen müßten. Das wollte das Kanzleramt ein Jahr vor der Bundestagswahl nicht riskieren.

Wider die Tabus

Der russische Schriftsteller Lew Kopelew, der 1997 starb, nannte sich einen Literaten, der ein Gewissen hat. In dem Buch *Aufbewahren für alle Zeit* schildert er die Brutalitäten der Roten Armee, als sie in Ostpreußen einmarschierte. Kopelew war Soldat und erlebte mit, wie eine Gruppe russischer Soldaten bei einer Autofahrt auf eine alte deutsche Frau stößt, die völlig verwirrt nach ihrer Tochter und ihren Enkelkindern sucht: »Ich hab' doch die Lebensmittelkarten. Sie haben Hunger.« Der Offizier Beljajew, schreibt Kopelew, »zieht kurz entschlossen seine Pistole: ›Die ist Spionin. Erschießen, los! Verdammt noch mal!‹ – ›Mensch, bist du des Teufels? Bist du völlig übergeschnappt?‹ Ich packe ihn an der Hand. Ich drehe mich um. Der jüngste unserer Passagiere hat die Alte schon in den Schnee gestoßen, schießt nun aus unmittelbarer Nähe auf sie. Sie fiept wie ein Kaninchen. Ich brülle, nun völlig außer mir: ›Was machst du da, du Schweinehund?‹ Er schießt munter drauflos, noch und noch und noch. Im Schnee liegt ein dunkler, unbeweglicher Klumpen.« Diese Szene wurde 1995 anläßlich des fünfzigjährigen Gedenkens an das Kriegsende in einem Beitrag der Zeitschrift *PZ/Wir in Europa* aufgenommen, die der Bund für die politische Bildung junger Menschen herausgibt. Als wörtliches Zitat wird Kopelews Text wiedergegeben, allerdings fehlt ein Satz: »Sie fiept wie ein Kaninchen.« Der Verantwortliche glaubte, richtig gehandelt zu haben: »Ich hatte einfach Hemmungen vor meiner vor allem jugendlichen Kundschaft.«[164] Was war in ihm

242

vorgegangen? Er hatte keine Hemmung, seinen »vor allem jugendlichen« Lesern die äußerst brutale Erschießung der Großmutter durch einen russischen Soldaten zuzumuten. Aber er streicht den Satz, in dem die Großmutter durch ihr Fiepen beim Leser Gefühle erzeugt. In seinem Kopf hat das Tabu gewirkt. Der russische Soldat rächt sich an den Untaten der Deutschen. Das ist – so meint der deutsche Journalist vielleicht unbewußt – verständlich. Wenn nun das deutsche Opfer seinerseits Gefühle mobilisiert, dann stellt es das Recht des russischen Rächers in Frage. Das darf aber offenbar nicht sein.

In anderen Ländern der Welt sind große geschichtliche Ereignisse in der nationalen Literatur verarbeitet worden, so etwa der amerikanische Bürgerkrieg oder die französische Revolution. Über das Dritte Reich und die Vernichtung der Juden sind einige sehr bedrückende Romane erschienen, William Styrons *Sophie's Choice*, Louis Begleys *Lügen in Zeiten des Krieges*, Anne Michaels' *Fluchtstücke* – alles Bücher von ausländischen Autoren. Deutsche trauen sich an das Thema nicht heran. Sie können sich nicht vorstellen, neben dem dokumentierten Grauen auch Gefühle zu beschreiben, die nicht nur Leiden darstellen, sondern auch Freude, Liebe, Lachen. Dies gebietet nach allgemeinem Verständnis unter Deutschen die Achtung vor den Opfern und der Respekt vor ihrem Leiden. Das aus Auschwitz hergeleitete Tabu will, daß nur die Dokumente des großen Grauens dargestellt werden.

Als der deutsche Filmproduzent Artur Brauner, der selber im KZ gesessen hat, den Film *Hitlerjunge Salomon* produzierte, wurde er in Deutschland heftig kritisiert. Es ist die wahre Geschichte eines jüdischen Jungen, der sich während des Krieges als »arischer« Deutscher ausgibt und in deutscher Uniform überlebt. Während der Film in den USA Erfolg hat, lehnen es die Deutschen ab, diesen »kitschigen«, »trivialen« Film in die Auswahl um die Nominierung der Oscars aufzunehmen. Die deutsche Kritik macht den Film nieder, im Ausland erhält er Zustimmung.

Selbst die historische Darstellung des Alltagslebens in der NS-Zeit wird von deutschen Geschichtswissenschaftlern abgelehnt, da der ganz normale Ablauf von Schlafen und Essen, Wohnen und Arbeiten angeblich von den wirklich wichtigen Zusammenhängen ablenkt. Doch während die intellektuelle Elite über das Tabu wacht, fehlt der Gesellschaft Aufklärung: Was fand zwischen 1933 und 1945 wirklich statt. War es nur Krieg und Vernichtung? Die Frage blieb bisher unbeantwortet, und das ist ein Grund für den großen Erfolg der Tagebücher von Victor Klemperer fünfzig Jahre nach Kriegsende. Endlich können die, für die das Dritte Reich weit vor ihrer Geburt liegt, lesen, was ein jüdischer Professor Tag für Tag von 1933 bis 1945 an Wichtigem, aber auch an Banalem erlebte.

Das Tabu kann aber auch einem ausländischen Autor die Veröffentlichung seines Romans in Deutschland erschweren, wenn er seine Phantasie über das Unerlaubte hinaus springen läßt. 1992 erschien in Großbritannien der Roman *Vaterland* von Robert Harris. In England wurde er zum meistverkauften Roman des Jahres und in der Kritik hoch gelobt. In zwölf Sprachen wurde das Buch übersetzt, die Filmrechte an den renommierten amerikanischen Produzenten und Regisseur Mike Nichols, der übrigens in Berlin geboren wurde, verkauft. Harris hatte sich für sein Buch eine wilde Geschichte ausgedacht: Die Deutschen hätten den Zweiten Weltkrieg gewonnen und Hitler, immer noch an der Macht, feiere 1964 seinen fünfundsiebzigsten Geburtstag. Und das Großdeutsche Reich hätte die eroberten Länder in einer »Europäischen Gemeinschaft« zusammengefaßt. In Deutschland lehnten fünfundzwanzig Verlage ab, das Buch zu übersetzen. Es kam schließlich in dem Züricher Haffmans Verlag heraus.

Harris hatte gleich gegen zwei deutsche Tabus verstoßen, wenn man davon absieht, daß schon das Wort *Vaterland* unter die in Deutschland tabuisierten Begriffe fällt. Zum einen geht der englische Schriftsteller von der für einen Deutschen unvorstellbaren Möglichkeit aus, Hitler habe den Krieg gewonnen. Ein Deutscher darf vielleicht betrunken am Stammtisch sagen: »Der Hitler ist doch mit dem U-Boot nach Argentinien abgetaucht.« Aber öffentlich ist dieser Gedanke gesellschaftlich verboten. Zum anderen behandelt Harris die Judenverfolgung in einem Unterhaltungsroman, was ihm öffentlich vorgeworfen wird. Die *Zeit* freut sich, daß »kein deutscher Verleger sich für solch frivole Geschmacklosigkeit hergegeben« hat. Das *Deutsche Allgemeine Sonntagsblatt* erklärt, der Völkermord an den Juden sei »kein Stoff für Kolportage und historische Spekulationen«, und die in Hannover erscheinende *Neue Presse* fürchtet, hier werde »das wohl grauenvollste Ereignis der Weltgeschichte« skrupellos als Auflagenmacher mißbraucht.[165]

Dort, wo das Tabu nicht vorhanden ist, wird das Buch wesentlich besser aufgenommen. Die *Jerusalem Post* meint, die Vorstellung von dem siegreichen Reich sei nur allzu glaubwürdig. Die Züricher *Weltwoche* hält es für ein ernsthaftes und sehr verdienstvolles Buch – trotz aller Verkäuflichkeit. Das Tabu hat allerdings auf viele deutsche Leser nicht gewirkt: *Vaterland* wurde auch in Deutschland ein Bestseller. Darin liegt kein Widerspruch. Das Tabu wird von einer aktiven Minderheit in der Gesellschaft aufrechterhalten. Wenn es aber einmal durchbrochen wird –

wie durch das Erscheinen von *Vaterland* –, dann setzt sich die passive Mehrheit darüber hinweg. Und bei einem Teil der Käufer von *Vaterland* mögen auch Leute gewesen sein, die fälschlicherweise glaubten, hier handle es sich um ein Buch, in dem Hitler entsprechend ihrer nostalgischen Meinung »richtig« dargestellt würde. Sie werden das Buch bald angeekelt weggelegt haben: das Gegenteil ist der Fall.

Das deutsche Tabu »Auschwitz« ist kein absolutes Verbot, das für alle Menschen gilt. Deutsche dürfen ihre belastete Geschichte nicht unterhaltend darstellen – Ausländer schon eher. Anfang der achtziger Jahre erschien in den USA das Buch von Thomas Keneally über den Nazi Schindler, der Juden vor dem Tod im KZ rettete. Der Berliner Filmproduzent Artur Brauner wollte den Stoff verfilmen und beantragte – wie das in Deutschland üblich ist – einen finanziellen Zuschuß von der Filmförderungsanstalt in Berlin. Doch die Subvention wurde als völlig unvorstellbar abgelehnt, staatliches Geld gäbe es nicht für eine vermeintlich mit Emotionen aufgeladene Kolportage, in der auch noch ein Nazi Juden rettet, statt sie zu vernichten. Doch als dann Spielbergs *Schindlers Liste* in Deutschland uraufgeführt wurde, nahmen Bundespräsident Richard von Weizsäcker, der Vorsitzende des Zentralrats der Juden in Deutschland, Ignatz Bubis, sein Stellvertreter Michel Friedman, Sohn von »Schindler-Juden«, und der jüdische Botschafter in Deutschland an der Vorführung teil. Die Gründe dafür, daß der Film jetzt von der öffentlichen Kritik akzeptiert wurde, sind offensichtlich: Die Verfilmung lag in Händen einer amerikanischen Produktionsgesellschaft, und Steven Spielberg ist amerikanischer Jude. Das gilt als Alibi für seine Ernsthaftigkeit, daß er nicht versucht, den Holocaust zu verniedlichen und die Nazis zu entschuldigen. Der Film ist in der Form eines Dokumentarstreifens gedreht und – auch das spielt eine Rolle – hat in Amerika einen sensationellen Erfolg erlebt. Hätte dagegen ein Deutscher diesen Film gedreht, dann – so die Angst der Deutschen – wäre dies möglicherweise als Verharmlosung mißverstanden worden. Und vor »Mißverständnissen« aller Art soll das Tabu schützen.

Auch in einer aufgeklärten Gesellschaft schaden Tabus der Sache selbst, die sie zu behüten vorgeben. Denn Tabus schaffen Ängste. Und Ängste führen zu irrationalen Handlungen – auch in der Politik. Die Aufregung um die Rede des damaligen Bundestagspräsidenten Philipp Jenninger zum fünfzigsten Jahrestag der Reichspogromnacht ist dafür ein gutes Beispiel. Jenninger mußte zurücktreten, weil er eine Rede hielt, an der inhaltlich nichts auszusetzen war. Aber weil er sie in einem emotional äußerst aufgeladenen Moment sehr nüchtern und auch holprig vortrug, glaubten seine Zuhörer, er wolle die Deutschen entschuldigen.

Ignatz Bubis hat einige Zeit später einen Versuch unternommen und Jenningers Rede vor einem Publikum gehalten, das nicht wußte, das dies die umstrittene Rede war. Bubis erhielt Beifall, wofür Jenninger das Amt des zweiten Mannes im Staate aufgeben mußte. Und in der *New York Times*, die Deutschland jedesmal geißelt, wenn es auch nur den Anschein hat, es könne in alte Untugenden zurückfallen (hier entstand der Begriff *Auschwitz in the sand* wegen der Beteiligung Deutscher an Libyens Fabrik für Kampfgase), in dieser Zeitung wurde die Rede Jenningers verteidigt. Er habe die ungeschminkte Wahrheit gesagt. Aber jene, so die NYT, die ihn kritisierten, zögen Ruhe und äußerliche Korrektheit wirklichem Bemühen um Gerechtigkeit und Toleranz vor.[166]

Als Spielberg den Film über Schindler präsentierte, wurde die Tabuverletzung in Deutschland durch den großen Erfolg im Ausland ausgeglichen. Jenningers Rede, die in Deutschland im Fernsehen übertragen worden war, wurde abgelehnt, da die Öffentlichkeit seinen Auftritt gefühlsmäßig ablehnte. Vor seiner Rede hatte die große Schauspielerin Ida Ehre das Gedicht *Todesfuge* von Paul Celan gelesen. Und nun saß die von Krankheit gezeichnete Ida Ehre zusammengesunken da und versteckte ihr Gesicht in ihren Händen. Was immer sie dabei wirklich dachte, die Geste drückte Verzweiflung aus. Und das Fernsehen blendete ihren stummen Schmerzensschrei, während Jenninger sprach, immer wieder ein. In Wirklichkeit sagte Ida Ehre, nachdem Jenninger das Pult verlassen hatte: »Was für eine wunderbare Rede!« Doch diese Bemerkung ging unter. Die Strafe für Philipp Jenninger entsprach der Schwere des Tabubruchs.

Jede Verletzung des Tabus wird bestraft. 1977 verstieß der Schriftsteller Martin Walser gegen das Tabu: Teilung Deutschlands ist gleich Strafe für Auschwitz, als er sagte, er könne sich an die Teilung nicht gewöhnen, die DDR sei für ihn kein Ausland. Dafür wurde er nicht nur vom tabuorientierten deutschen Feuilleton fälschlicherweise als Nationalist gescholten, sondern manch einer seiner vermeintlichen Freunde entzog ihm auch das Du. Mit solch einem Tabubrecher wollte man nicht befreundet sein.

Das Tabu Auschwitz wirkt in alle gesellschaftlichen Bereiche hinein, nicht nur in Politik und Kultur, sondern auch in die Wissenschaften. Kritische Historiker wie Heinrich August Winkler beklagen, daß selbst die Aufarbeitung der Nazizeit Tabus unterliegt. Winkler erkennt in Deutschland Frage- und Benennungsverbote, die dazu führen, daß manche historischen Fragestellungen nicht in Deutschland, sondern nur in Frankreich oder Großbritannien möglich sind.[167] Das Denken muß auswandern, wenn es darum geht, Erscheinungsformen von totalitärer Diktatur zu vergleichen, etwa die nationalsozialistische und die kommunistische. Weil das Tabu die NS-Zeit mit der Einzigartigkeit des Judenmords verbindet, kann es keinen Vergleich zwischen dem einzigartigen Bösen und der kommunistischen Diktatur geben. Zwar heißt Vergleichen nicht Gleichsetzen, doch solche Details beachtet ein Tabu nicht. So stammen die beiden ersten großen Bilanzen dieses Jahrhunderts aus England und Frankreich: Eric Hobsbawn schrieb *Zeitalter der Extreme* und François Furet, der 1997 starb, *Ende der Illusionen*. Martin Broszat, damaliger Direktor des Instituts für Zeitgeschichte in München, forderte schon vor dem Historikerstreit, die Geschichtsforschung über die NS-Zeit dürfe nicht ausschließlich mit gefühlsgeleiteten, moralisierenden Argumenten arbeiten: »Auch die Pauschaldistanzierung von der NS-Vergangenheit ist noch eine Form der Verdrängung und Tabuisierung.«[168]

Da Deutschland eine Demokratie ist, kann Denken nicht verboten werden. Doch Tabus wirken durch gesellschaftliche Sanktionen. Wagt sich ein Forscher oder Publizist an ein tabuisiertes Thema, dann kann er totgeschwiegen oder in seinem Fach isoliert werden. Und sollte er doch die Rede auf das tabuisierte Thema bringen, dann – so der Historiker Christian Meier in einem Aufsatz über »Denkverbote« –, »blickt man drein wie eine viktorianische Lady, in deren Anwesenheit das Wort ›Geschlecht‹ gefallen ist«.[169]

Pauschaldistanzierung und Tabuisierung können ganze Wissenschaftszweige blockieren: etwa die Genforschung. Wenn in Hamburg ein Schiff mit genbehandeltem Soja landet, geht ein Aufschrei durch die deutsche Republik. Die Deutschen würden Opfer eines vergifteten Nahrungsmittels. Den Grund für diese Angst benennt James D. Watson, der für die Entdeckung der »Doppel-Helix«, Grundlage aller Genforschung, 1962 den Nobelpreis erhielt: »Deutschlands Verstrickung in Eugenik (Genetik zur Verbesserung der Menschheit) war ein moralisches Desaster. (…) Die Deutschen hatten nie die sittliche Verkommenheit, die im Namen der Genetik begangen worden war, niedergekämpft.«[170]

Das »Desaster« war zum einen, daß viele führende deutsche Humangenetiker während des Dritten Reichs die Überlegenheit der nordischen Rasse propagierten und an der Ermordung von Geisteskranken, Juden und Zigeunern durch wissenschaftliche Selektion teilnahmen. Zum andern aber fanden diese Wissenschaftler, soweit sie nie selbst Hand angelegt hatten, nach dem Krieg wieder ihren Platz an westdeutschen Universitäten.

Ursprünglich ist die Eugenik keine rein deutsche Erfindung. Wissenschaftler in den USA und in Deutschland forschten in den ersten Jahrzehnten dieses Jahrhundert, wie die Genetik zur Verbesserung der Menschheit eingesetzt werden könne, und die gleichgesinnten Amerikaner hielten Kontakt zu ihren deutschen Kollegen, trotz der Nürnberger Rassengesetze von 1935, bis der Krieg den Gedankenaustausch unmöglich machte.

Die Arbeiten der Wissenschaftler waren auch in Amerika politisch motiviert. Viele Wissenschaftler glaubten damals an die unbewiesene These, Rassenmischung führe unweigerlich zu degenerierten Nachkommen. In den USA wurden deshalb Gesetze verabschiedet, die Eheschließungen zwischen Weißen und Schwarzen verboten. Im Dritten Reich wurden aus gleichem Grund, nämlich um »die Rasse rein zu halten«, allein zwischen Januar 1940 und September 1941 siebzigtausend psychiatrisch Kranke ste-

rilisiert und dann ermordet, um deren Betten für Kriegs-
versehrte frei zu machen. In den weiteren Kriegsjahren
wurden viele Hunderttausende sterilisiert oder umgebracht. Nach dem Krieg wurden einige direkt an den Morden Beteiligte zum Tode verurteilt und hingerichtet, einige
begingen Selbstmord. Doch die beiden Professoren Fritz
Lenz und Otmar von Verschuer, die mit den Nazis zusammengearbeitet hatten, als es um die Ermordung der Juden
ging, fanden ihren Weg zurück in die Wissenschaft.

Der amerikanische Nobelpreisträger James D. Watson
beklagt besonders, daß der deutsche Nobelpreisträger
Adolf Butenandt an der Weißwäsche von Professor von
Verschuer beteiligt war, »obwohl man damals wußte, daß
sein früherer Assistent Josef Mengele ihm Forschungsma-
terial aus Auschwitz geschickt hatte«. Von Verschuer wurde später Professor für Genetik in Münster. Diese Tatsachen sind nur in Fachkreisen bekannt: Benno Müller-Hill,
Professor für Genetik in Köln, veröffentlichte 1984 das
Buch *Tödliche Wissenschaft*. Das Tabu hat schlicht dafür
gesorgt, daß in der öffentlichen Meinung Genforschung
grundsätzlich böse ist. Für Watson erscheint es so, als verbreiteten deutsche Gegner der Gentechnik die Idee, »daß
nazi-ähnliche Genetiker daran arbeiten, die natürliche
Weltordnung zu stürzen. Hysterie triumphiert so über
Vernunft: Rekombinate DNA-Produkte, wie Insulin, können in weiten Teilen Deutschlands nicht industriell produ-
ziert werden.« Die Hysterie führte zu Bombendrohungen
nicht nur gegen Labore, sondern auch gegen Privatwoh-
nungen von Genforschern in Deutschland. Der von Angst
motivierte öffentliche Druck hat dazu geführt, daß in den
vergangenen Jahrzehnten zahlreiche Gesetze und Verord-
nungen erlassen wurden, um die Genforschung zu behin-
dern. Der deutschen Wirtschaft blieb nichts anderes übrig,

als ihre entsprechenden Abteilungen ins Ausland zu verlagern, wenn sie weiter im Geschäft bleiben wollte.

Ein wesentlicher Teil der Medizin der Zukunft kann nur über die Genmanipulation erstellt werden – etwa Heilmittel gegen Aids oder Krebs. Deutschland hängt in der Forschung bald Jahre hinterher. Doch die Stimmung in Deutschland schlug langsam um, da es der deutschen Industrie nicht mehr gut geht, und alle Welt davon spricht, neue Wirtschaftsbereiche müßten eröffnet werden. So beschloß die Bundesregierung 1997, in das Genom-Projekt einzutreten und die Biotechnologie mit Subventionen anzustoßen. Aus diesem Grund wurde James D. Watson als führender Genetiker nach Berlin eingeladen. Bei einem Kongreß für Molekulare Medizin wollte der Bundeswissenschaftsminister den Sinneswandel der Regierung verkünden. Watson sollte den Hauptvortrag halten. Der Minister ließ sich durch eine Beamtin vertreten. In ihrer Rede kam die deutsche Vergangenheit nicht vor. Sie betonte, Deutschland werde sich mit vierundzwanzig Millionen Mark am Genom-Projekt beteiligen. Aber Forschung, die zu keinen Patenten führte, hätte keinen Platz in der staatlichen Förderung. Es war unmißverständlich: Die deutsche Förderung der Forschung diente ausschließlich der deutschen Wirtschaft. Über ethische Fragen bei der Verwendung genetischer Informationen sprach die Beamtin nicht.

Während ihrer Rede war das Adrenalin des amerikanischen Nobelpreisträgers gestiegen. Er improvisierte die ersten Sätze seiner Rede und bat die Beamtin in Bonn zu berichten, »daß der Rest der Welt wenig Erfreuliches darin sehe, wie Deutschland nun in die Genom-Welt eintrat. Das war nicht der Augenblick, um Gene als mögliche Diener der kommerziellen Interessen des deutschen Staates vorzustellen. Es wäre besser gewesen, gerade auf einem Kongreß für Molekulare Medizin das Bedürfnis der Welt zu bestätigen, Wege zu finden, um zerstörerische Effekte von genverursachten Krankheiten zu bekämpfen.« Die anwesenden Vertreter aus der deutschen Medizinforschung applaudierten. Watson war es, der dann an die zwiespältige deutsche Vergangenheit erinnerte und forderte: »War nicht die Zeit gekommen, daß die Gemeinde der deutschen Genetiker endlich zugab, tief beschämt zu sein angesichts der Taten ihrer Vorgänger? In meiner Vorstellung besteht nur so die Chance, endlich dem Geist Hitlers zu entkommen, der immer noch sie und die Genetiker in der ganzen Welt verfolgt.«

Weil alles, was mit dem Gen zusammenhängt, tabuisiert ist, hat sich keine offizielle Stelle getraut, offen und »unverkrampft« über die deutsche Vergangenheit zu sprechen. Beim anschließenden Essen für die Ehrengäste saß Watson abends neben der Beamtin, die der verhinderte Minister geschickt hatte. Watson erklärte ihr, daß fünf Prozent der Gelder beim amerikanischen Genom-Projekt für die Analyse der ethischen, rechtlichen und sozialen Folgen der Forschung ausgegeben würden. Die Deutsche meinte, ihr Ministerium habe das Projekt deshalb so lange zurückgehalten, weil jetzt erst alle ethischen Probleme geklärt seien.

Bei den Kongreßunterlagen befand sich eine im März 1997 gedruckte Broschüre des Ministeriums für Wissenschaft und Technologie mit dem Titel »Biotechnologie, Genmanipulation und Ökonomische Innovation«. Mit keinem Satz wurde darin erwähnt, weshalb Deutschland sich mit der Genforschung schwerer tut als andere Länder. Das Wort Eugenik kam überhaupt nicht vor. Offenbar hatte die Angst gesiegt, man könne bei allem, was man sagt, doch nur wieder mißverstanden werden.

Die Liste der deutschen Tabus ist endlos. Worte, die belastet sind durch ihren Mißbrauch im Dritten Reich, werden heute noch verdammt und verhindern so gesellschaftliche Entwicklungen. An dem Wort *Volk* hängt der von den Nationalsozialisten benutzte Begriff *Volksgemeinschaft*. Volksgemeinschaft oder einfach Gemeinschaft zu sagen, ist verdächtig. In der Soziologie wird der Begriff genauso tabuisiert wie in der Publizistik. Man kann Volk auch anders definieren: als Souverän in einer Demokratie. Die Amerikaner sprechen von der *community*, die Franzosen von der *communanté*, und so benutze ich das Wort Gemeinschaft: als eine größere Gruppe von Menschen, nicht als eine rassisch bestimmte Einheit. Und meines Erachtens müssen die Deutschen über die Entwicklung ihrer Gemeinschaft nachdenken. Dies können sie allerdings nur ungehemmt tun, wenn sie den Grundbegriff akzeptieren. *Elite* darf man nicht sagen, denn das erinnert nicht nur an die SS, sondern auch an Klassenbewußtsein etc.

Tabufreie Zonen existieren nirgendwo auf dieser Welt. Immer wird eine Mehrheit oder Minderheit Tabus zu ihrem Schutz oder zur Machterhaltung errichten. Aber wenn Tabus erkannt sind, dann sollte eine Gesellschaft sie aufbrechen. Denn ein Staat, dessen Politik, Wissenschaft, Wirtschaft und öffentliche Meinung von einer großen Zahl Tabus belastet wird, kann sich nicht aufgeklärt nennen. Tabus wirken genauso als Denkhemmungen wie Mythen.

Der Hermann-Mythos

Ein Lehrer, der das politische Wochenmagazin *Der Spiegel* abbestellt hatte, ahnte gar nicht, was er damit angerichtet hat. Chefredakteur Stefan Aust persönlich schreibt jedem Leser, der das Abonnement kündigt. Der Lehrer hatte in seinem Kündigungsschreiben erwähnt, daß er sich mit Geschichte und Ausgrabungen beschäftige, und zwar besonders mit jenem Ort, wo die Schlacht gegen Varus hätte stattfinden können. Aust ging in seinem Antwortbrief nebenbei auch auf die Hermannsschlacht ein. Und so ist ihm die Schlacht im Teutoburger Wald im Sinn, als er wenige Tage später *Spiegel*-Herausgeber Rudolf Augstein an dessen Urlaubsort in Südfrankreich besucht. Das Gespräch kommt zufällig auf die Hermannsschlacht. Daraus entwickeln sie die Idee, das Thema im Blatt zu behandeln. Der zuständige Ressortleiter Jürgen Petermann wird mit der Aufgabe betraut, und der stellt fest, daß zufällig zu dieser Zeit die erste gesamtdeutsche Tagung der Frühgeschichtler stattfindet, bei der auch neue Erkenntnisse über die Hermannsschlacht ausgetauscht werden.

Was, so mag sich heute ein junger Deutscher fragen, soll an dieser alten Mär von Hermann dem Cherusker eigentlich so spannend sein? Außer dem Hermannsdenkmal bei Detmold erinnert nichts an ihn, und dieser 1875 errichtete Held aus Stein sieht ohnehin noch ziemlich scheußlich aus. Als sei es ein Scherz, gibt es an der Imbißbude davor Germania-Bier und Tusnelda-Schnitten.

Auch Stefan Aust ist irgendwann einmal in diesem Hermann nach oben gekraxelt. Wir schreiben das Jahr 1996, als an dem Bericht gearbeitet wird. Seit sechs Jahren ist Deutschland wiedervereinigt. Über Deutschland habe er sich vor 1990 keine Gedanken gemacht, meint Stefan Aust, Jahrgang 1946. Erst die deutsche Einheit hat ihn bewußt zum Deutschen werden lassen. Vorher empfand er sich nur als »westorientiertes Mitglied der 64er-Beatles Generation«.[171] Die Vorstellung, daß Berlin wieder deutsche Hauptstadt ist, erregt in ihm überhaupt keine nationalen Gefühle: »Wenn ich schon die Berliner Taxifahrer reden höre! Und dann sollen solche Leute in die Ministerien? Da sind mir die rheinländischen Pförtner lieber. Der einzige Grund, der für Berlin als Hauptstadt spricht, heißt: sonst wird Berlin ein Armenhaus.« Mit Gleichaltrigen aus Dresden hat Aust weniger zu tun als mit denen aus Paris, London oder New York. »Vor der Wiedervereinigung war es sehr schön.« Nun mußte er sich plötzlich mit Fragen auseinandersetzen, wie: Bundeswehr nach Bosnien? Oder: Wie soll das neue Gebilde heißen? »Deutschland«, sagt Aust, »ist daraus geworden. Vielleicht hätte etwa Deutsche Demokratische Republik von beiden etwas vereint. Aber es heißt ›Deutschland‹, und in dem Moment, wo es wieder ›Deutschland‹ heißt, ist es Zeit, sich wieder mit den Stämmen zu befassen, mit den Wurzeln.«

Ressortleiter Jürgen Petermann ist einige Jahre älter als Aust. Er fühlt sich in erster Linie als Europäer und erst dann als Deutscher. Allem gegenüber, was wieder am Deutschtum züngelt, ist er mißtrauisch. Deshalb zweifelt er nicht daran, daß es notwendig ist, die neuen Erkenntnisse über Hermann, die Schlacht gegen Varus und die Germanen in dem *Spiegel*-Bericht von einem politischen Ansatz her einzuordnen. Petermann: »Ich wollte die neuen wissenschaftlichen Erkenntnisse gebrauchen, um den Mythos um Hermann zu zerstören. Aus Angst vor einem neuen Nationalismus hat der *Spiegel* bei dieser Geschichte bewußt das Negative hervorgehoben.«[172]

Das sei doch wahrlich kein aktuelles politisches Thema, spöttelte die Journalistenkaste, als der *Spiegel* am 28. Oktober 1996 den Bericht über die Germanen und Hermann den Cherusker sogar zur Titelgeschichte machte. Die Überschrift unter einem drei Spalten großen Foto der Mumie des Tollundmanns (Bildunterschrift: »Nach der Henkersmahlzeit mit dem Strick erdrosselt und ins Moor geworfen«) lautete »Störenfriede im Nebelland«. Und schon die Einführung in das Thema gab die negative Tendenz vor: »Sie zerstückelten ihre Feinde, begingen blutige Ritualmorde, orakelten aus menschlichen Eingeweiden und kannten weder Töpferscheibe noch Schriftverkehr. Neue archäologische Funde rücken den Aufstieg der Germanen vor 2000 Jahren in ein düsteres Licht. Waren Roms Gegner ein nicht zivilisationsfähiges Volk?« Wer konnte schon ahnen, daß Aust und Petermann die Deutschen mitten ins Herz getroffen hatten. Kein anderer Bericht in diesem Heft erhielt ein derart großes Echo von Hunderten von Leserbriefen. Und fast alle Stellungnahmen ließen erkennen, wie stark der Mythos von Hermann und den Germanen noch – unbewußt – das Selbstbildnis der Deutschen beeinflußt. Denn es waren kaum Rechtsradikale oder Alt-Nazis, die protestierten (sie lesen den *Spiegel* nicht), sondern viele Briefe begannen mit der Erklärung, man stimme »eigentlich« mit der kritischen Richtung des *Spiegel* überein, aber hier ginge er zu weit.

Die große Tat von Hermann dem Cherusker war sein Sieg im Jahr 9 n. Chr. über die zahlenmäßig überlegenen Römer unter Varus. Wie die Schlacht ablief und wo sie stattfand, haben Archäologen erst in den vergangenen zehn Jahren herausgefunden. Nicht im Teutoburger Wald, wie Tacitus in seinen *Annalen* schreibt, sondern achtzig Kilometer vom Hermannsdenkmal entfernt in der Nähe von Kalkriese bei Osnabrück hatte Hermann die römische Übermacht in einen Engpaß gelockt und mit Guerillataktik vernichtet. Diese Geschichte wird später zum Gründungsmythos der deutschen Nation: der germanische Held zwingt die Truppen Roms zurück. Er erkämpft die Freiheit für sein Volk, und deshalb hat Rom Germanien nie erobern können.

Mythen haben den Sinn, Gemeinschaft zu stiften. Sie sind Geschichten, die einen so übermäßigen Einfluß auf das Denken der Mitglieder einer Gemeinschaft ausüben, daß diese gar nicht auf den Gedanken kommen, den Wahrheitsgehalt zu überprüfen. Ohne Gründungsmythos scheinen politische Gemeinschaften nicht auszukommen. Selbst die Bundesrepublik benötigte das Wirtschaftswunder, die D-Mark und Ludwig Erhard als Helden, um über diesen wirtschaftlichen Gründungsmythos politische Stabilität zu erreichen. Doch was ist der zigarrenrauchende Ludwig gegen den schwertschwingenden Hermann mit seiner gehässigen Frau Tusnelda!

Eine Quelle, die als Beleg für die geschichtliche Richtigkeit der jeweiligen Legende dient, wird der Gemeinschaft vorgegeben, so daß Zweifel an der Richtigkeit des Mythos ausgeräumt sind. Von Hermann und der Schlacht gegen Varus schreiben mehrere römische Autoren, am wichtigsten Tacitus und Velleius Paterculus. Und wenn sie davon berichten, dann werden doch wohl auch alle Ausschmückungen der Geschichte stimmen. Besonders der heute noch in deutschen Schulen gelesene Tacitus beflügelte den Mythos über die Jahrhunderte – und offenbar auch heute noch. Die Römer schreiben nicht von »Hermann«, sondern von »Arminius«, was Martin Luther als eine Bosheit zurückweist. Hermann sei der gängige germanische Name.

Der Cherusker Arminius/Hermann diente in der römischen Armee, aber nur – so will es die Legende – um deren militärisches Denken kennenzulernen. Er fädelt ein Verhältnis zwischen einem Römer und seiner Frau Tusnelda ein, um die Hinterhältigkeit des römischen Volkes zu beweisen. Dann versammelt er die Fürsten der germanischen Stämme und schlägt die Römer. Hermann eint die Nation durch Krieg und Sieg, wie Bismarck mehr als achtzehnhundert Jahre danach. Nur wird Hermann später von den mit ihm alliierten Stammeshäuptlingen umgebracht, weil er sich zu sehr als alleiniger Führer aufspielte. So schaffen sie die Grundlage für den deutschen Föderalismus.

Ulrich von Hutten schreibt 1529 den ersten Text, der sich mit dem Mythos »Arminius« befaßt. Arminius will in das Totenreich aufgenommen werden und gibt Tacitus als Zeugen dafür an, daß er nicht für seinen persönlichen Ruhm, sondern für die Volksfreiheit gekämpft habe. Es ging um die Ehre der Germanen, die sich nicht versklaven lassen wollten. Und das rechtfertige auch List und Verstellung gegenüber den Römern. Als »Brutus Germanicus« wird Arminius ein Ehrensitz im Reich der Toten eingeräumt. Von wegen Ehre! Respektlos schreibt der *Spiegel*, das Motiv für den Aufstand sei in der Zunft der Geschichtswissenschaftler noch strittig: »Handelte Arminius aus ›Ehre‹, wie die Mehrheit der Forscher glaubt? Oder war er scharf auf Varus' Silberbesteck und, so der Würzburger Historiker Dieter Timpe, vor allem aufs ›Beutemachen‹ aus?« Und schon protestiert der Leserbriefschreiber: Wie könne, so heißt es in vielen Zuschriften, die Frage der Ehre angezweifelt werden? In mehreren Protestschreiben,

so berichtet Jürgen Petermann, wird der Vergleich ange-
stellt: zuerst mache Daniel Goldhagen die Deutschen nieder, und nun würden deren Vorfahren, die Germanen, vom
Spiegel entehrt.

Es ist kein Wunder, daß der Hermann-Mythos heute
noch das Bild der Deutschen von sich selbst prägt, denn
zweihundert Jahre lang wurde es von deutschen Dich-
tern und Denkern aufgebaut, so daß der *Spiegel* zu Recht
schreiben kann: »Solch unbeugsames Heroentum diente
für Jahrhunderte als Folie deutschen Überlegenheitsge-
fühls.«

Als Anfang des 18. Jahrhunderts deutsche Dichter beginnen, sich Fragen nach der kollektiven Identität zu stellen, um den Deutschen einen Ursprung zu geben, werden
sie die Germanen zu ihren Vorfahren erklären. Damit sind
sie ein einheitliches Volk, daß nach einer geeinten Nation
streben kann. Und wer hat die Germanen vor dem Unter-
gang gerettet? Hermann! Ernst Moritz Arndt wird schwel-
gen: »An der Schlacht im Teutoburger Walde hing das
Schicksal der Welt, darum ist Hermann Weltname geworden, (…) er ist etwas Ewiges und Wirkliches, weil wir noch
durch ihn sind, weil ohne ihn vielleicht seit sechzehnhun-
dert Jahren kein Teutsch mehr gesprochen sein würde.«

Erst in diesen Jahren widmen sich kritische deutsche
Wissenschaftler stärker der Aufarbeitung des Mythos und
der unseligen Verstrickung der berühmten deutschen
Dichter und Denker in dieses nationale Pathos, das deutsche Überheblichkeit predigt, Haß und Rache sät und zum
Vernichtungskrieg gegen die Feinde aufruft.[173] Es wäre
dringend notwendig, die deutsche Literatur auf diesen
Mythos hin bewußt durchzuarbeiten, statt ihn zu tabuisie-
ren. Kleists *Hermannsschlacht*? Ach, das war doch nur ein
peinlicher Ausrutscher dieses großen Dichters. Irrtum!

Den Anfang machte Johann Elias Schlegel mit *Herrmann*. Ein Trauerspiel, das 1743 gedruckt wurde. Und von da an nimmt das Trauerspiel der deutschen Dichter und Denker seinen Lauf: Es folgen Justus Möser mit *Arminius*, Friedrich Gottlob Klopstock mit gleich drei Stücken, und es hört nicht mehr auf. Christoph Martin Wieland und andere nehmen sich Hermanns an, und mehr als dreißig Opern werden über den Gründer der Nation geschrieben. Schließlich setzt Heinrich von Kleist mit seiner *Hermannsschlacht* den Höhepunkt. Es ist das einzige Hermannsdrama, das heute dem deutschen Bildungsbürger noch bekannt ist. Kleists Stück wird nach der Machtübernahme durch die Nationalsozialisten im Spieljahr 1933/34 mehr als hundertfünfzigmal inszeniert! Der Grundtenor in allen Hermannsdramen ist Haß, Rache, Blut, Aggressivität, nicht Sieg über den Feind, sondern dessen Vernichtung, und Volk, Vaterland und nationale Freiheit. Der Begriff »Vaterland« weist auf die Herkunft, und weil sie germanisiert wird, wirkt sie ausgrenzend. Vaterland bedeutete ursprünglich »Acker meines Vaters« und bezeichnete vermutlich das Erbe. In einer offenen Nation, die sich nicht nach Rasse und Herkunft des Volks definiert, ist das Wort »Vaterland« veraltet. Statt dessen bietet sich das aus gleicher Zeit stammende »Heimat« an, dessen ursprüngliche Bedeutung ungefähr »Stammsitz« war, also der Wohnort der Familie. Deutschland kann für einen Deutschen, dessen Vater in Anatolien geboren wurde, nie Vaterland werden – sicher aber Heimat sein.

Haß wird zur »Tugend« eines nationalen Helden. Schon Schlegel läßt seinen *Herrmann* tönen: »Wer Rom nicht hassen kann, kann nicht die Deutschen lieben, / Was teilest Du Dein Herz? Sei treu mit ganzen Trieben / sei römisch oder deutsch! Jetzt wähle deinen Freund; / Rom oder deinem

Volk sei günstig oder Feind.«[174] Zwischen dem Hermann-Mythos und der deutschen Geschichte gibt es erstaunliche Parallelen. Hermann provoziert die Schlacht gegen Varus, indem er Germanen in Römer verkleidet, die raubend und plündernd durch das eigene Land ziehen. Nach gleichem Muster provozierte Hitler den Angriff gegen Polen im September 1939 – und löste so den Zweiten Weltkrieg aus. Nach gleicher Ideologie wurde der *Vernichtungskrieg* im Osten geführt.

Vielleicht liegt hier eine Erklärung für das mörderische Verhalten von »Hitlers willigen Vollstreckern«. Durch die Erziehung zu Haß und Rache gegenüber *jedem* Feind war ihnen eingebleut worden: ein Feind wird nicht nur besiegt, sondern auch vernichtet. Daniel Goldhagen meint zwar, der »eliminatorische« Antisemitismus der Deutschen habe Hunderttausende motiviert, willig – zum Teil mit Freude – das jüdische Volk zu ermorden. Doch waren sie nicht eher bereit, jeden zu vernichten, seien es Juden, Polen, Russen, Zigeuner, Homosexuelle, geistig Kranke, politisch Andersdenkende, Widerständler, Partisanen?

Deutsche Dichter begannen ihre Suche nach »deutschen« Traditionen, weil sie den Franzosen die angeblich »einheitliche« Geschichte des Volkes und der Nation neideten. Und so besteht ihr Mythos auch nicht in Abgrenzungen, sondern in Gegensätzen zu Frankreich. Die Franzosen sahen sich selbst als jene Nation, die Rom in der Weltgeschichte beerbt hatte. Für sie hieß die Kontinuität: Athen, Rom, Paris. Also heißt der deutsche Mythos: Germanen gegen Römer = Franzosen, Natur gegen Zivilisation, Tugend gegen Laster, Hermann gegen Vercingetorix. Wobei Hermann ersetzbar ist: Widukind gegen Charlemagne, Luther gegen die römische Kirche, oder eben Blücher, Stein, Gneisenau gegen Napoleon. Friedrich Wilhelm III. soll sich lange geweigert haben, diesen Vergleich auch für sich anzunehmen.[175] Deutsche »Ehre« wird zum Auslöser für Aggressionen stilisiert.

Begründet wird die Verherrlichung des Germanen und die Verachtung der Römer mit Tacitus, der – wohl um seinen Römern ein Spiegelbild vorzuhalten – die Römer als überzivilisiert, verweichlicht und durch den Luxus verdorben darstellt, während der Germane echt, einfach und naturverbunden, treu und freiheitsliebend ist. Und daß dies so sei, glaubt der Deutsche auch heute noch.

In den Leserbriefen an den *Spiegel* wiederholen sich genau die im Hermann-Mythos verbreiteten Gegenüberstellungen: die deutschen Vorfahren seien echt und naturverbunden gewesen. Die Germanen lebten nicht primitiv, beklagen sich die aufgebrachten Leser, sondern ihrer Umwelt und dem Klima perfekt angepaßt. Die Römer dagegen hätten die Natur zerstört, marmorne Wandelhallen gebaut und mit Gladiatorenkämpfen, Kreuzigungen, Militarismus und Sklaventum gezeigt, wer die wirklichen Barbaren waren. Gerade weil der Hermann-Mythos nicht mehr verbreitet wird, ist es verwunderlich, wie stark die mit ihm verbundenen Ansichten noch im Gedankengut der Deutschen verwurzelt sind. Offenbar haben die Deutschen das von diesem Gründungsmythos vorgegebene Bewußtsein so verinnerlicht, daß es auch ohne Hermann weiterlebt.

Rom, so schreibt Helmuth Plessner in *Die verspätete Nation*,[176] erscheint in vierfacher Hinsicht als Gegenspieler des deutschen Volkes: »als kultivierende Weltmacht, die bei ihrer Ausdehnung die Germanen in den Lichtkreis der Geschichte gezogen und sie als römisch-katholische Kirche christianisiert hat. Von dieser Romanisierung hat sich ein Teil des Volkes in der Reformation befreit. Die Anwesenheit der römischen Kirche auf deutschem Boden bleibt aber eine ständige Gefahr; als italienischer Humanismus und italienische Renaissance in ihren das deutsche geistige und künstlerische Sehen bis heute beeinflussenden Wirkungen; als – durch römisches Recht und in der Renaissance wiedererwecktes Ideal der Republik hindurch vermittelter – moderner Staatsgedanke, der um des Menschen willen den Menschen zum Träger der freien Ordnung macht, d.h. als Staatsgedanke Westeuropas und – im Hinblick auf die Konfliktmöglichkeiten Deutschlands – insbesondere Frankreichs.«

Im Hermann-Mythos liegt auch ein Keim für die auch heute noch vorhandene deutsche Überheblichkeit und Besserwisserei. Dieses Verhalten beginnt schon ganz banal im Straßenverkehr. Nicht umsonst lautet der Spott, auf dem Grabstein eines deutschen Verkehrstoten wäre zu lesen: »Ich hatte aber Vorfahrt!« Deutsche Überheblichkeit beginnt, wenn ein guter Deutscher, der vor der Ampel harrt, obwohl weit und breit kein Gefährt noch andere Menschen zu sehen sind, mir, dem nahenden (französisch versauten) Läufer, der die Straße trotz Rot überquert, zuruft: »Das ist aber verboten!« Weil er sich den Vorschriften gegenüber besser verhält, meint er, ein besserer Mensch zu sein, und so erhebt er sich über den anderen, um ihn zu beherrschen.

In der Öffentlichkeit in Deutschland geht es so zu, in der Politik, in der Wirtschaft, im menschlich-privaten Umgang, im Kulturleben. So klagt Christina Weiss, Hamburger Kultursenatorin: »Die Kultur der Debatte ist bei uns nicht ausgeprägt, die Lust daran, rhetorisch perfekt und menschlich würdig eine richtige Debatte zu führen, ein Streitgespräch über eine Sache, ohne von einem Extrem ins andere zu verfallen. Das hätten wir eigentlich in unserer Vergangenheitsbewältigung lernen können. In Deutschland muß man fertigmachen. Die Journalisten haben den Auftrag, in einem Interview jemanden ordentlich fertigzumachen. Wenn nicht, bist du langweilig. Wenn ich einen Dichter interviewe, möchte ich vermitteln, was in dessen Kopf vorgeht. Da brauche ich ihn nicht fertigzumachen. Dann muß ich nachfragen, was denken sie dazu, und was denken sie dazu.« Es fehlt den Deutschen am richtigen Maß. Denn Hermann hat ihnen vermittelt: Es gibt keine Gegner, sondern nur Feinde.

Hermann ist ein Grund für mangelnde Toleranz, die heute noch in Deutschland weit verbreitet ist. Hermann bleibt auch die Quelle, aus dem die Erbfeindschaft gegen Frankreich sprudelte, die heute zwar versiegt ist, aber noch viele Deutsche auf die Franzosen herabblicken läßt. Natürlich hatte Hermann auch seine Gegner, etwa im deutschen Katholizismus oder der Sozialdemokratie. In der Weimarer Republik wurde Hermann der Mythos der national Denkenden, die ihn mit Siegfried verbanden und die Dolchstoßlegende verbreiten konnten: Das Heer sei im Felde unbesiegt, zu Hause habe man ihm den Dolch in den Leib gestoßen, so wie Hagen dem unverwundbaren Siegfried an jener Stelle den Speer in die Schulter bohrte, wo ein Blatt die Wirkung des Drachenbluts verhindert hatte. Damit wurden die Militärs entlastet, und der Mythos konnte im politischen »Bürgerkrieg« der Weimarer Zeit gegen die Anhänger der Republik, besonders gegen die Sozialdemokraten, benutzt werden.

Nach dem Zweiten Weltkrieg wurde Kleists Drama tabuisiert, das 1875 eingeweihte Denkmal der Folklore überlassen. Als Bundespräsident Theodor Heuss 1959 gebeten wurde, zur 1950-Jahr-Feier der Wiederkehr der Schlacht im Teutoburger Wald eine Rede zu halten, lehnte er ab – allerdings mit der falschen Begründung: »Ich habe sofort abgelehnt, ungeachtet der dramatischen Belebung und Verklärung dieses Geschichtsvorganges durch Kleist und Grabbe, weil ich doch keinen Vortrag über die traditionelle Uneinigkeit der deutschen Stämme halten wollte und der Meinung bin, daß solche Art der ›Traditionspflege‹ ganz einfach zur Banalisierung romantischer Gefühle führt, mit einem künstlichen Bildungsaffekt«.[177] Heuss hätte die Rede zum Anlaß nehmen sollen, um die Hintergründe dieses Mythos aufzuklären. Als zwei Jahre später der 150. Todestag von Heinrich von Kleist gefeiert wird, verschweigen fast alle Veröffentlichungen die *Hermannsschlacht* – das Greuelstück, das die Nazis so liebten, wird tabuisiert. Die Tabuisierung ging so weit, daß die *Hermannsschlacht* in Bertelsmanns *Kitsch-Lexikon* zwischen Gartenzwergen und halbentblößten Zigeunerinnen eingemottet wurde. Das Drama wird nur noch wenig aufgeführt. Als die *Hermannsschlacht* 1957 in der DDR auf die Bühne gebracht wurde, wurde im Programmheft Rom mit den USA gleichgesetzt, die die »germanischen Stämme« in West- und Ostdeutschland aufgeteilt hätten.

Zwar wird die Hermann-Literatur tabuisiert, die entsprechenden Denkschemata aber sind noch vorhanden. Und das Tabu ist nicht so stark, daß es den Historikern verbieten würde zu phantasieren. Während es als obszön angesehen wurde, daß Robert Harris einen Roman schrieb, in dem Hitler den Krieg gewann, fragten sich deutsche Historiker, was denn aus »Germanien« geworden wäre, wenn die Römer in der Schlacht am Teutoburger Wald gewonnen hätten! Vielleicht wären die Deutschen zivilisiert worden. Und einem kommt sogar der Wunschgedanke, die Geschichte hätte einen glücklicheren Verlauf genommen, und Nationalsozialismus und Judenmord hätten gar nicht stattgefunden.

Das Verhältnis der Deutschen zur Natur – und dem Wald – nahm auch im Hermann-Mythos seinen Anfang. Und so weisen eine Reihe von Leserbriefen an den *Spiegel* darauf hin, die Germanen seien im Gegensatz zu den Römern ein bäuerliches, der unverfälschten Natur zugetanes Volk gewesen. Hermann lebte mit seinen Soldaten im Wald, aus dem Wald brach er hervor, um die Römer zu besiegen. Der Wald wird zum Garanten »für die Unbesiegbarkeit der Nation«.[178] So steht Arminius bei Detmold auch mitten im Wald, durch den der Besucher einen langen Fußmarsch antreten muß, um zum Denkmal zu gelangen. Der Wald, so meint Elias Canetti in seiner Betrachtung über Massensymbole, stünde über dem Menschen. Die Stämme seien ungefähr gleich groß und auch die Richtung sei gleich: »So ist der Wald zum Vorbild der Andacht geworden. Er zwingt den Menschen aufzuschauen, dankbar für seinen überlegenen Schutz. Das Hinaufschauen an vielen Stämmen wird zu einem Aufschauen überhaupt. Der Wald baut dem Kirchengefühl vor, dem Stehen vor Gott unter Säulen und Pfeilern. Sein gleichmäßigster und darum vollkommenster Ausdruck ist die Wölbung des Doms, alle Stämme in eine höchste und untrennbare Einheit verflochten. Ein anderer und nicht weniger wichtiger Aspekt des Waldes ist seine vielfache Unverrückbarkeit. Jeder einzelne Stamm ist festgewurzelt und gibt keiner Drohung von außen nach. Er kann gefällt, aber nicht verrückt werden. So ist er zum Symbol des *Heeres* geworden: ein Heer in Aufstellung, ein Heer, das unter keinen Umständen flieht; das sich bis zum letzten Mann in Stücke hauen läßt, bevor es einen Fußbreit Boden aufgibt.«[179] Von diesem Natur-Mythos sind die Grundgedanken auch heute noch erhalten, und sie wirken fort. In dem Buch *Das Pathos der Deutschen* schreibt Peter Wippermann: »›Natur ist unsere Kirche.‹ Dieses Glaubensbekenntnis wird seit etwa fünfzehn Jahren von der Ökologiebewegung vorgebetet, es ist heute schon fast gesellschaftlicher Konsens in Deutschland und scheint zur Amtskirche des neuen Milleniums zu avancieren.«[180] Für den Schutz der Natur wird objektiv auch in Deutschland zu wenig getan, und das, obwohl hier die politisch stärkste Ökologiebewegung der Welt zu finden ist. Keine Frage, daß sie noch stärker sein müßte. Allerdings hat ihr »deutsches« Auftreten im Ausland schon manchmal Unbehagen hervorgerufen, denn sie vermittelt häufig den Eindruck, an ihren Erkenntnissen solle die Welt wieder einmal genesen.

In seiner *Anleitung, die Deutschen zu lieben* stellt sich der italienische Journalist Roberto Giardina[181] die typische Frage eines Ausländers, ob die Gefahr für ein totalitäres System in Deutschland bestehe – und er bejaht sie: »Die einzige Diktatur, die in der Bundesrepublik möglich ist, ist die ökologische Diktatur, die vielleicht schon begonnen hat.« Das entsprechende Kapitel ist mit dem Begriff »Grünhemden« überschrieben. Die Italiener, so brüstet sich Giardina, waren die ersten, die per Referendum die Atomkraftwerke abschafften und jetzt für teures Geld Energie in Frankreich kaufen. Der Grüne Joschka Fischer sei dagegen als Umweltminister von Hessen nicht zurückgetreten, als die Sozialdemokraten seine Anweisung, das Atomkraftwerk Biblis abzuschalten, rückgängig machten. Statt dessen werde Terror auf jeden ausgeübt, der sich beim Papier- und Glassammeln nicht richtig verhalte. Die alten Klischees wirken auch auf Giardina, und er bereitet sich darauf vor, im Untergrund zu leben, da er ein Viertes Reich kommen sieht.

Erschrocken schreibt auch der französische Journalist Nathan Tannenbaum nach seinen Besuch auf der Insel Spiekeroog, es handle sich in Deutschland um die »ideale Insel der grünen Diktatoren«.[182] Die von Grünen beherrschte Insel sei kein normales Ferienziel, sondern ein Heiligtum, Ziel von Pilgerfahrten. Aus Sorge, ihnen würde eine faschistische Renaissance in ökologischem Gewand vorgeworfen, hätten die Grünen auf Spiekeroog Naturgebiete, die für Menschen gesperrt sind, nicht *menschenrein*, sondern *menschenfrei* genannt. Die erste Bezeichnung erinnere ein wenig sehr an *judenrein*. In dieser besten aller grünen Welten überwache jeder jeden, da die unschuldige, zerbrechliche Natur vor der menschlichen Ignoranz geschützt werden müsse. Alles andere sei nebensächlich. Und Tannenbaum erzählt, eine Frau, die auf der Insel lebe, habe Verständnis für ihre Nachbarn, die sie angezeigt haben, weil sie ihren Hund einen Augenblick ohne Leine laufen ließ: »Sie versteht, daß der Schutz der Umwelt solche Schwächen nicht dulden kann.« In Frankreich hätte eine Frau, die wegen solch einer Lappalie angezeigt wird, keinerlei »Verständnis«, sondern – zu Recht – großen Zorn auf die Nachbarn. Was Tannenbaum schildert, ist ein Extrem. Doch gerade diese Extreme erlauben es Ausländern, Vergleiche mit der deutschen Vergangenheit zu ziehen; das zeigt, wie wichtig es ist, Mythen als Denkhemmungen zu erkennen.

Da Mythen auf den Bürger unbewußt wirken, gilt es, sich ihrer anzunehmen, so wie es Stefan Aust und Jürgen Petermann mit dem *Spiegel*-Titel taten. Denn wie unvorsichtig mit der germanischen Mythologie auch heute noch umgegangen wird, etwa in der Wirtschaft, bewies im Frühjahr 1997 die Firma Krupp bei ihrem Versuch, den riesigen Konkurrenten Thyssen zu schlucken. Der Plan zur Übernahme hieß »Hammer und Thor«. Der Hammer wird dem germanischen Donnergott Thor als Werkzeug zugeschrieben. Und wie besitzergreifend Thor seinen Hammer einsetzt, bewundert der politische Dichter und Historienschreiber Felix Dahn in einem Gedicht über germanische Feldzüge:

> Seitdem ist's freudig Germanenrecht
> Mit dem Hammer Land zu erwerben:
> Wir sind von des Hammergottes Geschlecht
> Und wollen sein Weltreich erben.[183]

»Thor« Krupp gelang es nicht, sein »Weltreich« mit Thyssen zu vergrößern, der Plan »Hammer und Thor« scheiterte. Es wird wohl nicht daran gelegen haben, daß die für Krupp planenden Wirtschafts- und Finanzbosse »Hammer und Thor« nur ironisch meinten.

Das selbstbewußte Volk

D-Mark – Mythos oder Symbol

Feine Ironie sagt man den Regierenden in Deutschland eigentlich nicht nach, doch bis nach Paris drang die Kunde, in den Wandelgängen der Bonner Politik nenne man den Euro ironisch »Camembert-Geld«: »Es ist rund, es ist weich, es ist französischer Käse.« Der Pariser Soziologe Pierre Bourdieu fand darauf die richtige Antwort: Für die Franzosen sei Geld als sozialer Status weniger wichtig als ein guter Rotwein – oder Mode. Doch für diese feinen Unterschiede hätten die von der harten Mark besessenen Deutschen wenig Sinn. Tatsächlich meint Bankier Ulrich Beckmann: »Die Deutschen lieben die Mark mehr als ihre Frauen.« Und Wolfgang Roth, heute Bankier, einst sozialdemokratischer Politiker, glaubt, die Deutschen beteten dreimal am Tag zur Bundesbank, was der Präsident desselben Instituts Hans Tietmeyer zu begründen weiß: »Deutsche haben ein gebrochenes Verhältnis zu ihrer Geschichte. Sie können keine Parade abhalten. Sie können keiner Flagge salutieren. Sie haben Angst Nationalismus zu zeigen. Ihr einzig sicheres Symbol ist die Mark.«[184]

Mit der Mark gehen die Deutschen so um, daß der Philosoph Jürgen Habermas während des deutschen Einigungsprozesses den Begriff »D-Mark-Nationalismus« prägte. Ein Franzose schert sich einen Deut drum, ob er mit weichem Camembert oder hartem Cantal-Käse bezahlt, Hauptsache, die Wirtschaftslage stimmt. Ein Amerikaner kümmert sich genausowenig wie ein Engländer oder ein Italiener um den Außenwert seiner Währung.

Ersetzt die Mark den Deutschen wirklich Paraden und Flagge?

Zwei wesentliche Gründe haben die Mark zum Symbol der Bundesrepublik werden lassen. Ein Symbol, das sich bei manch einem sogar schon zum Mythos zu entwickeln scheint. Der eine Grund liegt in der deutschen Geschichte in der Zeit *vor* der Bundesrepublik, der zweite in der Geschichte der Bundesrepublik selbst.

Vom Ausbruch des Ersten Weltkriegs an bis zur Einführung der D-Mark vergingen in Deutschland keine fünf Jahre, ohne daß ihre Währung den Bürgern Sorge bereitete. Von 1914 bis 1923 hielt die Inflation an, bis das Geld durch die Hyperinflation 1922/23 völlig entwertet war und ein Dollar mehr als vier Milliarden Mark kostete. In vielen bürgerlichen Familien erzählen Eltern heute noch, wie wiederum ihre zu ein wenig Wohlstand gekommenen Eltern alles verloren. Und mit Einkommen und Vermögen löste sich ihr sozialer Status auf. Die finanzielle Unsicherheit wuchs 1922/23 in solchem Maße, daß die Inflation sich der gesamten Gesellschaft als unheimliche Bedrohung in das kollektive Gedächtnis eingegraben hat. Doch kaum hatte sich die Bevölkerung von dem Schock erholt, brach mit der Weltwirtschaftskrise 1929 das Unheil ein zweites Mal herein. Schließlich finanzierte die Regierung im Dritten Reich die Kriegsvorbereitungen mit der Geld-Druckmaschine, woraus sich eine »rückgestaute Inflation« entwickelte: Am Ende des Zweiten Weltkrieges war zwar viel Papiergeld vorhanden – aber keine Ware. Der Schwarzmarkt boomte, ein Ei kostete das zweihundertfache des amtlich festgesetzten Preises. Nun erlebte eine zweite Generation in Folge den Verlust von Ersparnissen und Vermögen. Das Wort »Inflation« verband sich seitdem untrennbar als Angstmotiv mit der Identität der Deutschen in der ersten Hälfte des zwanzigsten Jahrhunderts.

Am 20. Juni 1948 führten die westlichen Alliierten für ihre drei Besatzungszonen die D-Mark ein. Und dieses Datum wurde, so meint der Wirtschaftswissenschaftler Knut Borchardt, »der eigentliche Verfassungstag der Westdeutschen, zumal sich D-Mark und (soziale) Marktwirtschaft über mehr als eine Generation hinweg als stabiles Fundament für eine friedlich-prosperierende Gesellschaft erwiesen«.[185] Am 20. Juni standen alle an der Bank Schlange, denn jeder erhielt vierzig D-Mark. Das war die Stunde Null. Daher stammt der Spruch, wir haben alle von Null angefangen. Denn jeder hatte mit seinen vierzig Mark ja scheinbar genausoviel Geld wie alle anderen auch.

Die D-Mark war nur der Anfang dessen, was das deutsche Wirtschaftswunder werden sollte. Mit der neuen Währung gründeten die Alliierten auch das System, das sich später zur »Idee Bundesbank« entwickeln sollte, und führten durch Ludwig Erhard die »soziale Marktwirtschaft« ein. Mit ihren finanziellen und wirtschaftlichen Entscheidungen fanden die Alliierten bei der deutschen Bevölkerung von Anfang an große Zustimmung, schließlich war die Mangel plötzlich vorüber. Die ein Jahr später erfolgte Errichtung einer Demokratie in Westdeutschland aber stieß erst einmal auf große Skepsis. Doch parallel zu dem steigendem Wohlstand wuchs auch die Zustimmung zur Demokratie. Beide, Wohlstand und Akzeptanz der Demokratie, sind miteinander verwoben.

In den Jahrzehnten wachsenden Wohlstands nahm der Stolz auf die deutsche Wirtschaftsleistung beständig zu. Denn jeder konnte sagen, er habe dazu beigetragen. Gegenüber fast allen Ländern Europas standen die Deutschen plötzlich als die wirtschaftlichen Sieger da. Und so wuchs die D-Mark zum einzigen Symbol der Bundesrepublik, dem die Bürger mit Stolz und nicht mit Mißtrauen begegnen. Zum Mythos wird die Mark, weil sie das Sinnbild des materiellen Erfolgs geworden ist. Der Erfolg wird zum ideellen Maßstab, der sich gegenüber Europa und der Welt vorzeigen läßt. Aus dem Begriff der sozialen Marktwirtschaft geht nach fünfzig Jahren Wirtschaftswachstum allerdings das Attribut »sozial« verloren. Denn ganz der Funktion eines Mythos gemäß, wird der Wirtschaft alles erlaubt, um das vorgegebene Ziel zu erreichen: die Vermehrung der Mark.

Ihr ideeller Wert wurde sogar zum Motiv der Einheit überhöht, als die Massen in der DDR riefen: »Wenn die Mark nicht zu uns kommt, gehen wir zu ihr.« Die Mark wurde für die Mehrheit der Ostdeutschen zum eigentlichen Inhalt der nationalen Einheitsbewegung. Erst einige Jahre später kam die Ernüchterung, als viele ehemalige Bürger der DDR feststellten, daß hinter der D-Mark auch ein hartes Wirtschaftsleben steckt – mit Arbeitslosigkeit, Selbständigkeit, Eigenverantwortung. Und weil die negativen Seiten der DDR verdrängt werden, brach eine Welle von Nostalgie nach der angeblichen Wärme des Wirtschaftslebens im sozialistischen Arbeiter- und Bauernstaat aus.

Das Bekenntnis zur Demokratie hängt immer noch vom Stand des materiellen Wohlergehens ab. Das zeigt sich anläßlich der Wirtschafts- und Finanzkrise der neunziger Jahre: Die Deutschen in Ost und West verlieren gleichzeitig das Vertrauen in das Wirtschaftssystem und in die Demokratie. Die Zustimmung zu beiden sinkt – parallel – in fünf Jahren um zwanzig Prozentpunkte. Diese Einschätzung sei leicht zu erklären, meint Oskar Lafontaine: »Die Deutschen verbinden mit der D-Mark nicht einen Geldbegriff, sondern die Bedingungen ihres sozialen Lebens: einen Arbeitsplatz zu haben, später eine Rente zu erhalten, sich ein Auto leisten und auch einmal in Urlaub fahren zu können. Das verbinden sie mit der Mark. Und Menschen, die arbeitslos werden, die kein gesichertes Alter haben, fühlen sich ausgeschlossen und damit eben nicht in einer demokratischen Gesellschaft aufgehoben.«

Der Wert der deutschen Währung stieg beständig im Vergleich zu Dollar, Pfund und Franc. Und der mit der Mark identifizierte wirtschaftliche Erfolg der Bundesrepublik wurde vom Ausland als »Modell Deutschland« bezeichnet. Das »Modell Deutschland« steht für »made in Germany«, Wohlstand und Stabilität, für soziale Solidarität und Konsens. Doch die Bewunderung für das »Modell Deutschland« hat in In- und Ausland erheblich nachgelassen, weil Finanz- und Wirtschaftskrise mit der Abschaffung der D-Mark zusammenfallen. Im Inland werden die Reichen immer reicher und die übrigen immer ärmer. Die soziale Solidarität und der Konsens werden wegen der »Globalisierung« in Frage gestellt. Das Symbol D-Mark beginnt zu wanken. Und um die Frage, ob die D-Mark der Europäischen Union geopfert werden soll, hat ein politischer Streit begonnen, der nicht mit den Begriffen rechts und links zu begreifen ist. Die Auseinandersetzung wird von zwei Denkschulen geführt, deren Ausrichtung jeweils von einer anderen Gewichtung der deutschen Vergangenheit ausgeht. Die »Idee Bundesbank« steht gegen die »Idee Westbindung«.

Einige Jahre lang war das kein Widerspruch. Eine Reihe europäischer Länder machte die Erfahrung, daß es sinnvoll sei, sich der Geldwert-Politik der Bundesbank anzuschließen. Unter Staatspräsident François Mitterrand war der Franc in den ersten beiden Jahren seiner Amtszeit mehrmals abgewertet worden. Bei seinem Amtsantritt hatte Frankreich eine Inflationsrate von mehr als 14 Prozent. 1983 blieb der Regierung in Paris nichts anderes übrig, als sich der Frankfurter Zinspolitik anzuschließen. Das war der Beginn der ersten Schwierigkeiten zwischen Deutschland und Frankreich. Zinsentscheidungen der unabhängigen Bank wurden in Frankreich, das nur eine dem Finanzminister hörige Banque de France kannte, als *le dictat de Francfort* abgeurteilt.

Trotz der Sparpolitik in Frankreich mußte der Franc im April 1986 um 8,2 Prozent abgewertet werden. Und schon acht Monate später setzten die Deutschen durch, daß der Franc gegenüber der Mark noch einmal drei Prozent verlor. Weil die Franzosen die ihnen aufgezwungene Abwertung als ungerecht empfanden, forderte der damalige Wirtschafts- und Finanzminister Edouard Balladur eine »Zone mit einer einheitlichen Währung und einer gemeinsamen Zentralbank«. Und schon bald darauf kam der damalige Bundesaußenminister Hans-Dietrich Genscher den Franzosen entgegen, aus Sorge um das deutsch-französische Verhältnis. Er handelte im Interesse der »Idee Westbindung«. Im Februar 1988 schlug Genscher »die Schaffung eines europäischen Währungsraumes und einer Europäischen Zentralbank« vor.

Der unerwartete Zusammenbruch des Sowjetreichs und die deutsche Vereinigung beschleunigten die politische Entwicklung in Europa: Frankreich drängte auf eine schnelle Währungs- und Finanzunion, um zu verhindern, daß ein vereintes Deutschland sich aus der Europäischen Union lösen und sich selbständig machen könnte. Im Sinn der »Idee Westbindung« kam Helmut Kohl dem französischen Staatspräsidenten François Mitterrand entgegen. Kohl wollte den französischen Staatspräsidenten besänftigen, denn er hatte sich mit Mitterrand über die Anerkennung der Oder-Neiße-Grenze heftig zerstritten.

Bei der Ausarbeitung des Maastrichter Vertrages setzten sich die deutschen Vertreter der »Idee Bundesbank« in mehreren Punkten durch: Die zu gründende Europäische Zentralbank müßte genau so unabhängig sein wie die Bundesbank. So mußten die Franzosen ihre Gesetze ändern und auch der *Banque de France* ein den deutschen Vorstellungen angepaßtes unabhängiges Statut geben. Dies forderte den Franzosen ein größeres Zugeständnis ab, als es einem Deutschen ohne weiteres verständlich ist. Frankreich folgt nämlich seit dem siebzehnten Jahrhundert dem Colbertismus, der staatlichen Lenkung von Wirtschaft und Finanzen. Heute noch fordern so herausragende Politiker wie der ehemalige Staatspräsident Valéry Giscard d'Éstaing in wirtschaftlichen schweren Zeiten, man solle den Franc weicher werden lassen, ganz nach dem einst von Helmut Schmidt verkündeten Wahlkampfmotto: Lieber fünf Prozent Inflation als fünf Prozent Arbeitslose. Ihren bisher gern genutzten politischen Einfluß hat die französische Regierung der deutschen »Idee Bundesbank« geopfert.

Der Konflikt zwischen der »Idee Bundesbank« und der »Idee Westbindung« nahm erst mit den wachsenden Wirtschafts- und Finanzproblemen zu, die mit der Einführung des Euro und der Wirtschafts- und Finanzkrise zusammenhängen. Die Vertreter der »Idee Bundesbank« haben große Bedenken ob der Stabilität des Geldes, trotzdem wollen die Anhänger der anderen Idee die Westbindung der Bundesrepublik mit einer gemeinsamen Währung vorantreiben.

Die »Idee Bundesbank« beruht, wie gesagt, auf den Inflationsängsten der Deutschen. Schon die Väter der Bundesbank haben dafür gesorgt, daß diese Institution zwar die Wirtschaftspolitik der Bundesregierung unterstützen soll, ihre Entscheidungen aber unabhängig von den Forderungen der Politik trifft. Damit soll verhindert werden, daß die Regierung – wie in der Weimarer Republik oder im Dritten Reich – mit der Notenpresse willkürlich die Stabilität und den Wert der Mark untergräbt. Aus dem Bundesbank-Gesetz spricht Mißtrauen gegenüber Politikern in nationalen Geldfragen. Und dieses Mißtrauen wird von vielen deutschen Bürgern geteilt. Entsprechend der »Idee Bundesbank« fordert ihr Präsident Hans Tietmeyer, die im Maastrichter Vertrag festgelegten Maßstäbe für die Mitgliedschaft beim Euro müßten absolut eingehalten werden. Er und Finanzminister Theo Waigel kämpfen dafür, daß der Euro genauso hart sein wird, wie es die Mark jetzt ist. Mit ihrer unnachgiebigen Haltung folgen sie allerdings weniger finanzpolitischen Weisheiten, sondern dem Gespenst der Inflation, das sich im kollektiven Gedächtnis festgesetzt hat. Tietmeyer und Waigel vertreten die These von der Stabilität folglich mit großer Absolutheit.

In französischen Tageszeitungen findet die Auseinandersetzung zwischen Deutschland und Frankreich nicht mehr zwischen Staatspräsident und Bundeskanzler statt, sondern zwischen dem französischem Oberbefehlshaber Jacques Chirac und dem deutschen Bundesbankboß Hans Tietmeyer. Und wegen der unnachgiebigen Haltung – und dem typisch deutschen Auftreten – sprechen die Franzosen inzwischen von der »Idee Tietmeyer«. Der ehemalige sozialistische Premierminister Michel Rocard verwandelte die »Idee Tietmeyer« sogar in den Begriff »Währungs-Rassismus«.

Im Gegensatz zur »Idee Westbindung« wird die »Idee Bundesbank« in all ihrer Kompromißlosigkeit fast nur in

Deutschland vertreten. Deutsche wollen – aus Angst vor Inflation – wieder eine besondere Rolle spielen. Politiker, die an das Angstgefühl von Wählern appellieren wollen, nutzen die »Idee Bundesbank« als Argument, um eine Verschiebung des Euro zu begründen. Das kann man zu Recht D-Mark-Nationalismus nennen.

In der Bundesregierung, so hat man den Eindruck, besteht Arbeitsteilung. Theo Waigel darf die »Idee Bundesbank« vertreten, Bundeskanzler Helmut Kohl die »Idee Westbindung«. »Die Politik der europäischen Einigung ist in Wirklichkeit eine Frage von Krieg und Frieden im 21. Jahrhundert«, meinte Helmut Kohl im Februar 1996 und fügte hinzu: »So hat es auch mein verstorbener Freund François Mitterrand gesehen. Am 17. Januar 1995 sagte er vor dem Europäischen Parlament in Straßburg: ›Der Nationalismus, das ist der Krieg.‹«[186] Kohl hütet sich vor offener Kritik an seinem Finanzminister oder dem Bundesbankpräsidenten. Dafür engagiert sich sein unmittelbarer Vorgänger Helmut Schmidt um so deutlicher für die »Idee Westbindung«.

Schmidt hat immer die These vertreten, Deutschland müsse aufgrund seiner Vergangenheit – wo immer geboten – den Franzosen den politischen Vortritt lassen. Die Einbindung Deutschlands in den Westen ist für Schmidt eine *conditio sine qua non* deutscher Politik. Im September 1992 gab der ehemalige deutsche Bundeskanzler der französischen Tageszeitung *Le Figaro* ein Interview, in dem er die Franzosen dazu aufrief, in der anstehenden Volksbefragung für den Vertrag von Maastricht zu stimmen, weil man nur dann die Deutschen unter öffentlicher Kontrolle der Gemeinschaft der europäischen Völker halten könne. Und das tut nach Schmidts Meinung not, da die Deutschen von ihrer geopolitischen Lage, von ihrer Mentalität und ihrer

Geschichte her geneigt seien, außer Rand und Band zu geraten.

Von den gleichen Gedanken getragen ist auch Helmut Schmidts ungewöhnlich heftiger offener Brief an Hans Tietmeyer, dem er Insistenz und Penetranz vorwirft: »Weil Sie in den ausländischen Zeitungen deutlich häufiger und deutlicher akzentuiert vorkommen als zum Beispiel Außenminister Kinkel, gewinnt man in Frankreich, Italien, England und anderswo den Eindruck, Sie seien der Herr des europäischen Verfahrens. (…) Vielen unserer Nachbarn erscheint das von Ihnen vertretene Deutschland als herrschsüchtig und als zu mächtig.«[187]

Schmidt weist im Interesse der »Idee Westbindung« nach, wie falsch die starre Haltung ihrer Gegner ist (Theo Waigel hält er sogar »deutsche Großmannssucht!« vor). Schmidt hält nichts von der Kriterien-Hysterie, da der Vertrag über die Einführung der gemeinsamen Währung den europäischen Regierungen die Aufnahme selbst jener Länder erlaubt, die nur ein einziges oder sogar gar überhaupt kein Kriterium erreichen. Und diese Spielräume will Schmidt ausgenutzt wissen: »Zwar halte ich nicht viel von Kohls ökonomischem Wirrwarr; aber mit seiner Europapolitik bin ich zufrieden. Offenbar ist er – gemeinsam mit Jacques Chirac – fest entschlossen, von den Spielräumen des Maastrichter Vertrages Gebrauch zu machen und Deutschland wie Frankreich fest aneinanderzubinden und in die EU einzubetten.«

Die »Idee Westbindung« wird sich mit Mühe durchsetzen. Während die »Idee Bundesbank« von einem – fast mythischen – Symbol getragen wird, gehört der Gedanke der Westbindung Deutschlands zu den absoluten Konstanten der Nachkriegszeit. Die französische Politik hat noch

Angst vor dem Mißlingen des Euro: Deutschland müsse sich von der D-Mark verabschieden, um sich in Europa einzubinden. Falls dies nicht gelinge, so denkt die politische Kaste in Paris, werde sich Deutschlands wieder auf einen »Sonderweg« begeben. Unter dem Konzept der Westbindung werden eine Reihe von Begriffen versammelt, die die Identität Deutschlands ausmachen: Demokratie, NATO, EU, kulturelle Anbindung an die westlichen Zivilisationen. Wenn diese Anbindung durch die gemeinsame Währung endgültig vollzogen sein wird, können die Franzosen auch großzügig darüber hinwegsehen, daß die Deutschen den Camembert für eine Weichwährung halten.

Aber auch der Begriff »Westbindung« wirkt unter deutschen Intellektuellen so stark wie ein Mythos. Das stellte der führende französische Soziologe Pierre Bourdieu zu seinem eigenen Erstaunen fest. Bourdieu veröffentlichte in der französischen Tageszeitung *Libération* [188] einen Angriff auf die *pensée Tietmeyer*. Er fordert einen europäischen Wohlfahrtsstaat anstelle der »Idee Bundesbank«. Und Bourdieu hat recht: Europas Intellektuelle sollten zumindest darüber nachdenken, ob ein diesem Kontinent angepaßter Wohlfahrtsstaat nicht seinen zivilisatorischen Ansprüchen am ehesten genügt. Gehört nicht auch zur nationalen Identität der Deutschen die soziale Solidarität?

Der Angriff des Franzosen gegen Tietmeyer sorgte auch in Deutschland für großen Wirbel. Bourdieu wurde nach Frankfurt zu einer Podiumsdiskussion eingeladen und sagte dort: »Die Zukunft Europas hängt von Ihnen, den Deutschen, ab. Besonders von den deutschen Gewerkschaften und ein wenig auch von den deutschen Intellektuellen.« [189] Doch die deutschen Intellektuellen schweigen. Wer wagt schon, gegen die Westbindung zu argumentieren? Oder gegen die Inflationsangst? Wilhelm Hennis ergriff zaghaft das Wort, aber beschrieb nur die Unfähigkeit der deutschen Denker, sich über Tabus hinwegzusetzen: »Haben die deutschen ›Intellektuellen‹ zu den mit dem Euro aufgeworfenen Fragen nichts vorzubringen? Müssen wir den Hohn, uns bewege nur die Rechtschreibreform, ›betroffen‹ hinnehmen? Es ist nicht zu übersehen, daß die deutsche Betroffenheit sich zu einer unseligen, jenseits der deutschen Grenzen wenig glaubwürdigen Befangenheit ausgewachsen hat. Eine Befangenheit, die uns unfähig macht, die außerhalb Deutschlands in allem Freimut diskutierten Fragen beim Namen zu nennen. Jeder zu bedenkende Sachverhalt, ja jede der für diese Sachverhalte einschlägig zu Rate zu ziehenden Wissenschaften ruft Beklommenheit hervor. Warum sitzt die Schere im Kopf so fest? Europa erwartet von Deutschland doch nicht nur Bares und perfekte Regeln, sondern auch öffentliches Mitdenken.«[190] Doch die deutschen Tabus gehen weit über die mit dem Euro zusammenhängenden Denkbehinderungen hinaus, wie Hennis nebenbei feststellt. Ist Pierre Bourdieu nicht der Mann, dessen großartiges Buch *Die feinen Unterschiede* sich mit der »Kritik der gesellschaftlichen Urteilskraft« befaßt? Hennis: »Welcher deutsche Autor würde es wagen, trotz der großen Tradition Georg Simmels, ein so ›undemokratisches‹ Thema anzufassen? Wo sollte er seine Urteilskraft dafür schulen, wenn es schicklicher ist, darüber hinwegzusehen: ›Wir sind doch alle Menschen.‹« Nachdem die Deutschen mit ihrer Rassentheorie die Unterscheidung zwischen den Menschen bis hin zum Völkermord betrieben haben, gehen sie heute davon aus, daß alle Menschen gleich sind. Selbst kleine *feine Unterschiede* festzustellen, so besagt das Tabu, könnte ein Rückfall in früheres Denken bedeuten.

Die Machtverhältnisse zwischen Bundesbank und Westbindung sind eindeutig. Die »Idee Bundesbank« verkörpert die Ängste des Bürgertums, das in der ersten Hälfte dieses Jahrhunderts mehrmals seine Ersparnisse verloren hat. Die »Idee Westbindung« wird von der politischen Klasse vertreten – quer durch alle wichtigen Parteien. Umfragen besagen, daß etwa sechzig Prozent der Bürger dem Euro kritisch gegenüberstehen. Doch in der Bundesrepublik wird keine Volksbefragung zur Einführung des Euro stattfinden. Weil der Demagoge Hitler bei den Massen so erfolgreich war, sind im Grundgesetz keine Referenden vorgesehen – wie etwa in Dänemark oder Frankreich. In den großen Parteien herrscht Einverständnis, die Mark in den Euro aufgehen zu lassen. Sicherlich, es gibt populistische Störmanöver rechts wie links. Doch da das Thema für die großen Bundestagsparteien nicht die zentrale Rolle im Wahlkampf spielen wird, wird die Westbindung über die Bundesbank obsiegen. Und mit den Jahren wird der Euro seinen Platz in der kollektiven Identität der Deutschen finden. Denn heute nennt sich schon manch einer an erster Stelle Europäer und erst an zweiter Stelle Deutscher. Als Europäer fühlt er sich frei und selbstbewußt, als Deutscher prägen ihn Scham und Schuld.

Schuld, Scham oder Freispruch?

Wer hätte je gedacht, wie weit die Macht des Deutschen Tierschutzbundes reicht. Darüber haben Spötter schon häufig Böses gesagt: Der Deutsche liebe seinen Schäferhund mehr als sein Kind. Und so nimmt Axel Köhler vom Zentralrat der Muslime in Deutschland auch gelassen hin, daß den Muslimen in der Bundesrepublik das Schächten von Tieren nach islamischem Ritus – ohne Betäubung – nicht erlaubt ist. Eine Ausnahmegenehmigung wurde von den Behörden abgelehnt und diese Entscheidung vom Bundesverwaltungsgericht bestätigt. Wahrscheinlich, meint Axel Köhler, würde trotz des Verbots hin und wieder der eine oder andere Hammel in Deutschland geschächtet und so gegen das Tierschutzgesetz verstoßen, aber eine Lockerung der Vorschriften hält er für undenkbar: »Keine Partei kann sich dafür stark machen, ohne die Tierschützer gegen sich aufzubringen.«[191] Köhler kennt seine Pappenheimer; denn Martin Riebe vom Deutschen Tierschutzbund hält Schächten für eine Tierquälerei. Um für die Auseinandersetzung mit den Muslimen gerüstet zu sein, hat sich Riebe von den Universitäten Kairo und Ankara ein Gutachten schicken lassen, worin steht, der Koran erlaube, zu schächtende Tiere mit Elektroschock zu betäuben. Die deutschen Muslime sind anderer Meinung, und so dürfen sie weiterhin keine Tiere in Deutschland schächten. Dies ist nur Juden erlaubt. Das hatten die Nazis den Juden untersagt, weshalb die Bundesrepublik dieses Verbot für sie mit einer Sondergenehmigung aufhob. In den fünfziger Jahren kauften Muslime bei Juden *halal*-Fleisch. Axel Köhler meint dazu: »Wir sind froh, daß die jüdische Gemeinde diesen Sonderstatus genießt, wenngleich er gegen den Grundsatz der Gleichbehandlung verstößt.«

Eine Banalität wie diese zeigt das schlechte Gewissen der Deutschen. Und um vermeintlicher Schuld zu entfliehen, wären manche Deutsche am liebsten selber ein wenig jüdisch: »Immer mehr Deutsche entdecken ihre jüdische Identität«, bemerkt Sibylle Tönnies, Professorin für Soziologie, »eine Ersatzidentität, die die Verarbeitung des Holocaust von der Opferseite her erlaubt.«[192] Betroffenheit zu zeigen und mitzuleiden ist deshalb wichtiger, als Taten, und seien sie noch so segensreich, zu vollbringen. Diese Hemmung wirkt hinein bis in politische Entscheidungen: Es herrscht Betroffenheit vor den Massenmorden in Bosnien, aber es folgen keine Taten, um sie zu verhindern. Ein anderes Beispiel: Die deutsche Regierung hat in Zentralafrika einen guten Ruf. Sie hätte deshalb in Ruanda und Burundi eingreifen und beschwichtigend auf die Auseinandersetzungen zwischen Hutu und Tutsi einwirken können. Doch das hat sie nicht gewagt – obwohl gerade solch ein Einsatz der ganzen Welt gezeigt hätte, daß die Deutschen aus ihrer Vergangenheit gelernt haben.

Für viele Deutsche gilt – vielleicht auch unbewußt – das Prinzip, nie mehr zu den »Tätern« zu gehören. Sie sehen im Leiden einen Ausdruck ihrer Unschuld. Sibylle Tönnies berichtet: »Die junge Frau, die uns im Haushalt hilft, behauptet, in unserem Haus sei jedes zweite Wort ›Auschwitz‹ – und seit ich darauf achte, merke ich, daß sie dieses Wort tatsächlich ungefähr einmal in der Woche zu hören kriegt.« Die Haushaltshilfe ist weder rechtsradikal noch antisemitisch, sondern beklagt eher, daß die bürgerliche

Schicht sich nicht genügend für die Arbeitslosigkeit ihres Mannes und die Lage der Arbeitnehmer interessiere. Die Zeiten sind vorbei, als Intellektuelle die Utopie von einem besseren Leben zusammen mit dem (daran wenig interessierten) Proletariat verwirklichen wollten. Statt Blaumann trägt man Jeans von Calvin Klein. Und nun ruft »das Bild der großen Juden der Vergangenheit – etwa Benjamins oder Hannah Arendts – zur imitatio« auf. Tönnies: »Ich habe eine Freundin, die zu fühlen meint, daß sie in einem früheren Leben Jüdin war, und eine andere will ahnen, daß ihr Urgroßvater Jude war. Eine dritte konnte nur durch jüdischen Einspruch daran gehindert werden, zum mosaischen Glauben überzutreten. »Sarah« ist einer der häufigsten Mädchennamen. Immer mehr Deutsche entdecken ihre jüdische Identität – eine Ersatzidentität, die die Verarbeitung des Holocaust von der Opferseite her erlaubt.«

Die zu starke Identifikation mit den Opfern kann zur Tabuisierung der Täterseite führen. Michel Friedman beklagt, seit zwanzig Jahren riefen Lehrer oder Schuldirektoren bei ihm an und fragten, ob er für den Auftritt in ihrer Schule Zeitzeugen benennen könne. Es gäbe doch nur so wenige Überlebende. Sie meinen damit Juden. »Und dann sage ich: Wieso gibt es denn so wenige Zeitzeugen? Millionen Deutsche leben doch noch. Warum fragen Sie nicht Ihren Vater? Er soll vor den Schülern reden. – Schweigen! Auch in den Medien werden immer nur die Opfer als Zeitzeugen genommen. Diese Verdrängung ist faszinierend. Aber sie ist eines der Symptome dieses Sich-schuldhaft-Fühlens. Denn wenn ich weiß, daß, wenn ich von Zeitzeugen rede, ich auch nichtjüdische Deutsche nehmen muß, dann führt mich dieses Wissen zwanghaft zu dem, von dem ich mich zwanghaft befreien möchte; nämlich nach Hause zu kommen und zu sagen: ›Du hast mich erzogen, sag mir, wie es war.‹ Übrigens bin ich sicher, daß in der ›Regel‹ das Verhalten des jeweiligen Vaters oder Großvaters nicht dramatisch war. Aber indem man es nicht hinterfragt, mystifiziert es sich dramatisch.«

Manch einer läßt sich zum generellen Schuldbekenntnis verführen, nach dem Motto: »Dem Mächtigen begegnet man mit Schmeichelei. Man möchte sagen, was er zu hören wünscht«, meinte der Philosoph Karl Jaspers[193] schon 1945. Und er befürchtete, dieses Verhalten werde durch die »fatale Neigung« gefördert, sich durch das Schuldbekenntnis besser zu dünken als andere: »Im Sichselbstbloßstellen liegt ein Angriff auf die anderen, die es nicht tun. Die Schmählichkeit solcher billigen Selbstanklagen, die Ehrlosigkeit der vermeintlich vorteilhaften Schmeichelei ist offenbar.« Überaus gefühlsmäßig betonte Versuche, die Last des Holocaust zu tragen, entspringen einem undefinierten Schuldgefühl. Man fühlt Schuld, weiß aber nicht, wie man sich als Individuum schuldig gemacht hat.

Nach dem Sieg der Alliierten klagte die ganze Welt Deutschland an. Im Sommer 1945 hingen plötzlich Plakate in deutschen Städten und Dörfern mit Bildern und Berichten aus dem Konzentrationslager Bergen-Belsen. Darunter war nur ein Satz gedruckt: »Das ist eure Schuld!« Keine Unterschrift war zu sehen, keine Besatzungsmacht bekannte sich zu den vier Worten, keiner ernannte sich zum Kläger. Das Plakat hing nicht vor dem Haus eines Mannes, der unmenschlicher Taten im Konzentrationslager beschuldigt wurde, sondern überall. Die Anklage meinte alle Deutschen: Ihr haftet für den nationalsozialistischen Staat, ihr habt mitgemacht oder untätig zugesehen. Der Begriff von der Kollektivschuld wurde geprägt. Und dieser Vorwurf wirkt auch heute noch in Deutschland – obwohl das Denken und Werten in Kollektiven falsch ist.

Die Angst, noch einmal den Vorwurf zu hören, »ihr habt mitgemacht«, hat in den ersten Jahrzenten nach dem Krieg zu der Reaktion »von nun an ohne mich« geführt. In ihrer Jugend, so erzählt Christina Weiss, Jahrgang 53, haben ihre Eltern ihr jede Mitgliedschaft in irgendeiner Gruppe verboten: »Ich durfte nicht zu den Pfadfindern, ich durfte nicht in den Kindergarten. Überall da, wo Gruppenbildungen in extremem Maße stattfanden, haben sie es uns nicht erlaubt und das mit ihrer eigenen Geschichte begründet. Sie sagten: ›Wir wären froh gewesen, wenn … und jetzt bringen wir es nicht fertig, es gut zu finden.‹ Die Eltern haben mit allen möglichen Tricks versucht, bestimmte Dinge zu vermeiden, aber eben qualvoll, nicht einfach, nicht mutig. Sie waren keine Widerstandskämpfer. Insofern war sogar das Thema ›Gruppe‹ für mich gestört. Der erste Verein, in den ich eintrat, war ein Kunstverein; ich wollte ein Interview mit dem Geschäftsführer machen, und das erhielt ich nur als Vereinsmitglied. Das Gruppengefühl war gestört, das Nationalgefühl war gestört, und die Angst, daß die Menschen so sind, daß jederzeit Ähnliches wieder passieren könnte, diese Angst hab ich nicht ganz abgebaut. Aber das ist gut so.«

Die Alliierten hatten 1945 den Vorwurf der Kollektivschuld erhoben, und er wird – obwohl er falsch ist – bis heute in Deutschland am Leben gehalten. In den ersten Jahren der Bundesrepublik hatte sogar die Bundespolitik ein Interesse an seinem Fortbestand.[194] Der Kollektiv-Vorwurf ließ sich sehr gut einsetzen, um Amnestien zu begründen und ohne Widerspruch belastete Nationalsozialisten in Behörden, Verwaltungen, Universitäten und auch in die Wirtschaft einzugliedern. Nachdem dies gelungen war und der Kalte Krieg die Bundesrepublik in das westliche Militärbündnis geschmiedet hatte und noch bevor die Studenten anfingen, nach der Beteiligung der Professoren zu fragen, begann die These der Kollektivschuld die Regierenden zu stören. Und stört sie heute noch. Um die Schuldgefühle zu mildern, wurde es in konservativen Kreisen modern, vom »Schuldkomplex« der Deutschen zu sprechen, so als sei die Schuld krankhaft und bestehe nur in der Einbildung derjenigen, die darunter leiden.[195] Damit soll die Vergangenheit verharmlost werden, ganz so, wie sie durch die These der Kollektivschuld überhöht wird.

Die Kollektivschuld wird heute noch zum Popanz stilisiert, so der Politologe Patrick Horst,[196] um das eigene schlechte Gewissen abzuwehren. Dieses schlechte Gewissen nährt sich aber selbst aus einem häufig gar nicht begründeten Schuldgefühl. Pfarrer Joachim Gauck meint, man könne heute sagen: Ich bin stolz ein Deutscher zu sein, da »unter dieser Mehrheit von Mördern und angepaßten Halunken die Geschwister Scholl und Professor Huber und Stauffenberg waren. Mir paßt jetzt bei der Begegnung mit der Schuld nicht, daß oftmals diejenigen, die sich die Kollektivschuld auf die Fahnen geschrieben haben, die evangelischen Theologen, die Philosophen und Autoren, sich mit dieser These befassen, als wäre die Kollektivschuld eine überprüfte Mehrheitsmeinung.« Und der ostdeutsche Theologe Richard Schröder weitet die Thematik aus: »Gibt es eine Kollektivschuld der Ostdeutschen? Was ist mit den Leuten, die für die Stasi gearbeitet haben? Mich verwundert, daß keiner gemerkt hat, daß hier eine ›Marktlücke‹ vorhanden war.«

Die These von der Kollektivschuld belastet auch junge Menschen, die zwanzig, dreißig Jahre nach dem Krieg und dem Judenmord geboren worden sind. Doch »junge Menschen haben keine Schuld«, sagt Michel Friedman. Die Schuldfrage ist schon im Wintersemester 1945/46 ausführlich von dem Philosophen Karl Jaspers, der mit einer Jüdin verheiratet war und von den Nationalsozialisten 1937 seines Amtes als Professor enthoben wurde, in Vorlesungen an der Heidelberger Universität behandelt worden. Jaspers Gedanken erschienen 1946 in Buchform unter dem Titel *Die Schuldfrage. Von der politischen Haftung Deutschlands*. Seine Logik hat damals auch bei den Alliierten eine große Reaktion hervorgerufen und deren Verhalten beeinflußt. Wer dieses Buch gelesen hat, der wird von nebulösen Schuldthesen Abstand nehmen. Im Sinne der Aufklärung hätte dieses Buch seit seinem Erscheinen bis heute als grundsätzliche Lektüre in deutschen Schulen dienen müssen. Davon kann leider überhaupt keine Rede sein. Selbst in gebildeten Kreisen in Deutschland ist der Inhalt von Jaspers' Schrift wenig geläufig. Die letzte Taschenbuchausgabe erschien 1974. Das Interesse war so gering, daß *Die Schuldfrage* lange vergriffen war. Erst als über zwanzig Jahre nach der letzten Drucklegung die Goldhagen-Debatte einsetzte, legte der Piper Verlag, der die Rechte besitzt, das Buch wieder auf mit der Begründung, Jaspers' *Schuldfrage* könne die aktuelle Diskussion, die Goldhagens Thesen ausgelöst hätten, befruchten »und um entscheidende Dimensionen bereichern«. In einem Jahr wurden nur 5500 Exemplare der Neuauflage verkauft.

Jaspers geht von vier Schuldbegriffen aus:

1. Kriminelle Schuld – sie trifft identifizierbare Menschen wegen der Verbrechen, wie sie vom Personal in den

Konzentrationslagern, von Soldaten, von SS- oder Gestapo-Mitgliedern etc. begangen wurden und durch Gerichte, etwa im Nürnberger Prozeß, geahndet werden können. In Nürnberg sagte der amerikanische Vertreter der Anklage, Jackson: »Wir möchten klarstellen, daß wir nicht beabsichtigen, das ganze deutsche Volk zu beschuldigen.«[197] Jeder einzelne wird nur für seine Taten verurteilt. Die Schuld wird nach dem Strafrecht ermittelt. Die urteilende Instanz ist das Gericht.

2. Politische Schuld – sie trifft jeden Bürger eines Staates, da er dafür mitverantwortlich ist, wie er regiert wird. Instanz ist die Macht, die sich im Inneren des Staates durchgesetzt hat (oder der äußere Sieger über den Staat). Es ist die Pflicht eines jeden Bürgers, sich dafür einzusetzen, daß die Macht des Staates nur dazu benutzt wird, Recht und Ethos zu verwirklichen. Politische Schuld und das Verbrechen erwachsen aus moralischen Verfehlungen: »Das Begehen der zahllosen kleinen Handlungen der Lässigkeit, der bequemen Anpassung, des billigen Rechtfertigens des Unrechten, (…) die Beteiligung an der Entstehung der öffentlichen Atmosphäre, welche Unklarheit verbreitet und die als solche das Böse erst möglich macht, alles das hat Folgen, die die politische Schuld für die Zustände und das Geschehen mit bedingen.«[198] Die politische Schuld kann zur moralischen Schuld werden.

3. Moralische Schuld – sie trifft jeden für seine Handlungen, auch wenn sie politisch oder militärisch durch einen »Befehl« ausgelöst wurden. Verbrechen bleiben Verbrechen, gleichgültig, ob sie aus freiem Willen oder unter Zwang (Befehl, Drohung) ausgeübt werden. Instanz ist das eigene Gewissen, aber auch – so Jaspers – die »Kommunikation mit dem Freunde und dem Näch-

sten, dem liebenden, an meiner Seele interessierten Mitmenschen«.

4. Metaphysische Schuld – sie trifft all jene, die nicht helfen, ein Verbrechen, das in ihrer Gegenwart oder mit ihrem Wissen stattfindet, zu verhindern. Die Solidarität der Menschen untereinander bedingt das Eingreifen. Die Substanz der Solidarität macht aus, daß »zwischen Menschen das Unbedingte gilt, nur gemeinsam oder gar nicht leben zu können, falls dem einen oder anderen Verbrechen angetan werden« (Jaspers). Im Krieg hat es einige wenige Fälle dieser Solidarität gegeben, deren Bedingungen so weit gehen, daß sie den Einsatz des eigenen Lebens fordern. Einige Soldaten, wenige Offiziere haben sich trotz Befehls geweigert, am Krieg unbeteiligte Menschen zu erschießen und wurden dafür ihrerseits erschossen. Es ist sinnwidrig, so Jaspers, »*ein Volk als Ganzes eines Verbrechens zu beschuldigen. Verbrecher ist immer nur der einzelne. Es ist auch sinnwidrig, ein Volk als Ganzes moralisch anzuklagen.*«[199]

Keine dieser vier Schuldkategorien belasten einen Menschen, der nach dem Krieg als Deutscher aufgewachsen ist. Und die Kollektivschuld eines Volkes kann es – so Jaspers – nicht geben, weder als verbrecherische, noch als moralische, noch als metaphysische. Aber wie steht es mit der politischen Schuld? Als Individuum darf sich jeder freimachen von der Zugehörigkeit zu einer Gruppe, zu einem Volk, zu einem Staat. Aber solange der Mensch nicht zum Einsiedler wird, bleibt er an eine Gemeinschaft gebunden und wird notgedrungen für die Folgen aller Staatshandlungen des Kollektivs haftbar gemacht. Die Bindung an einen Führer war »ein Irrtum« (Jaspers), denn in einem freien Staat soll der Bürger die Regierung kontrollieren und die Regierenden notfalls auswechseln. Alle Deutschen, die im Dritten Reich lebten, haften dafür genauso, wie für die Charakteristik des Führers, dem sie sich unterwarfen. In der Atmosphäre der Unterwerfung sieht Karl Jaspers sehr wohl eine kollektive Schuld. Zunächst einmal trifft diese Schuld nur diejenigen, die zu jener Zeit Erwachsene waren.

Die kollektive Haftung der Eltern und Ureltern für die politische Schuld der Verbrechen der Nationalsozialisten belastet die Nachkommen, so wie sich eine Familie mitbelastet fühlt durch das Verbrechen eines Angehörigen. Zwar entspringt aus der Haftung für die politische Schuld keine Mitschuld der »Angehörigen«, doch aus ihrer Betroffenheit erwächst etwas mit einer Mitschuld Vergleichbares. Jaspers sagte deshalb: »Wir müssen übernehmen die Schuld der Väter.«[200] Gemeint sind die Väter in ihrer Eigenschaft als Deutsche, nicht als Menschen. In ihrem deutschen Gedankengut waren jener Haß, jene Rache angesiedelt, die zur Vernichtung der Feinde, zum Mord am jüdischen Volk führte. Das bedeutet nicht, daß alles deutsche Denken verantwortlich ist für die begangenen Verbrechen, aber in den nationalen Zielen und Handlungsvorgaben zum Erreichen dieser Ziele war das Verbrechen angelegt.

Kein Mensch kann seiner kollektiven Identität entfliehen. Und wenn der Zufall ihn zum Deutschen machte, dann ist er Deutscher. Aber das Deutschsein darf er nicht als einen Zustand definieren, wie er ihn aus der Geschichte des nationalen Überschwangs kennt – als wenn der Deutsche der bessere Mensch sei. Deutschsein heißt, »deutsch zu werden, wie man es noch nicht ist, aber sein soll« (Jaspers). Maßstab ist nicht das nationale Idol, Maßstab sind die Menschenrechte, ist die Solidarität unter Menschen. Dies kann nur dem gelingen, der weiß, daß er sich nicht nur kriminell, sondern auch politisch, moralisch oder meta-physisch schuldig machen kann. Die politische Freiheit beginnt also mit dem Bewußtsein für Eigenverantwortung.

Und hier beginnt die Frage nach einer möglichen Mit-haftung auch der jungen Menschen in Deutschland. Junge Menschen hätten keine Schuld, sagte Michel Friedman, was die Vergangenheit angeht, »aber Geschichte hat immer was mit Familiengeschichte zu tun. Es gibt vielleicht eine Schuld innerhalb der Familien und der Generationen, sich nicht offenen Auges begegnet zu sein. Es reicht nicht, sich gewaltsam zu distanzieren. Die Rückkehr in die Familien-identität bedeutet etwas, vor dem man nie weglaufen kann. Und das gilt auch für die nächste Generation. Und da ist so viel Defizit, daß diese Schuld sehr virulent ist. Vor Jahren hat mir ein Psychoanalytiker gesagt, die Deutschen wer-den es den Juden nie verzeihen, daß es Auschwitz gegeben hat. Die Generationen, die jünger sind, können es den El-tern und Großeltern nicht verzeihen, daß es Auschwitz gegeben hat und ihnen damit die Leichtigkeit des Seins ge-nommen wurde. Das führt zu Gefühlsüberschwemmun-gen, die immer wieder stehen bleiben: Ich muß mit meinem Vater reden. Deswegen haben die Filme, die Bücher, die Kolloquien ihre Grenze erreicht. Denn das Wissen ist das eine und das Verstehen ist das andere.« Die Arbeit daran, deutsch zu werden »wie man es noch nicht ist, aber sein soll«, beginnt im Privaten.

Der humane Staat

Am Ende des zwanzigsten Jahrhunderts verliert die Idee des Nationalstaats an politischer Bedeutung. Die Nationen geben freiwillig auf, was ihnen lange besonders teuer war – Souveränität. Bald werden viele europäische Staaten keine unabhängige Entscheidung über ihre Währung mehr treffen können. Die Bewegungs- und Niederlassungsfreiheit innerhalb eines großen europäischen Gebiets ist allen Staatsbürgern der EU gesetzlich garantiert. Selbst sicherheits- oder außenpolitische Entscheidungen müssen immer häufiger mit Bündnispartnern abgestimmt werden. Auch die Kultur als identitätsprägendes Element dehnt sich zunehmend über ihre Landesgrenzen aus. Denn Nationalsprachen werden durch die Internet-Kommunikation internationalisiert – oder vielleicht eher amerikanisiert, auf jeden Fall »globalisiert«. Und dennoch – die Nation wird noch gebraucht.

Mit der Öffnung von Staat und Gesellschaft ins Ungewisse verliert der Mensch die Übersicht, und so nimmt die Sehnsucht des einzelnen nach Geborgenheit zu.[201] Nun bedeutet es für die Deutschen auf Grund ihrer Geschichte eine besondere Herausforderung, die Voraussetzungen für eine Gemeinschaft zu bilden, die auch tatsächlich ein Gefühl der Geborgenheit erlaubt. In einem »humanen Staat« könnte dies gelingen. Zwei sich häufig widersprechende Elemente müssen dabei berücksichtigt werden – Gefühl und Vernunft. Für das Gefühl könnte der Begriff Heimat stehen und für die Vernunft die Idee der Nation. Gemeinsam übernehmen Heimat und Nationalstaat eine Aufgabe, die einst Religionen zufiel. Sie schaffen eine nationale Identität, aus der sich Geschichte erklären läßt und die den einzelnen in eine Gemeinschaft aufnimmt, so daß er sich geborgen fühlt. Getrennt erledigen beide unterschiedliche Aufgaben. Die Heimat befriedigt das Gefühl, die Vernunft gebietet die Einrichtung des modernen Nationalstaates.

Mit den Begriffen der geistigen, kulturellen, sprachlichen und auch der politischen Heimat beschreibt man die »Landschaft«, der man sich verbunden fühlt. Heimat ist kein begrenzter Ort, so wie Gefühle keine Schranken kennen. Sie ist das Umfeld, in das der Mensch hineingeboren wird, oder das er sich zur »Wahl«-Heimat erkürt, wo er Erfahrungen und Erinnerungen sammelt, wo er seine Einstellungen und Werte findet, die seine Identität, seinen Charakter und seine Mentalität prägen. Hier wächst die Liebe zu einer Landschaft, zu Bergen oder Meeren, das Gefühl für einen Dialekt oder eine Musik, die immer wiederkehrende Sehnsucht nach einem Geruch oder einem Gericht. So verbindet Bundespräsident Roman Herzog mit seiner Wahlheimat Berlin den nicht zu unterbindenden Drang, sich an eine Straßenbude zu stellen und eine Currywurst zu essen, was andere Menschen als Strafe empfänden. Heimat ist ein offener Begriff, der jedem Mensch Identität, Stimulierung und Sicherheit bietet. Heimat vermittelt aber auch eine zeitbezogene Orientierung über Traditionen und Symbole, Märchen und Mythen, Legenden und Sagen, Geschichten und Lieder. Human kann ein Staat nur sein, der auch Heimat ist.

Das Selbstbewußtsein eines Volkes erwächst aus den Erkenntnissen und Erfahrungen jedes einzelnen. Hat sich das gemeinsame Bewußtsein gebildet, dann bestimmt zwar die

Gruppe das angenommene Denken, aber die einzelnen können es beeinflussen und ändern. Denken lenkt Handeln. Und im Handeln, das diesem Denken entspricht, liegt der Weg eines Deutschen, in Zukunft ohne Schuldgefühl leben zu können. Das Lob des Egoismus ist zwar modern und gilt als intellektuell, aber es befriedigt als Spielerei nur jene, die sich partout über andere erheben wollen. Das gemeinschaftliche Ziel der Deutschen könnte die Verwirklichung eines humanen Staates sein. Die Grundlage eines humanen Staates sind Demokratie, Rechtsstaat, kritische und verantwortungsbewußte Medien, Ökologie und Solidarität und die ethischen Werte, die sich aus der Würde des Menschen herleiten.

Ein humaner Staat verlangt von jedem seiner Bürger, daß er sich haftbar für das Verhalten der Gemeinschaft fühlt. Sich haftbar zu fühlen verlangt Wissen. Das Wissen wird aber von Tabus und Mythen verstellt, oder von solchen Leuten manipuliert, die nicht bereit sind, sich von alten Vorurteilen oder nationalen Idolen zu trennen. Davon gibt es leider noch allzu viele; ob es Schüler sind, die einer Lehrerin in Bonn letztens noch »jüdische Hündin« nachriefen mit dem Zusatz, man habe vergessen, sie zu vergasen; ob es die kurzrasierten Neonazis sind mit ihren Schlägern oder die organisierten Rechtsradikalen.

Die Unwilligen sind auch im bürgerlichen Umfeld zu finden. Und sie kämpfen mit Zehen und Klauen um das alte Denken. Ein kleines, scheinbar unauffälliges Beispiel: Anfang der neunziger Jahre war durch die Magisterarbeit einer Studentin bekannt geworden, daß die Bücher des in Regensburg geborenen Schriftstellers Florian Seidl von nationalsozialistischen und antisemitischen Vorurteilen geprägt sind. Dennoch war 1973 eine Straße nach ihm benannt worden, an der die katholische Kirche eine Schule für Behinderte und ein Heim für sozial beeinträchtigte Kinder unterhält. Geistig Kranke und Behinderte hatte Seidl aber stets als finanzielle Belastung von gewaltigem Ausmaß betrachtet. Selbst nach dem Krieg bewegte sich der 1873 geborene Schriftsteller noch in rechtsextremistischen Kreisen. Nachdem Seidls Vergangenheit bekannt geworden war, beantragte die SPD-Fraktion im Stadtrat von Regensburg, den Straßennamen zu ändern, doch außer einem CSU-Stadtrat wehrte sich die CSU-Mehrheit mit dem Argument dagegen, da keine Hinweise vorlägen, daß Seidl sich für Euthanasie, die Ermordung von Behinderten, ausgesprochen habe, gebe es keinen Grund, den Straßennamen zu ändern. Denn dadurch entstünden den anliegenden Unternehmen erhebliche Kosten: sie müßten neue Briefbögen drucken.[202]

Voraussetzung für politische Ziele soll die Würde des Menschen sein, aus der sich der Ethos ergibt mit seinen Werten, ob sie nun Solidarität oder Toleranz oder Gerechtigkeit heißen. Die Solidarität unter den Menschen haben die Deutschen im Dritten Reich vermissen lassen. Eben jene Solidarität, die so weit gehen kann, daß man sein eigenes Leben opfert. Solidarität in der Form der sozialen Absicherung gehört seit mehr als hundert Jahren zur deutschen Identität. Allerdings schwindet das Verständnis der Bürger für diesen Begriff. Starke sehen immer weniger Grund, Schwachen zu helfen. Schwache haben sich an die staatliche Hilfe gewöhnt und vergessen, daß nicht der Staat, sondern auch sie selbst für sich verantwortlich sind. Solidarität innerhalb Deutschlands und Solidarität Deutschlands mit Völkern, die Hilfe benötigen, gehören zum humanen Staat.

Es wäre wünschenswert, das Denken von Tabus zu befreien und Verhaltensmuster selbstkritisch zu überprüfen. Beides wird schwerfallen. Denn selbst fortschrittliche

Menschen bestreiten, daß sie Denkblockaden zum Opfer fallen könnten. Unter den modernen, aufgeklärten Ländern gibt es jedoch kaum eines, das durch Tabus so blokkiert wird wie Deutschland.

Diese Forderungen klingen abstrakt und haben den Nachteil, daß sich eine Veränderung nicht über Nacht erreichen läßt. Aber, so meint Norbert Elias, ein »entschiedener Bruch mit der Tradition des Obrigkeitsstaates, eine beharrliche experimentelle Humanisierung aller Instanzen des Staates, Parteien, Bürokratie, Militär mit eingeschlossen, wäre sicher als Mittel der Reinigung von dem Stigma der Vergangenheit und damit zugleich als Mittel der gegenwärtigen und zukünftigen Sinngebung von Staat und Nation ebenso nützlich wie erfreulich gewesen. Ein humaner Staat, so etwas fehlt eigentlich noch in der Welt.«[203]

In einer humanen Gesellschaft besteht keine Trennung zwischen privater und öffentlicher Moral. Da Ethik vorschreibt, wie Menschen miteinander umgehen sollten, gelten die Forderungen der Moral sowohl in privaten als auch in öffentlichen Beziehungen. Im »wirklichen Leben« wird ein Individuum strengeren Maßstäben unterworfen als der Staat. Aber Ethik ist nicht teilbar. Es wird nicht leicht sein, diese Forderung umzusetzen, denn sie verlangt von Politikern ein Umdenken in kaum vorstellbarem Maß. Seien wir realistisch: Heute gelingt es den führenden Politikern noch nicht einmal, die kleinsten Elemente der Demokratie zu modernisieren. Alle Fraktionschefs im Bundestag wissen, daß zu viele Abgeordnete die Arbeit des Parlaments aufhalten. Vierhundert, so bestätigt jeder im privaten Gespräch, sei die ideale Zahl. Doch nach der versuchten Reform wird die Zahl auf knapp unter sechshundert festgelegt. Sonst würden zu viele Posten wegfallen! Eine echte Reform hätte zur Folge, daß der Bundestag besser arbeitet – was der Demokratie zugute käme. Außerdem würden auch noch mehr als hundert Millionen Mark an Steuergeldern eingespart. Das ist selbst zu Zeiten größter Finanznot für Politiker jedoch weniger wichtig als die Befriedigung von Parteiwünschen. Wie beschwerlich wird also der Weg zum humanen Staat, in dem Politiker sich nicht mehr hinter dem Satz verstecken: »Das ist wirklichkeitsfremd, das ist nicht machbar.«

Zur privaten Moral gehört das Verbot zu töten. In der öffentlichen Moral ist dieses Verbot eingeschränkt für Bundeswehr und Organe der öffentlichen Sicherheit. Dafür lassen sich Argumente finden. Schwerer wird es, Waffenverkäufe zu begründen. Denn wer Waffen herstellt und sie in ein fremdes Land liefert, besonders wenn sich dies nicht innerhalb des eigenen Sicherheitsbündnisses befindet, der leistet dem Krieg oder dem Aufstand Vorschub. Zu welcher Doppelmoral dies führen kann, haben Frankreich oder Amerika in den letzten Jahren immer wieder bewiesen. Der Irak besaß moderne französische Kampfflugzeuge, weshalb die Franzosen im Golfkrieg ihre Waffen gegen den Irak bedingt einsetzen konnten. Die Amerikaner bewaffneten Bürgerkriegsparteien in Afghanistan, die ihre Waffen dann weiterverkauften an die Gegner Amerikas. Wer aber in Deutschland Waffenexporte kritisiert, der wird mit dem Argument entwaffnet, dann würden Arbeitsplätze wegfallen. Deutschland verfügt über strenge Gesetze zur Waffenausfuhr, und dennoch hat es die Ausrüstung einer großen Volksarmee in die Welt verschleudert. Das im Privaten moralisch Böse kann aber in einem politischen oder wirtschaftlichen Zusammenhang nicht halb-böse und halb-gut sein.

Diese Aussage wird mancher vorschnell als naiv verurteilen. Was aber heißt hier »naiv«? Es entspreche nicht der realen Politik, wie sie seit langem ausgeübt wird. Nun ist es eine Eigenschaft ethischer Forderungen, nicht dem zu entsprechen, was ist, sondern vorzugeben, was sein sollte. Umdenken bedeutet, ernsthaft in Betracht ziehen, was bisher nicht gedacht werden sollte.

Die Politik Deutschlands war bis 1945 von Großmachtstreben geprägt, was heute in Europa nicht mehr möglich ist. Und wenn die Einzigartigkeit des Völkermords Deutschland etwas verbietet, dann einen Rückfall in machiavellistische Politik. Doch die bestimmende Art und Weise, wie Deutschland etwa in der europäischen Politik sein Gewicht einbringt, etwa in Währungsfragen, hat selbst Helmut Schmidt zu der verzweifelt geäußerten Frage geführt: »Warum sind die Deutschen eigentlich immer so besserwisserisch?«[204] Er meinte das Auftreten von Bundeskanzler Helmut Kohl, Finanzminister Theo Waigel und Bundesbankpräsident Hans Tietmeyer.

Heute läßt sich die deutsche Politik – genau so wie die anderer Länder – von den Grundsätzen des demokratischen Staates lenken. Doch in der täglichen Politik hält falsch verstandene Bündnistreue die Bundesregierung davon ab, die Partner zu kritisieren, wenn sie den Frieden gefährden. Und Wirtschaftserfolge erlauben den angeblich »kritischen Dialog« mit einem terroristischen Regime. Nicht die Bundesregierung, sondern das iranische Terrorregime brach die Beziehungen ab, weil ein unabhängiges deutsches Gericht nachgewiesen hatte, daß iranische Minister, mit denen der kritische Dialog stattfand, Aufträge gegeben hatten, in Deutschland zu morden. Die deutsche Regierung könnte jedoch international Positionen beziehen, die bisher nicht üblich waren. In der Außen- und Sicherheitspolitik heißt eines der wichtigsten moralischen Ziele Frieden. Dieser Begriff bestimmt die europäische Einigung so sehr, daß sie inzwischen immer mehr zum Bestandteil der kollektiven Identität der Deutschen, Franzosen, Niederländer, Italiener etc. geworden ist. Schließlich war die Bildung der Europäischen Gemeinschaft von dem Gedanken getragen, Krieg in Zukunft zu verhindern.

Es wird lange dauern, bis sich diese »naiven« Gedanken verbreiten, so daß sie im deutschen Bewußtsein verankert sind. Aber wer erkannt hat, daß er haftbar ist, muß darüber nachdenken, ob weiterhin die strenge private von der laschen öffentlichen Moral getrennt sein soll.

Sich haftbar wissen bedeutet, aktiv am Staat mitzuarbeiten. Doch die Mehrheit der Deutschen fühlt sich für den Staat nicht verantwortlich. Der Staat vertritt den Bürger, um all jene Aufgaben zu erledigen, die nur von der Gemeinschaft zusammen ausgeführt werden können, etwa Straßen und Krankenhäuser zu bauen oder das Land nach außen zu vertreten und für seine Sicherheit zu sorgen. Nun herrscht in Deutschland ein großer Verdruß gegenüber Politikern und Parteien. Der Staat wird negativ definiert. Wer aber mit dem Zustand des Staates nicht zufrieden ist, kann helfen, ihn zu verbessern. Denn der Staat steht nicht über dem Bürger, sondern ist ein Instrument der Gemeinschaft.

Die Nationalsozialisten konnten die Macht schnell an sich reißen, weil die Institutionen des Staates ihren Befehlen sofort gehorchten. Institutionen klingt abstrakt. In den Institutionen saßen Beamte, Angestellte, Arbeiter, die Befehlen gehorchten. Um dies in Zukunft zu verhindern, braucht Deutschland einen kritischen öffentlichen Dienst. Ein humaner Staat verwirklicht die Trennung der Gewalten, so wie sie Montesquieu vorschwebte, nicht wie sie den deutschen Parteiapparaten paßt. Das politische System Deutschlands bietet ein gutes Gerüst für einen idealen

Rechtsstaat. Es benötigt nur einige Korrekturen. So dürfte, wer Regierungsmitglied ist oder in der öffentlichen Verwaltung Regierungsmaßnahmen ausführt, nicht im Parlament sitzen. Und was als hilfreich für das Wohl der Gemeinschaft angesehen wird, müßte umgesetzt werden. Aber leider erlebt jeder, der mit Spitzenpolitikern spricht, deren Doppelzüngigkeit. Im Vieraugen-Gespräch bestätigen sie, was getan werden müßte. In der öffentlichen Debatte nehmen sie die entgegengesetzte Position ein, um den politischen Gegner zu unpopulären Maßnahmen zu zwingen, die sie selbst insgeheim für richtig halten. Es wird allerdings nie Verfassungsregeln geben können, die Politiker zwingen, politische Inhalte zum Wohl des Volkes umzusetzen, statt nur nach der Macht zu streben.

Ein humaner Staat ist offen. Er hat keine Geheimnisse. Deshalb benötigt Deutschland ein Gesetz für Informationsfreiheit, das den Staat nicht nur zu Auskunft verpflichtet, wenn nachgefragt wird, sondern die Institutionen verpflichtet, von sich aus Informationen zu geben – sei es über Vorgänge der alltäglichen Politik oder der Vergangenheit. Weil die Akten geheimgehalten wurden, hat selbst ein halbes Jahrhundert nicht ausgereicht, um ans Tageslicht zu bringen, wie sich Schweizer Banken, deutsche Versicherungen und auch Staaten der Alliierten an dem Besitz oder den Ansprüchen der Opfer des Dritten Reichs gütlich getan haben. Ein Gesetz für Informationsfreiheit könnte auch die Medien zu verantwortungsvollerem Umgang mit ihren Kenntnissen verpflichten.

Viele Menschen leiden unter ihrer deutschen Identität und würden die deutsche Nation gern in einem postnationalen Nebelgebilde verschwinden sehen. Keiner wird jedoch eine deutsche Identität als Last empfinden, die zum großen

Teil von dem Bewußtsein eines humanen Staates geprägt ist. Dieses Bewußtsein erwächst über die aktive Beteiligung am Staat. Wer erkannt hat, daß er haftet, der kümmert sich. Im menschlichen Bereich ist es nicht ungewöhnlich, daß derjenige, der für einen anderen Menschen Verantwortung übernimmt und sich um ihn kümmert, dieser Person gegenüber auch positive Gefühle empfindet. Sicher, es soll so bleiben wie unter Bundespräsident Gustav Heinemann, der seine Frau liebte und nicht den Staat.

Wenn die Deutschen lernen, nicht nur am humanen Staat mitzuarbeiten, sondern auch die Nation neu zu definieren, könnten sie einen Weg über ihre Schuldgefühle hinaus finden. Die moderne Nation besteht nicht mehr aus einem die Gemeinschaft fördernden »guten« Teil und einem andere Menschen ausgrenzenden »bösen« Teil, sondern sie ist eine Ordnung, der sich anschließen kann, wer mag, und die zu verlassen jeder versuchen kann, dem dies besser gefällt. Die Nation »Deutschland« heißt dann auch nicht mehr »Vaterland«, sondern ist Heimat für alle, die unter den Bedingungen des humanen Staates leben und dafür haften wollen. Deshalb sollte in Zukunft der Geburtsort und nicht die Herkunft der Eltern über die Nationalität eines Menschen entscheiden. Zur nationalen Identität gehört die Erkenntnis, das jeder aus Notwendigkeit Mensch, aus Zufall Deutscher ist. Und zum Deutschsein gehört das Wissen um die Vergangenheit – mit ihren schlechten, aber auch mit ihren guten Teilen. Ein großes Ziel wäre erreicht, wenn Deutschsein nicht mehr als ein Zustand erfahren, sondern als Aufgabe erkannt würde, die Rechte des Menschen zu verwirklichen, zu wahren und zu verteidigen.

Anhang

Anmerkungen

1 Györgi Dalos, Deutscher Abschied, in: Der Spiegel 5/1995, S. 48.

2 Franziska Brüning, Die alte Leier: »All Germans are Nazis«, in: FAZ, 1.4.97, S. 41.

3 Gert Kalow, Hitler – Das gesamtdeutsche Trauma, München 1967.

4 Lore Walb, Ich, die Alte – Ich, die Junge. Konfrontation mit meinen Tagebüchern 1933–45, Berlin 1997.

5 Daniel Jonah Goldhagen, Hitlers willige Vollstrecker, Berlin 1996, S. 5.

6 Jean-Pierre Chevènement, in: Die Woche, 20.12.1996.

7 Horst Ehmke, »Deutsche ›Identität‹ und unpolitische Tradition«, in: Die Neue Gesellschaft/Frankfurter Hefte, Heft 4/1988, S. 10.

8 Siehe Bulletin der Bundesregierung vom 6.10.1994, S. 842.

9 Michel Serres, in: Le Monde de L'éducation, de la culture et de la formation, Januar 1997, S. 6.

10 Süddeutsche Zeitung vom 25./26.1.1997.

11 Karl Jaspers, Die Schuldfrage. Von der politischen Haftung Deutschlands, München, 2. Aufl. 1996, S. 24.

12 Norbert Elias, Wandlungen der Wir-Ich-Balance, in: Die Gesellschaft der Individuen, Frankfurt a. M. 1991, S. 207 ff.

13 Werner Weidenfeld (Hrsg.), Die Identität der Deutschen, Schriftenreihe der Bundeszentrale für politische Bildung, Bonn, Band 200, S. 13 ff.

14 Zit. nach Heinz Brüggemann, u. a., Über den Mangel an politischer Kultur in Deutschland, Berlin 1978, S. 113.

15 Jürgen Habermas, Die Einbeziehung des Anderen, Frankfurt a. M., 2. Aufl. 1997, S. 136f.

16 Ders., Können komplexe Gesellschaften eine vernünftige Identität ausbilden?, in: Zur Rekonstruktion des Historischen Materialismus, 6. Aufl., Frankfurt a. M. 1995, S. 9ff.

17 Fernand Braudel, Frankreich. Bd. 1, Raum und Geschichte, dt. Ausgabe Stuttgart 1989, S. 20.

18 Brüggemann, a.a.O.

19 Gespräch mit dem Autor am 24. 2. 97.

20 Herbert Riehl-Heyse, Zwischenzeit: Dumme Deutsche, dumme Autos, in: Süddeutsche Zeitung, 30. 7. 96.

21 Zit. nach Frankfurter Allgemeine Zeitung, 12. 1. 96.

22 Jerzy Holzer, in: Die häßlichen Deutschen. Deutschland im Spiegel der westlichen und östlichen Nachbarn, Darmstadt 1991, S. 87.

23 Jens Petersen, Quo vadis Italia? Ein Staat in der Krise, München 1995, S. 25.

24 Christa Wolf, Auf dem Weg nach Tabou, Texte 1990–1994, Köln 1994, S. 338.

25 Allensbacher Archiv, IfD-Umfrage, Dezember 1985.

26 Thomas Blank, Wer sind die Deutschen? in: Aus Politik und Zeitgeschichte, Bd. 13/97, 21. 3. 1997, S. 43.

27 Ebenda, S. 39.

28 Oskar W. Gabriel, zit. nach Martin und Sylvia Greiffenhagen, Ein schwieriges Vaterland, München 1993, S. 39.

29 Ebenda.

30 Günter Grass, Reden über Deutschland, Bd. 3, München 1992, S. 72.

31 Siehe Bulletin der Bundesregierung vom 6.10.94, S.841.

32 Freimut Duve im Bundestag am 13. Juni 1996.

33 Friedrich Nietzsche, Jenseits von Gut und Böse, in: Werke in zwei Bänden, Leipzig 1930, Bd. 2, S.63f.

34 Peter Enahoro, in: Der Spiegel, 31/1996, S.119.

35 »Eine Idee für Rußland bringt 3000 Mark«, in: Die Welt, 3.8.96.

36 Ernst Weisenfeld, Krach um die dritte Strophe, in: Tagesspiegel, 3.2.1997.

37 Michail Gorbatschow, in: Kulturreport vom SFB, 29.9.96.

38 Friedrich Schorlemmer, in: Angst vor Deutschland, Hrsg. Ulrich Wickert, Hamburg 1990, S.36.

39 Jens Petersen: Italien nach dem Faschismus. Eine Gesellschaft zwischen postnationaler Identität und europäischer Integration, in: Politik und Zeitgeschichte, Bd. 39/88, S.12–23.

40 Zit. nach Petersen, Quo vadis Italia?, S.66.

41 Renzo de Felice, zit. nach Petersen, Italien nach dem Faschismus, S.18.

42 Zit. nach Petersen, ebenda.

43 Zit. nach Andreas Englisch, Hamburger Abendblatt, 6.5.97.

44 Interview mit Hubert Markl, in: Frankfurter Rundschau, 29.7.96, S.12.

45 »Wozu haben wir den Kalten Krieg beendet?«, in: Die Zeit, 8.3.96, S.10.

46 Ebenda.

47 Abgedruckt in: Der Spiegel, Nr. 29, 16.7.1990.

48 George R. Urban, Diplomacy and Disillusion at the Court of Margaret Thatcher, London/New York, 1996, S.131.

49 Ebenda, S. 141.

50 Ebenda, S. 126.

51 Jacques Attali, in: Le Monde, 5. 10. 96, S. 13.

52 Zit. nach Péter Nádas, Reden über Deutschland, Bd. 3, München 1992, S. 113.

53 Albert Camus, Lettres à un ami allemand, Gallimard, Paris 1995.

54 Carlo Schmid, Erinnerungen, Bern/München 1979, S. 47.

55 Alfred Grosser, Mein Deutschland, Hamburg 1993, S. 23.

56 Ebenda, S. 33.

57 Alfred Grosser, Weimarer Reden über Deutschland, 24. 3. 1996.

58 Andrzej Szczypiorski, Wo leben eigentlich die Deutschen?, in: FAZ, 29. 6. 96.

59 Ebenda.

60 Gespräch mit dem Autor am 1. 6. 97.

61 Siehe dazu Martin und Sylvia Greiffenhagen, Ein schwieriges Vaterland, München 1993, S. 34 ff.

62 Greiffenhagen, S. 45.

63 Karl Dietrich Bracher, Zeitgeschichtliche Erfahrungen als aktuelles Problem, in: Das Parlament, 14. 3. 1987, S. 11.

64 Christa Wolf, Auf dem Weg nach Tabou, S. 325 f.

65 Victor Klemperer, Ich will Zeugnis ablegen bis zum letzten. Tagebücher 1942–1945, Berlin 1995, 7. Auflage 1996, S. 56.

66 Ebenda, S. 68.

67 Ebenda, S. 147 f.

68 Ebenda, S. 872.

69 Wolf Wagner, Kulturschock Deutschland, Berlin 1996, S. 79.

70 Ulrich Herbert, Als die Nazis wieder gesellschaftsfä-
hig wurden, in: Die Zeit, 10. 1. 1997, S. 34.
71 Greiffenhagen, S. 68.
72 Die Zeit, 23. 10. 1964.
73 Siehe Sprache und Literatur, Heft 77, 27. Jahrgang
1996.
74 Ebenda, S. 53.
75 Ebenda, S. 47.
76 Der Spiegel, 48/1963 (27. 11. 1963), S. 51.
77 Sprache und Literatur, S. 44 ff.
78 Antonia Grunenberg, Antifaschismus – ein deutscher
Mythos, Hamburg 1993, S. 14 f.
79 Wagner, S. 80.
80 Ursula Junk, Deutschlandbilder: »Ich hab kein anderes
Zuhause«. Abschied und Heimkehr, Sendung des
WDR-Fernsehens am 1. 12. 1996.
81 Patrick Süskind, Deutschland, eine Midlife-crisis, in:
Angst vor Deutschland Hrsg. U. Wickert, Hamburg
1990, S. 122.
82 In einem Bericht von Michael Hollenbach für die Sendung: Tag für Tag, Deutschlandfunk, am 5. 11. 96.
83 Leserbrief in der Frankfurter Rundschau, 25. 1. 1996.
84 Zit. nach James, S. 22.
85 Christine Brinck, Bei den Kindern hört Europa auf, in:
Die Zeit, 28. 6. 1996.
86 Ian Buruma, Erbschaft der Schuld, Vergangenheitsbewältigung in Deutschland und Japan, Hamburg 1996,
S. 47 f.
87 Wolfgang Behringer, Zorn des Berserkers, in: FAZ
vom 9. 4. 1997, S. N 6.
88 Ebenda.
89 Karl Ferdinand Werner, Von den »Regna« des Frankenreichs zu den »deutschen Landen«, in: Zeitschrift

für Literaturwissenschaft und Linguistik, Heft 94, S. 69 ff.

90 Ebenda, S. 76 f.

91 Jürgen Habermas, Staatsbürgerschaft und nationale Identität, in: Faktizität und Geltung, Frankfurt 1992, S. 637.

92 Werner, S. 69.

93 Vers 2218: »Ritschart unde Gêrbart, Helpfrich und Wîkhart, die heten in manegen stürmen selten sich gespart«.

94 Die Woche, 20.9.96, S. 36.

95 Thomas Blank, Wer sind die Deutschen?, in: Aus Politik und Zeitgeschichte, Bd. 13/97, 21. 3. 1997, S. 40.

96 Gespräch mit dem Autor am 24. 2. 97.

97 Gespräch mit dem Autor am 11. 3. 97.

98 Zit. nach Jürgen Habermas, Was ist ein Volk? Zum politischen Selbstverständnis der Geisteswissenschaften im Vormärz, in: Süddeutsche Zeitung, 26.9. 96, S. 15.

99 Gespräch mit dem Autor am 11. 3. 97.

100 Gespräch mit dem Autor am 14. 3. 97.

101 In Ost und West mit jeweilig unterschiedlichen Ansätzen. Siehe dazu das Kapitel: DDR – das deutschere Deutschland?, Seite 156 ff.

102 Ernst-Wolfgang Böckenförde, Die Nation, in: FAZ, 30.9. 95, Bilder und Zeiten.

103 Siehe Thomas Nipperdey, Nachdenken über die deutsche Geschichte, München 1986, 2. Aufl., S. 115.

104 Zit. nach Böckenförde, Die Nation, FAZ.

105 Camus, a.a.O., S. 21 f.

106 Siehe Hans Peter Herrmann u.a., Machtphantasie Deutschland. Nationalismus, Männlichkeit und

Fremdenhaß im Vaterlandsdiskurs deutscher Schriftsteller des 18. Jahrhunderts, Frankfurt a. M., 1996.

107 Zit. nach Hans Peter Herrmann, Verfluchte Friedenslust! Verratnes Vaterland!, in: Süddeutsche Zeitung, 5./6. 4. 1997.

108 Thomas Nipperdey, Nachdenken über die deutsche Geschichte, München 1986, S. 112.

109 Ebenda, S. 209f.

110 Otto Dann, Nation, S. 314f.

111 Habermas, Faktizität, S. 634.

112 Ebenda, S. 636.

113 Dolf Sternberger, Verfassungspatriotismus, Frankfurt a. M. 1990.

114 Ebenda, S. 24.

115 Siehe die kritischen Anmerkungen von Sibylle Tönnies, Der Westliche Universalismus, Opladen 1995, S. 50ff.

116 Wim Wenders, in: Reden über Deutschland, München 1991, S. 60f.

117 Freya von Moltke, ebenda, S. 78.

118 Udo Zimmermann, ebenda, S. 105f.

119 Gespräch mit dem Autor am 29. 4. 97.

120 Siehe hierzu u. a.: Otto Dann, Nation und Nationalismus in Deutschland, 1770–1990, München 1993, S. 12ff, und Jürgen Habermas, Der europäische Nationalstaat, in: Die Einbeziehung des Anderen, Frankfurt a. M. 1997, 2. Aufl., S. 128ff.

121 Greiffenhagen, a.a.O., S. 121; siehe auch: Wolf Wagner, a.a.O., S. 120, mit weiteren Literaturhinweisen.

122 Johannes Piskorz, Die DDR als Schatten, in: Wolfgang Frindte, Harald Pätzold (Hrsg.), Mythen der Deutschen, Opladen 1994, S. 189.

123 Philosophisches Wörterbuch, Georg Klaus, Manfred Buhr (Hrsg.), Bd. 2, 10. Aufl. 1974, S. 833 ff.
124 Siehe Antonia Grunenberg, Antifaschismus – ein deutscher Mythos, Hamburg 1993.
125 Siehe Patricia Schlesinger, Antifaschismus in der DDR, Erpressung mit NS-Aktien, in der Sendung PANORAMA vom 2. 11. 1992.
126 Gespräch mit dem Autor am 24. 2. 97.
127 Jutta Gallenmüller und Roland Wakenhut, in: Wolfgang Frindte, Harald Pätzold (Hrsg.), Mythen der Deutschen, Deutsche Befindlichkeiten zwischen Geschichten und Geschichte, Opladen 1994, S. 173 ff.
128 Siehe Die Zeit, 15. und 22. 6. 1990.
129 Hans Hattenhauer, Geschichte der deutschen Nationalsymbole, München 1990, 2. Aufl., S. 83.
130 Ebenda, S. 85.
131 Greiffenhagen, a. a. O., S. 75.
132 Hattenhauer, a. a. O., S. 10 ff.
133 Ebenda, S. 142.
134 Colm Tóibín, Stammeskriege, in: FAZ, 12. 7. 96.
135 Hattenhauer, a. a. O., S. 172.
136 Klaus Schroeder, Volkserhebung gegen Diktatur und Fremdherrschaft, in: FAZ, 17. 6. 97, S. 11.
137 Forsa-Umfrage, in: Die Woche, 26. 1. 1996, S. 27.
138 Renate Lasker-Harpprecht, Nation heißt: Sich erinnern, in: Die Zeit, 12. 1. 96.
139 Peter Steinbach, Die Vergegenwärtigung von Vergangenem, in: Aus Politik und Zeitgeschichte, Bd. 3–4/97, 17. 1. 1997, S. 5.
140 »Das Mahnmal wird für das Gedenken keine große Rolle spielen«, Ignatz Bubis und Wolfgang Schäuble im Gespräch, in: FAZ, 24. 4. 1996, S. 41.
141 Samuel Korn, Holocaust-Gedenken: Ein deutsches

Dilemma, in: Aus Politik und Zeitgeschichte, Bd.
3–4/97, S. 29.

142 Eva-Elisabeth Fischer, Verordnetes Gedenken, in:
SZ, 27. 1. 97.

143 Gespräch mit dem Autor am 10. 6. 97.

144 Siehe Andreas Platthaus, Kinder im Strom, Was
bedeutet jungen Leuten die Geschichte, in: FAZ,
30. 4. 1997, S. 43.

145 Zit. nach André Leysen, Gibt es gute und schlechte
Völker?, Einleitung für Gespräch mit Daniel Goldhagen am 27. 1. 97 in Gütersloh.

146 Michael Wolffsohn, Von der äußerlichen zur verinnerlichten »Vergangenheitsbewältigung«, Gedanken
und Fakten zu Erinnerungen, in: Aus Politik und
Zeitgeschichte, Bd. 3–4/97, S. 18 f.

147 Ernst Klee, Willi Dreßen, Volker Rieß (Hrsg.), ›Schöne Zeiten‹. Judenmord aus der Sicht der Täter und
Gaffer, Frankfurt a. M. 1988.

148 Hans-Ulrich Wehler, Von der Herrschaft zum Habi-
tus, nachgedruckt in: Die Zeit, 25. 10. 1996, S. 46.

149 Hans-Ulrich Thamer, Wehrmacht und Vernichtungskrieg, Vom Umgang mit einem schwierigen Kapitel
deutscher Geschichte, in: FAZ, 22. 4. 97, S. 10.

150 Lothar Gall im Interview mit Stephan Wehowsky,
Focus 42/1996.

151 Siehe hierzu Frank Möller und Joachim Weiner, Kontinuität und Verdrängung. Über den Umgang der
westdeutschen Historiker mit dem Nationalsozialismus, Sendung im Deutschlandfunk vom 9. 2. 1996.

152 Zit. nach Möller/Weiner.

153 Ebenda.

154 Siehe auch Frank Möller und Joachim Weiner, Antifaschismus als Rechtfertigung. Über den Umgang der

DDR-Historiker mit dem Nationalsozialismus, Sendung im Deutschlandfunk vom 5. 2. 1996.

155 Möller/Weiner, Sendung vom 9. 2. 96.

156 Michael Stürmer, Geschichte in geschichtslosem Land, in: »Historiker-Streit«. Die Dokumentation der Kontroverse um die Einzigartigkeit der nationalsozialistischen Judenvernichtung, München 1987, 5. Aufl., S. 36.

157 Renate Lasker-Harpprecht, Die Zeit, 12. 1. 96.

158 Karl-Heinz Janßen, Die Zeit in der ZEIT. 50 Jahre einer Wochenzeitung, Berlin 1995, S. 63.

159 Norbert Frei, Vergangenheitspolitik. Die Anfänge der Bundesrepublik und die NS-Vergangenheit, München 1996, S. 16.

160 Ebenda, S. 18.

161 Jörg Fisch, Ein uneinig Volk von Opfern. Der problematische Umgang von Deutschen mit ihrer Geschichte, in: SZ, 6./7. 5. 95, S. 17.

162 Wolffsohn, ebenda, S. 19.

163 Heinrich August Winkler, Kehrseitenbesichtigung. Zehn Jahre danach: Ein Rückblick auf den deutschen Historikerstreit, in: Frankfurter Rundschau, 29. 10. 96, S. 10.

164 Zit. nach Ingo von Münch, Die preußische Großmutter darf nicht fiepen, in: Die Welt, 3. 7. 1997, S. 8.

165 Siehe Bardo Fassbender, Welche Geschichten dürfen über Nazis erzählt werden?, in: Neue Rundschau, 106. Jahrgang 1995, Heft I, S. 59 ff.

166 Ebenda, S. 63.

167 Winkler, in: Frankfurter Rundschau, 29. 10. 96.

168 Martin Broszat, Plädoyer für eine Historisierung des Nationalsozialsismus, in: Merkur, Heft 435, 8. 5. 85, S. 385.

169 Christian Meier, »Denkverbote« als Nachhut des Fortschritts?, in: Neue Rundschau, 106. Jahrgang 1995, Heft I, S. 11.

170 James D. Watson, Leichte Schatten über Berlin, Die Deutschen und ihre Genetiker, in: FAZ, 19. 7. 97.

171 Gespräch mit dem Autor am 10. 1. 97.

172 Ebenda.

173 Andreas Dörner, Politischer Mythos und symbolische Politik, Sinnstiftung durch symbolische Formen, Opladen 1995, und: Machtphantasie Deutschland, s.o.

174 Zit. nach Machtphantasie, S. 35.

175 Dörner, S. 135, Machtpantasie, S. 50 f.

176 Helmuth Plessner, Die verspätete Nation, Gesammelte Schriften VI, Frankfurt a. M. 1982, S. 60.

177 Zit. nach Dörner, S. 362.

178 Dörner, S. 243.

179 Elias Canetti, Masse und Macht, Hamburg 1960, S. 97 f.

180 Peter Wippermann, Mit Caspar David Friedrich ins Marlboro Country – Die Deutschen und ihre Sehnsucht nach der Natur, in: Norbert Bolz (Hrsg.), Das Pathos der Deutschen, München 1996, S. 189.

181 Roberto Giardina, Anleitung, die Deutschen zu lieben, Berlin 1996, S. 130 ff.

182 Nathan Tannenbaum, Allemagne: l'île idéale des dictateurs verts, in: L'Express, 5. 12. 1996, S. 94 f.

183 Zit. nach de Bruyn, Die Zeit, 22. 6. 1990.

184 Zit. nach Nathaniel C. Nash, Faith in a Scrap of Paper, in: NYT, 25. 6. 1995.

185 Knut Borchardt, Die D-Mark, in: Harmut von Hentig, (Hrsg.), Deutschland in kleinen Geschichten, München 1995, S. 23.

186 Helmut Kohl anläßlich der Verleihung der Ehren-
doktorwürde durch die Katholische Universität Lö-
wen am 2.2. 1996.

187 Helmut Schmidt, Die Bundesbank – kein Staat im
Staate, Ein Offener Brief an Bundesbankpräsident
Hans Tietmeyer, in: Die Zeit, 8.11. 1996, S. 3.

188 Pierre Bourdieu, Contre la ›pensée Tietmeyer‹ un
Welfare State européen, in: Libération, 25.10. 1996.

189 Pierre Bourdieu, Die Zukunft Europas hängt von
den Deutschen ab, Interview in der FR, 13.6. 1997,
S. 7.

190 Wilhelm Hennis, Geld oder Währung, Ist der Euro
alles?, in: FAZ, 31.11. 97.

191 Deutsches Problem, in: SZ, 8./9.2. 97.

192 Sibylle Tönnies, Die Klagemeute, Warum sich Deutsche den Opfern aufdrängen, in: FAZ, 23.4. 96.

193 Jaspers, Schuldfrage, S. 73.

194 Frei, S. 23.

195 Siehe dazu Theodor W. Adorno, Was bedeutet Auf-
arbeitung der Vergangenheit, in: ders., Eingriffe,
Neun kritische Modelle, Frankfurt a. M. 1963,
S. 125 ff.

196 Patrick Horst, Verantwortung statt Gnade, Vom politischen und privaten Umgang mit der Vergangenheit, Hamburg 1997, S. 27.

197 Jaspers, S. 32.

198 Ebenda, S. 19.

199 Ebenda, S. 24.

200 Ebenda, S. 53.

201 Siehe Alain Tourraine, Pourrons-nous vivre ensemble, égaux et différents, Paris 1997, S. 277.

202 Rolf Thym, Parteigänger der Nazis prangt auf Stra-
ßenschild, in: SZ, 3.12. 96.

203 Norbert Elias, Studien über die Deutschen, Macht-
    kämpfe und Habitusentwicklung im 19. und 20. Jahr-
    hundert, Frankfurt a. M. 3. Aufl., S. 369 f.
204 Gespräch mit dem Autor.

Literaturhinweise

Adorno, Theodor W.: Was bedeutet Aufarbeitung der Vergangenheit, in: ders., Eingriffe. Neun kritische Modelle, Frankfurt a. M. 1963.

Blank, Thomas: Wer sind die Deutschen?, in: Aus Politik und Zeitgeschichte, Bd. 13/97, 21. 3. 1997.

Borchardt, Knut: Die D-Mark, in: Harmut von Hentig (Hrsg.), Deutschland in kleinen Geschichten, München 1995.

Bracher, Karl Dietrich: Zeitgeschichtliche Erfahrungen als aktuelles Problem, in: Das Parlament vom 14. 3. 1987.

Braudel, Fernand: Frankreich. Bd. 1, Raum und Geschichte, dt. Ausgabe Stuttgart 1989.

Broszat, Martin: Plädoyer für eine Historisierung des Nationalsozialismus, in: Merkur, Heft 435 vom 8. 5. 85.

Brüggemann, Heinz, u. a.: Über den Mangel an politischer Kultur in Deutschland, Berlin 1978.

Buruma, Ian: Erbschaft der Schuld. Vergangenheitsbewältigung in Deutschland und Japan, Hamburg 1996.

Camus, Albert: Lettres à un ami allemand, Gallimard, Paris 1995.

Canetti, Elias: Masse und Macht, Hamburg 1960.

Dann, Otto: Nation und Nationalismus in Deutschland, 1770–1990, München 1993.

Dörner, Andreas: Politischer Mythos und symbolische Politik. Sinnstiftung durch symbolische Formen, Opladen 1995.

Ehmke, Horst: Deutsche »Identität« und unpolitische Tradition, in: Die Neue Gesellschaft/Frankfurter Hefte, 4/1988.

Elias, Norbert: Studien über die Deutschen. Machtkämpfe und Habitusentwicklung im 19. und 20. Jahrhundert, Frankfurt a. M. 1989.

–: Wandlungen der Wir-Ich-Balance, in: ders., Die Gesellschaft der Individuen, Frankfurt a. M. 1991.

Fassbender, Bardo: Welche Geschichten dürfen über Nazis erzählt werden?, in: Neue Rundschau, 106. Jahrgang 1995, Heft I.

Frei, Norbert: Vergangenheitspolitik. Die Anfänge der Bundesrepublik und die NS-Vegangenheit, München 1996.

Frindte, Wolfgang / Pätzold, Harald (Hrsg.): Mythen der Deutschen. Deutsche Befindlichkeiten zwischen Geschichten und Geschichte, Opladen 1994.

Giardina, Roberto: Anleitung, die Deutschen zu lieben, Berlin 1996.

Goldhagen, Daniel Jonah: Hitlers willige Vollstrecker, Berlin 1996.

Grass, Günter: Reden über Deutschland, Bd. 3, München 1992.

Greiffenhagen, Martin und Sylvia: Ein schwieriges Vaterland, München 1993.

Grosser, Alfred: Mein Deutschland, Hamburg 1993.

Grunenberg, Antonia: Antifaschismus – ein deutscher Mythos, Hamburg 1993.

Habermas, Jürgen: Der europäische Nationalstaat, in: Die Einbeziehung des Anderen, Frankfurt a. M. 1997, 2. Aufl.

–: Können komplexe Gesellschaften eine vernünftige Identität ausbilden?, in: ders., Zur Rekonstruktion des

Historischen Materialismus, 6. Aufl., Frankfurt a. M.
1995.

–: Staatsbürgerschaft und nationale Identität, in: ders.,
Faktizität und Geltung, Frankfurt a. M. 1992.

Hattenhauer, Hans: Geschichte der deutschen Nationalsymbole, München 1990.

Herrmann, Hans Peter u. a.: Machtphantasie Deutschland.
Nationalismus, Männlichkeit und Fremdenhaß im Vaterlandsdiskurs deutscher Schriftsteller des 18. Jahrhunderts, Frankfurt a. M. 1996.

Horst, Patrick: Verantwortung statt Gnade. Vom politischen und privaten Umgang mit der Vergangenheit,
Hamburg 1997.

Janßen, Karl-Heinz: Die Zeit in der ZEIT. 50 Jahre einer
Wochenzeitung, Berlin 1995.

Jaspers, Karl: Die Schuldfrage. Von der politischen Haftung Deutschlands, München, 2. Aufl. 1996.

Kalow, Gert: Hitler – Das gesamtdeutsche Trauma, München 1967.

Klaus, Georg / Buhr, Manfred (Hrsg.): Philosophisches
Wörterbuch, Bd. 2, 10. Aufl. 1974.

Klee, Ernst / Dreßen, Willi / Rieß, Volker (Hrsg.): »Schöne
Zeiten«. Judenmord aus der Sicht der Täter und Gaffer,
Frankfurt a. M. 1988.

Klemperer, Victor: Ich will Zeugnis ablegen bis zum letzten. Tagebücher 1942–1945, Berlin 1995.

Korn, Samuel: Holocaust-Gedenken: Ein deutsches Dilemma, in: Aus Politik und Zeitgeschichte, Bd. 3–4/97.

Meier, Christian: »Denkverbote« als Nachhut des Fortschritts?, in: Neue Rundschau, 106. Jahrgang 1995,
Heft I.

Nádas, Péter: Reden über Deutschland, Bd. 3, München
1992.

Nietzsche, Friedrich: Jenseits von Gut und Böse, in: Werke in zwei Bänden, Leipzig 1930, Bd. 2.

Nipperdey, Thomas: Nachdenken über die deutsche Geschichte, München 1986.

Petersen, Jens: Italien nach dem Faschismus. Eine Gesellschaft zwischen postnationaler Identität und europäischer Integration, in: Politik und Zeitgeschichte Bd. 39/88.

–: Quo vadis Italia? Ein Staat in der Krise, München 1995.

Plessner, Helmuth: Die verspätete Nation, in: Gesammelte Schriften VI, Frankfurt a. M. 1982.

Reden über Deutschland, München 1992.

Schmid, Carlo: Erinnerungen, Bern / München 1979.

Schorlemmer, Friedrich, … und den Kindern werden die Zähne stumpf, in: Ulrich Wickert (Hrsg.), Angst vor Deutschland, Hamburg 1990.

Steinbach, Peter: Die Vergegenwärtigung von Vergangenem, in: Aus Politik und Zeitgeschichte, Bd. 3–4/97, 17.1.1997.

Sternberger, Dolf: Verfassungspatriotismus, Frankfurt a. M. 1990.

Stürmer, Michael: Geschichte in geschichtslosem Land, in: »Historiker-Streit«. Die Dokumentation der Kontroverse um die Einzigartigkeit der nationalsozialistischen Judenvernichtung, München 1987.

Süskind, Patrick: Deutschland, eine Midlife-crisis, in: Ulrich Wickert (Hrsg.), Angst vor Deutschland, Hamburg 1990.

Tönnies, Sibylle: Der Westliche Universalismus, Opladen 1995.

Touraine, Alain: Pourrons-nous vivre ensemble, égaux et différents, Paris 1997.

Trautmann, Günter: Die häßlichen Deutschen. Deutschland im Spiegel der westlichen und östlichen Nachbarn, Darmstadt 1991.

Urban, George R.: Diplomacy and Disillusion at the Court of Margaret Thatcher, London / New York, 1996.

Wagner, Wolf: Kulturschock Deutschland, Berlin 1996.

Walb, Lore: Ich, die Alte – Ich, die Junge. Konfrontation mit meinen Tagebüchern 1933–45, Berlin 1997.

Weidenfeld, Werner (Hrsg.): Die Identität der Deutschen, Schriftenreihe der Bundeszentrale für politische Bildung, Bonn, Band 200.

Werner, Karl Ferdinand: Von den »Regna« des Frankenreichs zu den »deutschen Landen«, in: Zeitschrift für Literaturwissenschaft und Linguistik, Heft 94.

Wickert, Ulrich (Hrsg.): Angst vor Deutschland, Hamburg 1990.

Wippermann, Peter: Mit Caspar David Friedrich ins Marlboro Country. Die Deutschen und ihre Sehnsucht nach der Natur, in: Norbert Bolz (Hrsg.), Das Pathos der Deutschen, München 1996.

Wolf, Christa: Auf dem Weg nach Tabou. Texte 1990–1994, Köln 1994.

Wolffsohn, Michael: Von der äußerlichen zur verinnerlichten »Vergangenheitsbewältigung«. Gedanken und Fakten zu Erinnerungen, in: Aus Politik und Zeitgeschichte, Bd. 3–4/97.

Personenregister

Adenauer, Konrad 56, 57, 94, 179 f., 195
Alewyn, Richard 96
Anrich, Ernst 124
Ardenne, Manfred von 189
Arendt, Hannah 288
Arminius, siehe Hermann der Cherusker
Arndt, Ernst Moritz 260
Ash, Timothy Garton 69
Attali, Jacques 72
Attila, König der Hunnen 126
Augstein, Rudolf 217, 255
Aust, Stefan 256 ff., 269

Bach, Johann Sebastian 178
Balladur, Edouard 116, 278
Barbie, Klaus 21
Barzel, Rainer 189, 233 f.
Becher, Johannes Robert 159, 170
Becker, Boris 151
Beckmann, Ulrich 273
Beethoven, Ludwig van 170, 178, 183, 203 f.
Begley, Louis 243

Benjamin, Walter 288
Biedenkopf, Kurt 171, 189
Biermann, Wolf 171
Bildt, Carl 241
Binzer, August von 187
Bismarck, Otto von 70, 145, 162, 219, 222, 228, 239, 259
Blücher, Gerhard Leberecht Fürst 262
Bobbio, Noberto 63
Boehlich, Walter 95 f.
Borchardt, Knut 275
Bourdieu, Pierre 273, 283 f.
Bracher, Karl-Dietrich 97, 224 f.
Brandt, Peter 171
Brandt, Willy 30, 45, 48, 148, 165, 196, 232
Braudel, Fernand 29, 38, 61
Brauner, Artur 243, 246
Brecht, Bertolt 171 f.
Breddemann, Jeannette 117
Broszat, Martin 249
Bruyn, Günter de 137, 174
Bubis, Ignatz 201–204, 246 f.